本书为国家社会科学基金一般项目"人工智能、版权保护……发展研究"（19BJY013）研究成果

人工智能、版权保护与版权产业发展

Artificial Intelligence, Copyright Protection and the Development of Copyright Industry

魏建　徐恺岳　田燕梅　路文成◎著

经济管理出版社

ECONOMY & MANAGEMENT PUBLISHING HOUSE

图书在版编目（CIP）数据

人工智能、版权保护与版权产业发展 / 魏建等著.

北京：经济管理出版社，2024. -- ISBN 978-7-5096
-9924-9

Ⅰ. D923.414；G239.2

中国国家版本馆 CIP 数据核字第 20240WN221 号

组稿编辑：郭丽娟

责任编辑：郭丽娟　康国华

责任印制：许　艳

责任校对：蔡晓臻

出版发行：经济管理出版社

　　　　　（北京市海淀区北蜂窝 8 号中雅大厦 A 座 11 层　100038）

网　　址：www.E-mp.com.cn

电　　话：(010) 51915602

印　　刷：北京晨旭印刷厂

经　　销：新华书店

开　　本：720mm×1000mm/16

印　　张：17.75

字　　数：338 千字

版　　次：2025 年 1 月第 1 版　　2025 年 1 月第 1 次印刷

书　　号：ISBN 978-7-5096-9924-9

定　　价：98.00 元

目　录

第一章　导论 …………………………………………………………… 1

　第一节　问题的提出 ………………………………………………… 1

　第二节　文献综述 …………………………………………………… 4

　第三节　研究思路及方法 …………………………………………… 7

　第四节　研究框架与技术路线图 …………………………………… 8

　第五节　研究创新点 ……………………………………………… 17

第二章　版权产业及其发展态势 …………………………………… 19

　第一节　版权、版权产业的定义 ………………………………… 19

　　一、版权相关概念 ……………………………………………… 19

　　二、版权产业概念与相关类别 ………………………………… 20

　第二节　版权产业的价值及其实现基础 ………………………… 21

　　一、版权产业的价值 …………………………………………… 21

　　二、版权产业价值的实现基础：版权保护 …………………… 22

　第三节　版权产业的发展目标 …………………………………… 23

　　一、具有更高的社会价值 ……………………………………… 24

　　二、具有更高的经济效益 ……………………………………… 25

　第四节　版权产业的发展现状：数字网络与版权产业 ………… 26

　　一、数字网络时代的版权产业发展态势 ……………………… 27

　　二、数字网络时代版权消费形态的变化 ……………………… 28

　　三、数字网络时代版权产业的商业新模式 …………………… 30

　第五节　版权产业发展中暴露的问题 …………………………… 37

　　一、版权产业政策效应有限 …………………………………… 37

　　二、数字网络时代版权作品的供需不匹配 …………………… 40

三、版权制度边界无法涵盖技术边界 ……………………… 41

四、版权产业忽视其社会价值 ……………………………… 41

第三章　人工智能对版权产业的影响及挑战 ……………… 44

第一节　科技进步与版权产业发展 ………………………… 44

一、科技进步与版权产业演进 ……………………………… 44

二、科技进步对版权产业的影响 …………………………… 45

第二节　人工智能技术与版权产业的融合 ………………… 47

一、人工智能与版权产业结合的维度 ……………………… 47

二、与版权产业融合的主要人工智能技术类型 …………… 50

三、人工智能与版权产业结合实例 ………………………… 54

四、人工智能技术与版权产业结合的困境 ………………… 63

第三节　人工智能对版权内在价值的影响 ………………… 65

一、机械复制带来的价值影响 ……………………………… 66

二、小众文化带来的价值影响 ……………………………… 67

三、信息过滤带来的价值影响 ……………………………… 69

四、虚拟时空带来的价值影响 ……………………………… 70

五、人工智能审美带来的价值影响 ………………………… 72

第四节　人工智能技术对版权制度的挑战及应对 ………… 73

一、人工智能技术产物的创作与定性 ……………………… 75

二、人工智能产物的收益分配方式 ………………………… 82

三、人工智能创作的社会效应 ……………………………… 83

第四章　人工智能、版权保护与版权产业发展的关系 …… 87

第一节　人工智能、版权保护与版权产业发展的数理分析 … 87

一、理论分析 ………………………………………………… 87

二、数理模型推导 …………………………………………… 89

第二节　人工智能、版权保护与版权产业发展的实证检验 … 93

一、假设的提出 ……………………………………………… 94

二、研究设计 ………………………………………………… 96

三、实证分析结果 …………………………………………… 100

四、研究结论 ………………………………………………… 106

第三节　人工智能促进版权产业发展的实证分析：

以电影市场为例 ······························· 106

一、内容制作及其传播的互联网化 ····················· 107

二、电影票房影响因素的研究设计 ····················· 110

三、电影票房影响因素的回归结果 ····················· 113

四、人工智能及网络技术对电影票房的影响 ············· 119

第五章　版权保护的再平衡：几个典型事实 ············· 121

第一节　版权制度中的利益平衡 ························· 122

一、著作权人的权益诉求 ··························· 122

二、保护公众使用权的必要性 ······················· 126

三、版权相关网络平台的著作权纠纷 ················· 130

四、合理使用制度与内容创作利益平衡 ··············· 133

五、网络版权保护方式比较分析 ····················· 137

六、关于现行版权保护制度平衡性的小结 ············· 141

第二节　合作以保护权利：避风港规则的司法实践 ········· 142

一、避风港规则的责任配置与版权保护：理论框架 ····· 144

二、研究设计与数据统计 ··························· 147

三、避风港案件判决影响因素分析 ··················· 152

四、从原告合作积极性角度分析避风港规则的合理性 ····· 162

五、关于避风港规则案件的结论 ····················· 167

第三节　两类著作权批量维权组织的比较分析 ············· 170

一、两类批量诉讼发起者的比较 ····················· 171

二、策略性诉讼权利保护绩效的实证分析 ············· 175

第四节　版权保护限度与反垄断规制：以数字音乐为例 ····· 189

一、国内数字音乐产业的发展 ······················· 189

二、国内数字音乐产业面临的挑战 ··················· 192

三、数字音乐产业垄断损失与交易效率的数理分析 ····· 198

第五节　人工智能传播与版权保护：以短视频算法为例 ····· 206

一、国内短视频网站的特点、发展与潜在问题 ········· 206

二、选择性版权保护行为的实证检验 ················· 215

三、网络短视频产业发展建议 ······················· 228

第六节 现状：版权保护的挑战从局部向全局发展 …………………… 229

第六章 人工智能时代版权产业发展建议 ……………………… 230

第一节 降低版权交易成本 …………………………………… 231
　　一、合理使用制度的改进 ………………………………… 231
　　二、版权登记交易平台存在的必要性 …………………… 233
第二节 运用人工智能技术保护版权产业 ……………………… 234
　　一、人工智能技术与避风港规则改善 …………………… 235
　　二、人工智能技术与合理使用的辨别 …………………… 237
第三节 平台算法的有序发展 ………………………………… 239
　　一、明确平台算法的行为责任 …………………………… 239
　　二、对平台及其算法展开穿透式监管 …………………… 241
第四节 配套制度的完善 ……………………………………… 242
　　一、制定推动人工智能与版权产业良性互动的产业政策 …… 243
　　二、重视版权产业的社会价值 …………………………… 245
　　三、两类维权组织共存，共同提高版权保护水平 ……… 247
　　四、改进版权行政保护 …………………………………… 249
　　五、设立版权保险制度 …………………………………… 251

第七章 总结与展望 ………………………………………… 253

参考文献 …………………………………………………… 254

后　记 ……………………………………………………… 276

第一章　导论

第一节　问题的提出

在《版权产业的经济贡献调研指南》中，世界知识产权组织（2006）对版权产业进行概括性描述，版权产业是版权能发挥主要作用的产业或活动。随着市场经济体制的形成、知识经济的成熟和版权产业的发展，版权产业的概念逐渐被人们认识与接受。跨入 21 世纪，文化在综合国力中的地位日益提高，版权产业在国家社会与经济发展中发挥着越来越重要的作用，其对增强民族文化国际竞争力，提升国家文化软实力，抵御外来意识形态入侵都有重要意义，版权产业是社会主义先进文化在文化建设中的具体体现，是对社会主义先进文化的创新与发展。但是，版权产业是脆弱的，为了使版权产业得以发展，以法律确立产权制度具有决定性的意义。版权制度的本质是对人类智力创造活动进行激励，通过对著作权人创新的保护，带动与作品创作、传播相关产业的发展，进而推动整个社会的健康发展。

建立完整有效的版权保护体系有助于开发民族智力资源，促进作品的正常使用和知识信息的广泛传播。正因如此，大多数国家的著作权法都以促进科学作品、文学艺术发展与繁荣为立法目的。版权产业发达的国家都非常重视知识产权保护，保护版权也成为构建和谐社会的重要内容之一。2020 年 11 月，中共中央政治局就加强我国知识产权保护工作举行第二十五次集体学习。中共中央总书记习近平在主持学习时强调，知识产权保护工作关系国家治理体系和治理能力现代化，关系高质量发展，关系人民生活幸福，关系国家对外开放大局，关系国家安全。2021 年发布的《"十四五"国家知识产权保护和运用规划》明确指出全面加强知识产权保护，建设知识产权强国，深化知识产权保护工作体制机制改革，全面提升知识产权创造、运用、保护、管理和服务水平。《版权工作"十四五"规划》也提出以建设版权强国为中心目标，以全面加强版权保护、加快版权产业发展为基本任务，为推动高质量发展、建设创新型国家和文化强国、知识产权强国提供更加有力的版权支撑。

技术进步是版权产业发展的另一重要支柱，从某种程度上说，版权产业的发展史是科学技术与版权作品创作结合的历史。我国《"十三五"国家战略性新兴产业发展规划》提出形成文化引领、技术先进、链条完整的数字创意产业发展格局。《中华人民共和国国民经济和社会发展第十四个五年规划和2035年远景目标纲要》提出要扩大优质版权作品供给，实施版权产业数字化战略，发展新型文化企业与文化业态。2022年，中共中央办公厅、国务院办公厅印发的《关于推进实施国家文化数字化战略的意见》指出建成文化数字化基础设施及服务平台，形成文化服务供给体系。这些政策文件的出台不仅标志着版权产业经济地位进一步提升，还强调了文化和科技融合在版权产业高质量发展中的重要性。质量是用来描述产品满足实际生产生活需求的能力，版权价值可分为经济价值、哲学价值、消费价值等，我国新时期版权产业高质量发展的内涵是版权产业具有更高的经济效益与社会价值，因此我们要坚持"百花齐放，百家争鸣"的方针与"为人民服务，为社会主义服务"的方向，并运用技术提高创新能力。

版权产业如今进入人工智能时代，但人工智能技术对版权产业的促进效用不是一蹴而就的。在版权产业中，数字技术实现了版权作品与服务的数字化，经过数字编码后的版权产品的信息经由通信设备表达、处理与传输。网络技术实现了计算机、移动终端的聚合连接，版权产品信息可以被网络使用者共享、管理与维护。Web 1.0 时代是门户网站时代，信息从网站单向流至用户，这是将传统媒体电子化、网络化的过程。Web 2.0 时代是搜索社交时代，此时的网络是交互式的，用户同时接收和发布信息，网络信息也展示出复杂多样、体量大、快速传播的特性。Web 3.0 时代是大数据与人工智能的时代，随着移动终端的普及，网络虚拟性降低，网络空间与生活紧密连接。在数字网络技术和人工智能技术的共同作用下，版权产品得以在虚拟世界中广泛传播，版权产业价值因而快速增长。

人工智能时代版权产业发展中展现出的新特点包括内容传播平台化与内容创作大众化。首先，版权内容的传播链条发生改变，网络平台成为版权消费中不可或缺的中间环节，网络平台逐步成为版权产业生产供给与消费的共同载体。庞大的用户画像数据与人工智能技术的结合将降低作品搜索成本，网络平台算法可以智能地分析多维数据，匹配用户行为与相应的兴趣标签，为网络平台用户提供一对一的精准营销推送服务。其次，互联网已成为受众发声、分配话语权及文化再生产的主要载体，已形成更加对等、开放、扁平的机制和多元、丰富、高参与度的文化生态。大众不仅是作品的消费者，还是传播者、创意者和认同者。大众作为传播者与创意者具有双重意义，大众既是传播文化创意、形成社群的媒介元素，又是文化创意的来源与文化创意融合生产的功能主体。

版权产业的充分发展是现代化经济体系的重要构成和标志之一，大力发展版权产业也是推动经济高质量发展的重要途径。2017 年 4 月，《文化部关于推动数字文化产业创新发展的指导意见》指出文化产业发展要深度应用人工智能、大数据等科技创新成果。人工智能时代已经来临，这对版权产业来说既是机遇也是挑战，如何充分利用人工智能提供的技术可能，实施更有效的版权保护战略，促进版权产业迅速发展成为十分重要的问题。

版权产业是知识密集型、技术密集型产业，其发展必须依靠技术创新为之提供技术保障与更广阔的发展空间。不仅版权产业进入智能时代，著作权侵权行为也进入智能时代。网络虚拟时空与人类现实社会密切相关，这些利益纠纷反映出了各群体在网络虚拟空间中的利益诉求。面对这些诉求，版权制度必须做出符合人工智能时代版权产业发展的回应。

版权产业的边界可以分为制度边界与技术边界。制度边界就是由版权相关法规确定的边界，此边界内的版权产品受版权法律保护，有较稳定的发展环境。技术决定了版权产业的类型与形式，技术边界是由版权产业相关技术决定的版权产业范围。当制度与技术相契合时，制度边界与技术边界基本重合。考虑到技术发展的难以预测性，在绝大多数时期，制度边界不能涵盖全部技术边界，处在技术边界内但超出制度边界的版权产业发展面临不确定性的困扰，出现野蛮生长与制度套利的现象。现阶段，人工智能技术不断拓宽版权产业技术边界，而制度边界拓展缓慢，技术形成对旧有制度的挑战，进而引发诸多著作权纠纷，主要表现如下：

第一，侵权有了新形式。版权内容借助网络，克服时空障碍在全世界快速流动，这不仅实现了文化传播的革命，也为大众提供了全新的消费空间，这体现着未来文化发展的方向，但也形成了对现有版权制度的挑战。盗版是严重侵犯他人版权的作为，对版权产业的危害非常大。数字网络版权产业的蓬勃发展也催生了智能化、专业化、隐蔽化的盗版侵权行为。依托网络信息平台，盗版产品的传播与销售途径由实体转至虚拟，盗版侵权活动领域扩大，呈现线上线下二元共存的局面。

第二，版权配置不当阻碍知识生产及传播。概括来说，知识再生产由三方面决定，一是创作者的创意，二是可利用知识的存量，三是创作者可以得到的激励。虽然数字网络技术和人工智能技术有降低版权产品生产与传播成本的效用，但如果网络环境下的著作权配置不当，不能解决网络环境下出现的版权难题，就无法高效有序发展版权产业。当前滞后的版权制度已经阻碍了知识再生产及传播。例如，信息网络技术发展使得网络盗版泛滥，同时也增强了著作权人与网络分发平台限制他人接触作品的能力，诸多著作权人与网络平台也开始凭借优势地位让使用者签署义务和权利不对等的使用许可协议，或者使用技术措施限制公众对作品的合理接触。大众认为"文化再利用"是一个天然的传统，作者在其作品发表并供大众消费后，默许他人合理使用其作品，互联网技术与作品数字化理应使用户利用已有作品进行再创作变得更方便。如果强制要求公众遵循事先授权模式，则极易出现找寻著作权人达成使用许可协议的成本超过新创作品价值的现象。与此同时，网络平台逐渐成为版权产业的关键环节，其在处理上传者和著作权人的纠纷中也暴露出不作为的弊病。

第三，人工智能技术生成物的保护方式。虽然目前人工智能技术尚处于弱人工智能阶段，但是随着技术不断发展，人工智能开始在一些领域超越人类，这自然也包括与版权产业相关的领域。人工智能开始生产与版权相关的内容，人工智能技术的生成物及其背后的投资者该受到何种程度的保护成为值得思考的问题。

若要发展版权产业，就需合理界定版权归属，确立低成本的版权作品交易规则，充分保护著作权人的利益。在"互联网+文化"背景下，数字网络技术与人工智能技术的进步和网络平台的建设使版权产业整合世界范围的优质文化资源成为可能，这将有力推动版权产业发展。然而，仅仅依靠技术来拓宽版权产业的边界是不够的，还需要完善相应的法规制度，制订出妥善解决著作权纠纷的方案，从而保证版权产业的高速有序发展，实现文化繁荣与文化强国的目标。如何应对这些挑战是改进我国版权制度的机遇，当前我们不仅要学习他国的经验，也要向世界贡献中国制度智慧。

第二节　文献综述

与本书研究相关的文献可大致分为三类。第一类文献为版权及版权产业相关概念下定义，并讨论版权的法理基础。第二类文献讨论科学技术对版权产业的影响。第三类文献讨论版权保护及版权制度如何适应科学技术发展现状，促进版权产业良性发展。

在第一类文献中，学者首先讨论"版权""著作权"及"作者权"的联系与区别，研究发现"版权"与"著作权"基本上是可以互用的，而"作者权"更强调作者的权利。版权体系坚持功利主义理论，作者权体系先强调人身权，后强调财产权，但在财产权上，作者权与版权差异很小（丁文杰，2022）。知识产权法理基础关注知识产权的正当性，其可分为财产权劳动理论和功利主义理论两类。学者进行比较发现，相比于财产权劳动理论，现代知识产权法更倾向于使用功利主义的论证逻辑，在功利主义的价值取向上，保护知识产权是中间目的，借助创新增进人类福祉是最终目的（马忠法、谢迪扬，2022）。在世界知识产权组织对版权产业所下定义的基础上，有学者将版权产业分为核心版权产业、部分版权产业及相互依存的版权产业三类（周艳敏，2010），还有学者以科技运用程度为标准将版权产业分为传统版权产业与新兴版权产业两类（康建辉等，2012）。在版权产业发展目标上，学者指出消费升级的一个重要内涵就是版权产业等服务消费的"扩容"和"提质"（张翼，2016）。从消费结构与消费质量来看，高质量的文化等服务型消费占比的提升意味着消费结构与消费质量的升级。因此，版权产业的发展目标就是实现版权产业的高质量发展。另外，版权产业不同于一般产业的特点在于，其除经济属性外还有很强的意识形态属性，版权产业的发展就是观念解放和观念创新（张铮、熊澄宇，2009）。我国新时期版权产业高质量发展的主要目标是提高版权产业的社会价值与经济效益。

在第二类文献中，学者首先指出版权产业是在信息社会与知识经济建构的时空坐标中逐步确立为支柱产业的，版权行业的发展与信息技术的发展是同步的（张铮、熊澄宇，2009）。文化创意可以通过融合科技而内生于经济增长，主要机制是提高技术边际效益，可分为两种方式：一是通过融入文化创意加强技术应用的深度，如版权作品的数字化大大提高了数字技术的边际收益；二是通过融入文化创意拓展技术的应用广度（李凤亮、潘道远，2018）。现有的版权产业发展实践证明，科技创新和版权产业发展有着很强的正相关关系（胡惠林，2016；郑自立，2019）。

在科技促进版权产业发展的机制分析方面，有学者指出版权产业本质上是"人与一切社会文化关系的总和"（胡惠林，2017）。版权产业是与符号分配、交换及消费等活动密切相关的产业，这些符号就是版权产业独特的附加值，受众数量影响符号生产，也会影响作品价值（李思屈，2015）。费斯克（2001）的"生产性受众观"理论特别强调，大众文化是由大众而不是文化工业促成的。受众的依赖性决定了大众无法自行创造文化资源，但大众可以根据自己的经验解读作品，从这些资源中创造新内容，成为大众文化生产的主角。文化创意的作用更注重人与人之间的价值认同及人的价值实现（李凤亮、潘道远，2018）。由上述理论可知，理解版权产业发展需要认识到人的作用：人不仅是生产者和消费者，还是传播者、创意者和认同者。

国内网络平台的迅速发展是版权产业平台化发展的前提。网络平台特指以网络信息技术为基础，以信息、算法、数据为核心要素，以信息、资源共享为目标，为多方主体提供个性化产品与服务的虚拟网络空间（范如国，2021）。平台的本质是提供搜索匹配服务的信息中介。信息匹配效率是平台的核心竞争力，平台的商业利益离不开算法的支持（杨明，2022）。网络平台的壮大让算法不断进步，社会大众也进入智能化社会，并与网络平台深度绑定（朱巧玲、杨剑刚，2022）。

平台迅速发展改变了版权产业格局。在数字网络时代，作品传播有了新特点。过去的作品传播途径稀缺，作品要依附具体介质传播，这些有形介质成为版权制度的重要保护对象，版权制度更重视发行环节而非创作环节。此外，过去的传播途径有很强的私人属性，如唱片公司、图书出版商等以个体经济利益为主要追求目标。现阶段，平台呈现出一定的公共属性，社会公众获得了作品生产要素，广泛地参与到内容创作中，消费者与作者的界限模糊，作品传播途径不再被商业公司垄断（章凯业，2022）。

绝大多数学者认为传播技术对版权产业发展有着巨大的促进作用。刘琛（2015）提出通过全媒体平台传播、创造版权体验价值，进一步提升版权品牌价值，实现版权价值的开发和扩大。韩顺法和郭梦停（2016）提出要把握好版权产品的创造、传播和营销环节，通过数字化传播渠道打造版权产业链，通过全媒体开发传播，实现版权价值增值。Lantagne（2015）分析了版权合理使用制度和粉丝对版权作品的经济贡献，验证了粉丝的参与能够促进版权作品创作，提升版权价值。向勇和白晓晴（2017）指出文化消费包含再创作、再传播，文化经过发酵会产生更大的影响。范玉刚（2019）、陈刚和宋玉玉（2019）、江小涓（2021）指出数字网络技术提升了传播速率，扩宽了传播渠道，解决了供需不匹配的问题，能更好地满足人民的文化需求。

科技对版权产业的促进效应无法掩盖其带来的负面影响。有学者指出高科技的发展衍生出诸多新型版权作品，推动了版权产业发展。我国著作权法以平行分类方式区分版权作品类型，不同类型作品彼此缺少关联，无法为新型版权作品提供合适的法定位置（陈传夫，2000），这导致新兴版权产业难以得到应有的保护（康建辉、郭雅明，2012）。

在第三类文献中，学者们就版权保护对版权产业的影响进行论述，并形成版权保护促进版权产业发展（Nelson，1959；Arrow，1962；姚林青、李跻嵘，2015；张伟芳，2019；王迁、闻天吉，2020）与版权保护需适度（Plant，1934；Landes and Posner，1989，2003；董雪兵、史晋川，2006；周翼，2013；董雪兵等，2012；李瑾，2016；郑淑凤、沈小白，2017；章凯业，2022）两类主流观点。总结来看，坚持版权保护促进版权产业发展的国内学者认为，当前版权保护力度不足，为促进我国版权产业发展，还需加强版权保护。坚持版权保护需适度的国内学者认为，知识具有溢出性，科技为作品传播提供良好机遇，且作品传播对原作者也有益处，过强的版权保护将提高版权产业交易成本，不利于作品传播，版权保护应有一定限度，需考虑社会福利，这与知识产权的功利主义观点相契合。

研读当前文献可知，版权产业发展离不开科学技术及版权保护，与此同时，版权保护与科技进步应形成良性互动，共同促进版权产业发展。随着人工智能技术的发展，如何妥善处理版权保护、人工智能技术及版权产业发展三者的关系仍需充分的理论分析与实证检验。

第三节　研究思路及方法

人工智能带来的技术进步可以促进加工生产、产品传播、产业价值链条的重塑，但在传统法律制度方面也带来了新的挑战。版权保护与版权产业发展的研究主要集中在经济学和法学领域，经济学家侧重版权保护对社会福利效应的分析，法学家主要从著作权法的角度进行分析，少有研究将人工智能与版权保护作为两种推动版权产业发展的力量进行研究。实际上，人工智能代表着技术进步的力量、版权保护代表着制度进步的力量，两者将共同推动未来版权产业的发展。这也是中国版权产业实现跨越式发展的必要途径。本书以人工智能、版权保护对版权产业发展的双重推动作用为研究对象，分析三者之间的交互作用，应用理论分析与实证分析相结合的方式，从微观和宏观两个层面归纳总结我国版权制度与人工智能技术对版权产业发展的影响及改进方向，分析确定的最优版权保护水平和途径，为制定版权产业发展战略提供政策建议，从而推动人工智能、版权保护良性互动，进一步促进版权产业发展。

为实现上述研究目标，本书主要使用如下研究方法：

（1）规范分析与实证分析相结合。规范分析侧重于为立法提供理论支持，给出法律政策建议，激励分析与最优化分析是基本方法。实证分析是分析法律制度实效，分析法律预定目标是否实现，如在现有法律规定下，相关主体付出何种成本，得到哪些收益，是否满足社会最优要求等，将这些现实结果与法律预期结果进行比较。规范分析与实证分析往往紧密相连，实证分析服务于规范分析，两者共同为法律制度改革提供政策建议（魏建，2007）。因此，本书研究以定性分析引领定量分析，以定量分析验证定性分析。定性分析基于文献研究法，分析文献后整理总结版权价值实现方式、版权保护面临的挑战及解决方案。在定性分析的基础上，提出研究假设，收集相关数据后结合计量经济学等学科内容进行定量分析，验证研究假设，为理论分析提供实证检验支持，发现现实背后的规律。

（2）静态动态相结合的方法。静态分析不考虑时间变化，以相对静止的方式分析问题，重点对某一时间点进行分析，寻找现象背后的原理与问题。动态分析以静态分析为基础，探究研究对象随时间变化的背后规律。本书以2014年至2022年为时间跨度，收集版权领域相关数据，从动态角度研究在一段时间内人工智能、版权保护及版权价值实现相关的问题，提出问题解决方案，并选取典型案例，以静态分析方法发现现象背后的原理与规律。

（3）比较分析法。该方法通过比较事物的异同发现事物要素的区别、联系，并总结变化规律。人工智能时代的版权保护与版权价值实现是全球都在尝试解决的难题，各个国家的经济、文化与技术发展水平不同，其对版权保护的态度也不同。综合各个国家的版权保护方案，运用比较分析法分析现实效果与潜在问题，为我国版权制度及人工智能技术规制设计提出建议。

第四节　研究框架与技术路线图

余下部分依次讨论如下内容：版权产业及其发展态势，人工智能对版权产业的影响及挑战，人工智能、版权保护与版权产业发展的关系，版权保护的再平衡分析：几个典型事实及人工智能时代版权产业发展建议。

第二章分析版权产业及其发展态势。

实现我国版权产业的高质量发展，就必须在优化产品质量与服务功能上下功夫。具体而言，要从两方面做起：一是要积极应用大数据、互联网与人工智能等最新技术，借鉴吸收国外优秀成果，提升原创能力及研发能力，开发具有独特文化吸引力的服务模式与服务产品；二是要坚持社会效益优先，提升作品的质量与内涵，改善版权作品供给，满足大众品质化、多元化的消费需求。

长期以来，我国许多地方版权产业的发展主要依赖区位优势、规模扩张等传统路径，这是一种以数量扩张与资源消耗为特征的要素驱动型发展模式，可持续性较弱。2016 年以后，我国版权产业发展有所放缓，这与我国版权产业创新动能不足密切有关。因此，要实现我国版权产业的高质量发展，必须在增强创新能力方面下功夫，具体来说，有两层含义：一是由依靠物质资金投入向依靠科技投入转变，提高全要素生产率，拉动版权产业增长。二是通过创新满足人们的新版权消费需求，产生新版权业态，开拓新产业市场。

一般认为，版权消费有两种形式：一种是物质形式的版权作品消费，另一种是以劳动形式体现的版权服务消费。数字网络时代，随着虚拟现实技术的成熟，体验消费成为一种兼具上述两种版权消费形态特征，但又不完全等同于两种消费形态的新消费形态。体验消费通过与新技术的融合，使传统版权消费形式实现转型创新，创造新的消费价值。从现今的 Web 3.0 时代开始，社会变成双层社会，现实物理世界与虚拟网络世界共存，集信息技术大成的元宇宙更是为体验消费提供了更为全面的可能，具有更大吸引力和魅力，代表着体验消费的趋势，成为版权产业和智能技术的前沿。与此同时，数字网络技术的迭代发展也改变了既有版权消费形态，新的版权消费形态主要表现为平台化、个性化。

在看到技术促进版权产业发展的同时，也应看到现有版权产业面临的较多挑战。首先，是产业政策效力有限，产业主体过分依赖产业政策，自身缺乏创造力，版权产业市场化程度偏低。其次，版权产业中的海量供给与公众的个性化需求不匹配，是现代乃至将来版权产业必须解决的问题。另外，数字网络技术不断拓宽版权产业的技术边界，而制度边界拓展缓慢，技术形成对旧有制度的挑战，进而引发诸多侵权、确权、权益分配、垄断等纠纷。最后，作为最有势力的新媒介，网络吸纳数字技术的优势也让所有内容呈现出商品化、碎片化特征，这导致作品创作重点考虑情感而非事实，受众群体因而丧失理性，反智主义思潮在社会中蔓延，严重影响了网络文艺的社会评价。

第三章讨论人工智能对版权产业的影响及挑战。

创新是我国版权产业高质量发展的根本动力。人工智能是通过让机器获取抽象与认知能力来解决人类才能解决的问题的一种方法。从信息形态与知识传播的角度来看，人工智能对版权产业的影响体现在激发新业态、增强信息可得性及对版权产品的智能保护三个方面。激发新业态是指人工智能技术与版权产业结合所展现出的新的作品与服务形态。增强信息可得性则是让传统媒介平台融合人工智能分发技术实现信息的精准推送。人工智能技术对版权产品的智能保护则是从维权的角度帮助著作权人实现高效精确的界权与损失计算。人工智能技术对版权产品的智能保护是维护著作权人权益与版权产业发展的保障，激发新业态、增加信息可得性与版权产业智能化发展联系紧密。

与版权产业融合的主要人工智能技术类型有机器学习、自然语言处理、知识工程、数据挖掘、信息检索与推荐等。实现传统技术无法实现的任务、减少重复劳动、提高生产效率、增加信息匹配准确性等是人工智能技术对现阶段版权产业的主要影响。目前，电影、短视频、网络文学、电子游戏、艺术鉴赏等版权领域正在积极拥抱人工智能技术，并取得了丰硕成果。

现阶段，人工智能技术在版权产业领域的应用能有效提升作品与服务的生产与传播效率，人工智能对版权产业的促进作用更多体现在经济价值方面。随着人工智能技术不断渗透至版权产业，人工智能向版权产业内在价值提出挑战，这些挑战主要体现在机械复制、小众文化、信息过滤、虚拟时空及人工智能审美五个方面。这些因素叠加在一起将导致作品与服务功利化、平庸化、碎片化，消费者仅仅追求消费的即时快感，而需要积累沉淀与静心沉思的审美情感无法被激发，消费过程难以起到"以文化人"的作用。另外，这种生产创作模式难以保证文化发展战略的顺利实施，不利于可持续发展。

虽然目前的人工智能技术尚处于弱人工智能阶段，但人工智能已开始生产与版权领域相关的内容，人工智能技术的生成物及其背后的投资者该受到何种程度的保护成为值得思考的问题。

在现有法律制度下，人工智能不能成为权利主体的原因是人工智能不具有人格。赋予人工智能权利显然有违法理并会给实务带来困惑，如人工智能如何发起著作权侵权诉讼及如何转让权利。如果将人工智能生成物直接归入公共领域则不会出现上述问题。著作权法立法目的之一是激励创作，如果将人工智能生成物归入公共领域，则会在法律制度上否定人工智能创作的商业利用价值。考虑到人工智能算法与程序对其生成物的不可替代作用，可以对比剧本作品进行分析。具体而言，可将人工智能算法与程序当作"剧本"，把使用者视作"表演者"，将人工智能生成物当作演绎作品，权利归属可参照演绎作品制度管理。此处理方法将人工智能生成物归入邻接权制度管理领域，邻接权制度是保护随技术发展出现的新类别作品的兜底条款。广义邻接权包含不构成作品的有思想的表达，难以成为著作权客体的作品可以考虑归入邻接权客体范畴以进行保护。如此规定可以反映出立法对作品生成与传播过程中出现的非创作性投入的支持与肯定。

人工智能创作的社会效应也值得讨论。人工智能创作最显著的特征是以较高的效率和较低的成本持续不断地创作。人工智能创作是对已有文化技术成果再利用的过程，这将使进入公共领域的作品的价值得到发掘。对人工智能生成物的保护可以激励技术发展，也能实现对人类智慧结晶的再利用。人工智能创作有"复制合成"的特点，作品独创性源自作者的个性化表达，作品财产权是作者的人格延伸。若人工智能创作生成物旨在重现某一作者的创作风格，那这些表达信息是该作者的个性化表达，是其作品的核心部分。这种人工智能生成内容将会对原作品市场产生替代效果。因此，此类人工智能行为不是合理使用，是对原作的侵权，此类创作的前置步骤还应包括获取著作权人的授权许可。

第四章分析人工智能、版权保护与版权产业发展的关系。

版权产业的健康发展是建立在版权制度上的，版权保护和制度建设是版权产业繁荣发展的基本条件。大量研究表明版权保护对创作者具有激励的作用，同时验证了版权传播对版权价值的形成和放大具有积极影响。就当前人工智能与版权产业结合现状来看，相比于创作，人工智能技术支撑的网络平台极大地促进了版权作品与服务的传播。在享受传播技术带来便利的同时，我们也应意识到只有版权传播与版权保护实现良性互动，才会为版权产业带来不可限量的前景。本章对版权保护、版权传播及版权价值三者关系进行数理分析，然后基于数理分析展开实证检验，以期对人工智能、版权保护与版权产业发展的关系有更深入、全面的了解。

首先，通过版权价值与版权保护模型发现复制传播可以创造价值，技术进步可以降低复制传播成本，因此要根据当前网络复制传播技术的发展调整版权保护模式，在人工智能环境下建立促进传播的版权制度安排，使版权价值实现最大化。

其次，实证检验人工智能技术、版权保护水平如何影响版权产业发展。目前，绝大多数学者认同传播技术将促进版权产业发展，但版权保护对版权产业的影响尚无绝对定论，因此形成了版权保护有益论、版权保护怀疑论和版权保护折中论等观点。此外，在版权产业发展中人工智能技术与版权保护能否形成良性互动也需要检验。通过收集省级版权产业数据，本章研究发现现阶段人工智能技术的发展与知识产权保护可以有效推动版权产业发展，另外根据人工智能与知识产权保护指标的交互项回归结果来看，现阶段人工智能与知识产权保护还没有形成良性互动格局，主要原因是版权等相关领域的立法相对滞后。国内著作权法尚未完全适应数字网络时代版权产业发展特征，人工智能技术又给数字网络时代版权产业带来了复杂的冲击。

最后，结合电影行业的微观数据检验人工智能技术对版权产业的影响。作为我国版权产业的主要代表之一，中国电影产业潜力巨大。虽然我国影视产业的市场规模已经发展到世界领先水平，但能被称为精品且具有代表性的影视作品仍然较少，中国电影产业发展仍有较大进步空间。在当下"讲好中国故事，共塑中国形象"的前提下，如何引导电影产业"扩容"与"提质"，满足人民群众对优质版权作品的需要是值得关注的问题。随着互联网和人工智能技术的发展，数字信息的存储呈现爆炸式增长，国内互联网企业在影视领域扮演着越来越重要的角色。从实证结果来看，互联网企业参与制作电影可以提升电影口碑，进而提升电影票房，初步完成"扩容"任务。但是，电影网络口碑并不完全等同于电影质量，电影的审美价值亦难以衡量。电影产业乃至整个版权产业的"提质"任务还需各方不断努力。

第五章结合典型事实分析版权保护的再平衡。

在功利主义的价值取向上，保护知识产权是中间目的，借助创新增进人类福祉是最终目的。因此，版权制度是一种利益平衡，既要保护创作者权益以激励创作，也要重视创作者与社会公众间的权益平衡，最终实现文化繁荣的目标。但是，太过重视权利人的利益反而会损害社会公共利益。版权法因技术进步发展，著作权人的权利不断拓展，这是版权法鼓励创新与知识传播的目的，但一些限制措施也挤压了消费者的作品接触空间。要寻求保护原创者利益与促进合理使用作品的平衡点，促进版权产业有序发展。随着信息网络技术的发展，著作权体系下的创作者、传播者及使用者形成了三者平衡格局。因此，必须从理论上构建数字网络环境下的著作权边界，分别从避风港规则、策略性诉讼者现象、独家音乐版权协议、平台算法选择性版权保护四个方面研究与版权保护相关的侵权责任分配、维权效率、保护限度及平台算法版权保护责任问题。

（1）避风港规则问题。面对网络服务提供者出现的著作权侵权问题，既要打击侵权行为，又要保障公众利用网络平台进行交流的利益，立法要平衡各方利益。因此，全世界主要经济体都推出了"通知—删除"规则。"通知—删除"规则亦称避风港规则，基本内容是要求网络服务提供者明知或应该知道自己平台存在的著作权侵权行为，要承担共同侵权责任。由我国避风港规则基本内容可知，避风港规则在很大程度上让网络服务提供者免于承担用户侵权责任，并让著作权人承担发生侵权行为的责任，且避风港案件中的责任主体由著作权人、侵权人两方变为著作权人、侵权人（上传者）及网络服务提供者三方，由被侵权人单独维护权利转变为被侵权人需与网络服务提供者合作维权。

由 2014~2020 年的 1613 件案件数据可知，大部分原告还是凭借处理传统著作权纠纷的思路保护信息网络传播权，以上传人为重点维权对象，没有借助避风港规则与网络服务提供者沟通合作，未能以低成本且高效率的方式维护自己在网络空间中的权益。但不可忽视的是，原告将上传人视作重点维权对象是因为避风港规则保护了网络服务提供者，让其免于承担责任。另外，著作权人这一受害者群体在维权时不与网络服务提供者合作就要进一步受到法院的"惩罚"，受害者维权结果将更加不理想。

随着网络平台发展壮大，避风港规则无法有效应对日益加剧的侵权行为，让版权权利人承担审查海量内容的责任也不公平。海量侵权行为出现的原因之一是上传者缺少与版权权利人合作的途径，上传者不知权利人的联系方式，也不知相关作品的使用价格。版权权利人集中向具备公司身份的上传者维权的原因在于，海量侵权行为让版权权利人损失大量授权作品收益，而进入司法程序的上传者支付的赔偿金额往往是作品市场授权费的多倍。版权权利人通过交易成本颇高的司法程序从具备公司身份的上传者身上加以维权取得的收益，可以在一定程度上弥补其他个人上传者未经授权使用作品带来的损失。由此可见，海量侵权问题仍要靠上传者、版权权利人与网络服务提供者的合作来解决。

（2）策略性诉讼者现象。当一个领域侵权现象频发时，如果存在从制止侵权中获利的可能，那么就会逐渐发育出维权获利的商业模式。近年来，在版权领域出现了大量通过诉讼等手段进行著作权侵权维权并由此获利的事件，此类诉讼模式被称为"策略性诉讼"，发起此类诉讼的当事人被称为"策略性诉讼者"，俗称为策略性诉讼者。基于 2015~2020 年著作权侵权司法判决书数据，本章实证研究了策略性诉讼者发起的策略性诉讼的权利保护绩效，发现策略性诉讼者主要通过"多次、高胜诉率、高赔偿额"的诉讼模式获取收益，整体上看在策略性诉讼中策略性诉讼者基本上实现了预期目标。策略性诉讼者在胜诉率、获赔判决额、法官倾向三个方面基本上都高于一般当事人，甚至在胜诉率等方面高于集体管理机构。在策略性诉讼中，策略性诉讼者展现出较为专业的维权水平，不仅提高了版权人的收益，也实现了自身获利，提高了图片等领域的版权保护水平。

策略性诉讼者发现了潜在的获利空间，充分利用制度规则，形成了完整的

"获取授权—发现侵权—追究侵权—获取收益"运作模式，获得了较高的胜诉率、赔偿额。尽管在这个过程中出现了无序攫取图片版权、多次重复诉讼挤占司法资源等现象，但也有效弥补了集体管理机构版权保护不足的空白，使相关领域（尤其是图片领域）的版权保护水平有了显著提高。就维护自身的权利而言，策略性诉讼者发起诉讼并没有违反著作权法，也没有违背诉讼规则，为版权人带来利益的同时也提高了版权保护水平，但策略性诉讼者发起大量诉讼造成了诉讼拥堵，浪费了司法资源。

（3）音乐版权的独家授权问题。独家授权协议对版权市场的影响具有两面性，一方面提高了市场进入壁垒，使拥有独家授权的平台可以实施垄断定价，造成了垄断福利损失；另一方面降低了数字音乐服务平台与版权所有人的交易成本，如谈判成本与菜单成本等，稳定了市场预期，提高了社会交易效率。因此，在针对独家授权行为制定反垄断监管政策时，应充分比较独家授权与解除独家授权对社会总福利水平的影响。分散的市场结构虽然可以有效地防止垄断行为造成的无谓损失，但同时也增加了社会交易成本，社会总福利水平因网络效应系数与交易成本系数的不同而不同。版权市场的垄断行为规制同样面临垄断损失与交易成本效率的取舍问题。

根据数理推导结果可知，独家授权本身并不具备垄断属性，实施独家协议可以提高市场竞争效率，但应对独家授权协议的期限作出限制，在满足平台发展需求的同时，防止平台通过长期协议对上下游经营者进行锁定。与此同时，对转授权协议也应作出限制，要求获得独家授权的平台必须将一定比例的音乐进行转授权，并对授权协议的合理性进行监管，这样就能防止具有市场支配地位的企业哄抬授权价格或拒绝转授权。附条件的独家授权协议可以发挥平台的低交易成本与效率维权优势，有助于降低市场进入壁垒，防范垄断行为。

（4）算法偏见问题。通过网络版权司法保护效果实证分析可知，著作权人并未从司法保护中得到满意的赔偿，并承担过重的维权负担。2014～2020年仅有1613件避风港案件，由案件数量可知著作权人通过法院解决的网络平台版权侵权纠纷尚属少数。另外，避风港案件中的被告行为大多是完全复制作品，案件较少涉及二次创作类内容是否构成合理使用的问题。相关著作权人更倾向于借助避风港规则向相关平台发出通知，要求下架相关二次创作类内容，平台为避免承担责任往往会同意原作者的要求。此时，版权相关网络平台就成了二次创作相关纠纷的主要解决者。版权相关网络平台以算法为支撑，算法质量决定着平台信息匹配过滤水平，搜索引擎这种自动化算法体现着平台设计者的行为倾向，版权相关网络平台算法如何对待二次创作类用户上传内容，平台算法是否会保护版权成为值得讨论的问题。

本章以短视频平台的搜索引擎为研究对象，发现短视频平台偏向于保护自有版权的影视作品，有选择性保护行为。具体而言，平台为了留存用户，满足平台用户多样化需求，往往将存在侵权可能性的、与影视作品相关的用户上传内容推荐给用户。与此同时，随着平台加大对正版影视作品资源的投入力度，平台开始删除或者以降低搜索权重的方式隐藏对自己平台影视作品有替代性的用户上传内容。这一行为的表层原因是，交叉补贴运营模式需要平台用视频内容与同行业视频平台竞争用户注意力，以获取广告商青睐。其根本原因是，平台可以忽视乃至放任侵权行为，且不必承担过重责任。具体而言，算法技术让平台获得私人规制的权力，实现平台算法权力化，但平台逐利属性及算法复杂属性使这一权力失去监督，算法将优先保障平台盈利，忽视打击侵权内容的社会责任。为扭转这一现象，版权相关网络平台应以提高平台内容的正版化率并保持算法技术中立为主要改进方向。

结合上述理论分析与实证分析可知，以人工智能为代表的技术进步极大地拓展了权利实现空间，将从前的权利配置、保护原则等套用于人工智能时代必然有不相适应的情境，需要构造新原则、新规则，实现版权"善用"这一目标。

第六章给出人工智能时代版权产业发展建议。

数字网络时代的特点是互联互通互动，人工智能时代的特点是智能化、平台化。人工智能时代的版权产业既有数字网络时代版权产业的特点，又与数字网络时代的版权产业存在区别，兼顾两者的共性与区别才能更好地发挥人工智能技术在版权产业中的效能，同时为改革版权制度提供参考。

当前版权制度正遭受诸多挑战。一方面，数字网络时代普及了生产创作工具，大众开始非营利性创作，人工智能技术的智能创作与智能传播效果更激励了这类非营利性创作，如何妥善处理版权保护的创作激励效果与著作权人利益的关系是当前版权制度需要解决的第一个难题。日益频繁活跃的再创作也在不断提高版权领域的总交易成本，如何改进合理使用制度，避免出现版权领域的"反公地悲剧"则是当前版权制度迫切需要解决的第二个问题。与此同时，平台、资本与人工智能技术的结合也改变了版权产业的运营模式与利益分配方式，垄断和平台算法也在挑战着版权制度。另一方面，数字网络时代未解决的版权产业问题将继续困扰人工智能时代的版权产业，如版权产业政策部分失灵、著作权人对著作权集体管理组织的信任不足、版权行政保护不足、版权产业过分重视经济效益等。

不解决数字网络时代版权产业的遗留问题，版权产业就难以稳步迈入人工智能时代。不过我们也应看到，人工智能等技术也为问题的解决提供了一些新方案，成为推动版权产业良性发展的不可忽视的力量。

第七章说明研究结论与展望。

本书的技术路线如图 1-1 所示。

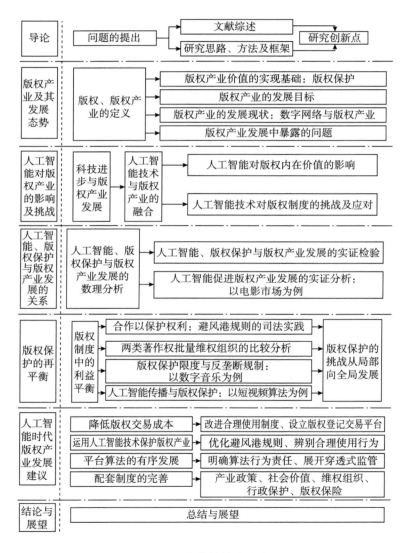

图 1-1　本书的技术路线

第五节　研究创新点

版权产业是知识密集型、技术密集型产业，其发展必须依靠技术创新为之提供技术保障与更广阔的发展空间。在数字网络技术及人工智能技术的共同作用下，版权产品在虚拟世界中广泛传播，版权产业价值因而快速增长。

在人工智能时代，版权产业发展中展现出的新特点是内容传播平台化与内容创作大众化。网络平台逐步成为版权产业生产供给与消费的共同载体，平台的用户画像数据与人工智能技术相结合将降低作品搜索成本。互联网形成更加对等、开放、扁平的机制和多元、丰富、高参与度的文化生态，大众不仅是作品的消费者，还是传播者、创意者和认同者。

不仅版权产业进入智能时代，作为版权产业对立面的著作权侵权行为也进入智能时代。网络虚拟时空与人类现实社会密切相关，这些利益纠纷也反映出了各群体在网络虚拟空间中的利益诉求。面对这些诉求，版权制度必须做出符合人工智能时代版权产业发展的回应。

本书的第一个创新点是指出版权产业的边界可以分为制度边界与技术边界，并归纳总结人工智能技术对版权制度的负面冲击。制度边界就是由版权相关法规确定的边界，此边界内的版权产品受版权法律保护，有较稳定的发展环境。技术边界则是由版权产业相关技术决定的版权产业范围。考虑到技术发展的难以预测性，在绝大多数时期，制度边界不能涵盖全部技术边界，处在技术边界内但超出制度边界的版权产业就要面临不确定性的困扰，出现野蛮生长与制度套利的现象。

现阶段，人工智能技术不断拓宽版权产业技术边界，而制度边界拓展缓慢，技术形成对旧有制度的挑战，进而引发诸多著作权纠纷，而且当前滞后的版权制度已经阻碍了知识再生产及传播。虽然数字网络技术和人工智能技术有降低版权产品生产与传播成本的效用，但如果网络环境下著作权配置不当，不能解决网络环境下出现的版权难题，就无法高效有序发展版权产业。

本书的第二个创新点是结合数理分析及实证分析发现了人工智能对版权制度及版权产业发展的影响。人工智能带来的技术进步可以促进版权产业加工生产、产品传播、产业价值链条的重塑，但在传统法律制度方面也带来了新的挑战。人工智能代表着技术进步的力量，版权保护代表着制度进步的力量，两者将共同推动未来版权产业的发展。本书以人工智能、版权保护对版权产业发展的双重推动作用作为研究对象，分析三者之间的交互作用。

首先，通过数理模型推导及省级数据分析发现，现阶段人工智能技术的发展与知识产权保护可以有效推动版权产业发展。人工智能与知识产权保护还没有形成良性互动格局，主要原因可能是人工智能技术处于快速发展阶段，版权等相关领域的立法相对滞后，国内著作权法尚未完全适应数字网络时代版权产业的发展特征，人工智能技术又给数字网络时代的版权产业带来了复杂的冲击。

其次，借助实证分析等方法，从微观角度分析版权保护的利益平衡。随着信息网络技术的发展，著作权体系下的创作者、传播者及使用者形成了三者平衡格局。因此，必须从理论上构建数字网络环境下的著作权边界，分别从避风港规则、策略性诉讼者现象、独家音乐版权协议、平台算法选择性版权保护四个方面研究与版权保护相关的侵权责任分配、维权效率、保护限度及平台算法版权保护责任问题。

总结研究结果可知，当前技术正在改变一切，权利的实现和保护都建立在数据虚拟的基础上，不但权利的对世性被削弱甚至瓦解，而且权利实现和保护的非自主性也在强化。但是，版权制度并没有随着技术进步而及时进步，技术挑战并未从局部向全局发展。

本书的第三个创新点是提出适应人工智能时代的版权产业发展建议。在技术推动下，知识的可及性达到了前所未有的水平，面对这一变化，法律首先要决定扩大后的可及知识是否能够使用，其次决定如何有效使用。以人工智能、大数据为代表的技术进步极大地拓展了权利实现空间，将以往的权利配置、保护原则等套用于数据时代必然有不相适应的情境，制度应与技术同步发展，构造新原则、新规则，实现版权"善用"这一目标。然而，仅仅依靠技术来拓宽版权产业的边界是不够的，还需要完善相应的法规制度，做出妥善解决著作权纠纷的方案，从而保证版权产业的高速有序发展。要发展版权产业，就必须合理界定版权归属，确定合理的版权作品交易规则，合理分配利益，充分保护著作权人的利益。

为此，本书主要从以下四个方向提出建议：一是降低版权交易成本，二是运用人工智能技术保护版权产业，三是规制平台算法实现有序发展，四是完善版权产业配套制度。

第二章 版权产业及其发展态势

第一节 版权、版权产业的定义

一、版权相关概念

"版权"与"著作权"基本上是可以互用的[①]，而"作者权"更强调作者的权利，三者有共性，都与版权保护相关，但其中也有差别。现行版权制度有两种观点，自然权理论强调作者地位和道德因素，功利主义理论强调效益与利益的驱动调适功能。19 世纪后，版权法与著作权法各自演变为版权体系和作者权体系，形成对著作权正当性的不同解释。版权体系国家坚持功利主义理论；作者权体系国家先强调人身权，后强调财产权（丁文杰，2022）。

在财产权方面，作者权与版权差异很小，受保护客体类型逐渐趋同，但也有一定差异。比如，对于独创性，作者权体系国家认为作品应有一定新颖性，而版权体系国家则认为即使没有新颖性，只要为作品付出劳动就可使作品受版权保护，对独创性要求较低。具体到邻接权制度，作者权体系国家将录像、表演等缺少独创性的作品划归到邻接权中保护，版权体系国家则认为上述客体有独创性，将其归入作品类别。

著作权法在发展中融合了作者权与版权的规定，具有一定独立性。比如，著作权法继受了人身权与邻接权规定，同时也认为作品应具有较高的独创性，并将独创性较低的内容划归至邻接权中保护。著作权法注重作品利用效率，将视听作品的著作权划归制片人，降低后来使用人向创作团队逐一申请授权的成本。另外，著作权法也吸纳并改进了版权法的相关规定。比如，著作权法突出作者的地

[①] 例如，中国首部《中华人民共和国著作权法》中规定："本法所称的著作权与版权系同义语"。

位，保护作者的精神权利。另外，版权的概念受印刷技术影响，更重视复制权，而著作权则体现出了扩展性。可见，著作权对作者权与版权的融合创新有两个规律：当涉及独创性、作品类型等方面时，以作者权为准；当涉及作品利用规则时，以版权为准，充分保障作品利用效率和产业利益（戴哲，2021）。

如前文所述，知识产权法理基础关注知识产权的正当性，其可分为财产权劳动理论和功利主义理论两类。财产权劳动理论将劳动者权利限定于劳动者劳动产生的价值增值部分，智力劳动也是一种劳动，故财产权劳动理论成为知识产权的法理基础。功利主义强调社会追求最多人的最大幸福，人的行为也要均衡功利，这是立法宗旨，也是评价法律的标准。基于功利主义，知识产权的正当性有两点：一是知识产权激励创新活动；二是知识产权可以促进成果流入公共领域，产生社会效益。相比于财产权劳动理论，现代知识产权法更倾向于使用功利主义的论证逻辑，在功利主义的价值取向上，保护知识产权是中间目的，借助创新增进人类福祉是最终目的。如果盲目追求回到财产权劳动理论，将保护知识产权视作最终目的，则不仅会阻碍后来者创新，也可能消磨既得利益者的创新积极性（马忠法、谢迪扬，2022）。因此，本书将主要从功利主义视角出发，重点讨论版权产业价值最大化，以及版权的实现与保护，较少涉及作者人身权相关问题，本书将版权与著作权看作同义表述。

二、版权产业概念与相关类别

综合众多法定文件与文献对版权产业的定义，本书如此定义版权产业：版权产业是以知识经济活动为基础的相关产业，相关公司与个人的生产及经营活动与版权作品和服务有关，同时受版权相关法律规范，也依赖版权保护水平。版权产业是以版权作品与服务市场化流转为基础的产业部门，其全流程包含作品与服务的创作、管理、保护及传播等。版权产业的外延虽然非常复杂，但共性只有所经营的作品与服务都包含版权。依赖版权及其保护水平的产业聚合在一起，形成广泛多样的产业群，版权产业（或版权相关产业）由此形成。

版权产业是一个跨行业的概念，主要包括核心版权产业、部分版权产业及相互依存的版权产业三个部分，它们的发展与生存均离不开版权保护。核心版权产业是完全从事创意生成的产业，包含创作、制造、传播、发行作品及其他受保护客体的产业，主要涉及音乐、舞蹈、电影、软件、广告、出版等领域。部分版权产业的产品价值包括涉及版权价值和与版权无关的原材料两部分。相互依存的版权产业是制造为生产和使用版权产品提供便利的产品，这些设备也称版权硬件。

版权产业中最重要的产业部分是核心版权产业，也是版权保护的重点对象。其他相关版权产业的利润重点不是版权，但会因核心版权产业的增值而增值。由此可见，版权在不同产业的价值创造中的作用与地位各有差别，不同产业对版权保护的依赖度也不同（周艳敏，2010）。

国家统计局发布的《文化及相关产业分类（2018）》规定，文化及相关产业是指为社会公众提供文化产品和文化相关产品的生产活动的集合。文化产业的活动结果是对艺术、思想、创意、科技等资源进行利用开发所产生的创新成果，核心价值表现为版权。可以说，文化产业的大部分内容都可归入版权产业，都包含版权因素。但是，版权产业范围要比文化产业范围更大，核心版权产业基本涵盖大部分文化产业的内容。

从版权产业技术演进的角度来说，版权产业可分为两大类：一类是传统版权产业，主要是书籍、视听作品、工艺美术等；另一类是新兴版权产业，是融合了高新技术的版权产业，如软件、电子出版物等。新兴版权产业是依靠科技创新发展起来的核心版权产业，具有以下特点：一是新兴版权产业以高科技为显著特点，高科技也是新兴版权产业的核心竞争力。二是新兴版权产业对版权保护的要求更高。高新技术的应用改变了版权作品的生产、消费及传播样态。版权保护也为新兴版权产业的生产提供了制度保障（康建辉等，2012）。更为重要的是，新兴版权产业的内容是数据，这使版权产品有了全新的表现形式和传播方式，对传统的版权制度和版权产业产生了巨大冲击。

第二节　版权产业的价值及其实现基础

一、版权产业的价值

马克思指出商品价值由商品中凝结的无差别人类劳动决定。版权产业凝结着人类创意劳动，具有经济价值。价值是以主体需要与目的为尺度的主客体关系，这种关系因实践而存在，版权产业的创意劳动实践也不例外（韩宝华，2016）。当我们把版权产业理解为创意实践活动组织时，应重视其内在的哲学价值与经济价值的辩证张力。从消费价值来看，一般商品的消费价值可大致分为客观功能价值与主观无形价值。客观功能价值是商品的物质基础，主观无形价值是体会感受等无形附加物。随着经济水平的提高，大众的生活水平提高，对主观无形价值的需求不断增加，版权产品消费也不断增加。根据恩格斯的消费理论，人的消费需要有三种基本类型，即生存性、享受性与发展性，版权产品消费同时具有生存性、享受性与发展性这三种特性（刘平，2014）。相比于传统消费模式，版权产品消费能创造以下五种新的消费价值：

第一，认知价值。认知价值是指产品能提供富含知识性的新奇内容满足消费者对新知识、新鲜事物与好奇心的需要。

第二，审美价值。版权产品消费的审美价值源于文化自身的审美价值。版权产品消费让消费者感受视觉审美价值与内在精神审美价值，获得关于美的享受。

第三，社会价值。版权产品消费的社会价值是指社会参与价值与社交价值。参与式互动改变了消费者社交的形式及内容，应用数字技术的互联网、社交化新媒体为消费者带来了更自由的社交时间与更广泛的社交网络，提升了版权产品消费的社会参与价值与社交价值。

第四，情感体验价值。无论是娱乐自我还是陶冶身心，版权产品消费都会让消费者产生情绪变化，体会到某种情感。创意体验设计能让消费者经历比传统消费更满足的情感体验，获得更高的情感体验价值。

第五，发展价值。版权产品消费的培训寓教于乐，培训变得有趣味，为消费者提供更多的发展价值。

当前版权产业的相关政策支持以经济效益为主，如版权产业评估指标以经济指标为主，这种发展模式使文化和经济的互动关系被切断，版权产业成为资本的工具，人的主体地位得不到保障。随着数字网络和人工智能技术的发展，版权作品与服务有过剩趋势，人的注意力开始稀缺，版权作品与服务的稀缺性逐步降低，大众更看重高质量的版权产品消费体验，只比作品数量不比作品质量的版权产业发展模式已无法适应大众需求。因此，提升版权作品内在价值契合版权产业高质量发展的本质，尤其要重视版权产业创意实践的哲学价值。在培育发展现代版权产业体系的过程中，需要相应的政策与制度引导版权产业重视社会效益，实现经济效益与社会效益的平衡。

二、版权产业价值的实现基础：版权保护

完善的版权制度和高水平的版权保护水平是实现版权价值的重要基础条件。版权产业是脆弱的，版权法律制度是支持版权产业发展的基础。现代版权制度以激励创作、保护智力劳动为基本出发点，以促进科学事业与文化繁荣发展为目标。版权制度的本质是对人类智力创造活动进行激励，通过对著作权人创新的保

护，带动作品创作传播相关产业的发展，进而推动整个社会健康发展。没有完善的版权法律体系就不能增加文化生产者的合法经济利益，整个社会就很难获得持续的版权产品供应，版权产业也很难发展壮大。建立完整有效的版权保护体系有助于开发智力资源，促进作品的正常使用和知识信息的广泛传播。版权制度保护了作者的劳动及投资，促进了作品的传播，使创作者与投资者获得了合理的回报，促进了版权产业的发展。版权产业发达的国家都非常重视知识产权保护。

版权及其保护推动了版权产业的发展，激励了版权价值的放大和利润的获取，但这并不意味着版权制度放弃了对版权作品内在价值的追求。版权法不评价作品艺术价值，而是将这一判断过程交给市场，这是因为艺术评价有多元与主观的特点，最好交给消费者自己判断。例如，观众行使购票"投票权"对电影这一大众艺术作品进行判断，票房收入是观众评价的结果。影评人则在尊重观众选择与市场规律的前提下发表影评意见，发挥评判、引导大众文化的作用。更重要的是，版权作品消费强调体验性（陈庆德，2007），消费者在体验前无法确认该作品是否与自己的品位、兴趣相符，版权作品消费的体验性导致这一消费流程难以适用退货程序。因此，消费者更多依赖网络口碑、媒体推介及导演或演员声望来决定是否进行体验消费。版权法不判断也无法判断特定作品艺术价值的高低，但可通过界定产权激励版权作品创作，给予有较高艺术价值的作品更完善、更高水平的保护，并在公众需求与市场选择的互动推动下，不断提高作品水平与创作层次（陈庆德，2006），形成通过追求内在价值实现更高经济利益的正向循环。

由此可见，知识经济产业的价值由知识产量与知识价格的乘积决定，其中作品社会声誉及其直接经济收益是影响知识价格的重要因素，知识产量与知识存量、创意水平及知识产权保护息息相关。

第三节　版权产业的发展目标

中国经济正步入高质量发展阶段，消费升级是高质量发展的应有之义，如何扩大内需是影响消费升级与经济高质量发展的一个关键性因素。随着经济发展，第三产业占比不断增大，数字网络技术发展使第三产业由低端服务业向高科技产业迈进，人们的消费重心由物质转移到精神文化。

与国际经验一致，我国第三产业在经济中的占比越来越大，版权产业作为第三产业的一部分，具有商品与文化两大属性，其生产的是满足大众精神文化需求的版权作品与服务，包含着一个国家的文化传统、意识形态与主流价值观等，承担着人民生活中的娱乐、休闲、价值观塑造等功能，是人们寻求艺术享受与精神共鸣的重要途径。但是，遗憾的是，现阶段能够达到"文化精品"水平的作品仍太少。一些版权作品与服务以盈利为唯一目的，过度娱乐化与商业化，缺乏正确的价值导向与坚定的艺术创作追求。

质量是经济学领域的一个常见概念，用来描述产品满足实际生产生活需求的能力。因此，高质量发展是指能够更好地满足大众日益增长的需求，具有较强产业竞争力的发展状态，这种状态体现在产业的发展结构与动力等方面。高质量发展在版权产业发展领域的内涵更为丰富，具有多层次内涵。具体而言，我国新时期版权产业高质量发展的内涵主要包括以下两方面：

一、具有更高的社会价值

网络文学、动漫游戏、网络视听等数字版权作品已成为大众的重要文化消费对象。但当前国内市场上的数字版权内容创作呈现出同质化严重、公共化程度不高等问题，不能满足广大消费者对数字文化消费的需求。因此，要实现我国版权产业的高质量发展，就必须在优化产品质量与服务功能上下功夫。

目前，版权市场上充斥着"三俗"产品与山寨产品，有"高峰"无"高原"特征突出（郑自立，2019）。在经济全球化与市场化的冲击下，版权产业的发展要坚定坚持"双百"方针、"二为"方向，正确处理好经济效益与社会效益之间的关系。

"百花齐放、百家争鸣"是促进科学进步与艺术进步的方针，强调艺术与科学的自由发展。"二为"方向即文艺"为人民服务，为社会主义服务"，强调文化的价值在于书写历史、服务人民。改革开放以后，自由思潮泛滥，个别人借"解放思想"之名曲解"双百"方针。2017年9月，习近平总书记就精神文明建设"五个一工程"作出重要指示，希望广大文艺工作者坚持以人民为中心的创作导向，坚持"二为"方向、"双百"方针，潜心磨砺，精益求精，以传世之心打造传世之作。2021年12月14日，在中国文联第十一次全国代表大会中国作协第十次全国代表大会开幕式上，习近平总书记指出推动社会主义文艺繁荣发展、建设社会主义文化强国要坚持"二为"方向、"双百"方针，展示中国文艺新气象，铸就中华文化新辉煌，为实现第二个百年奋斗目标、实现中华民族伟大复兴的中国梦提供强大的价值引导力、文化凝聚力、精神推动力。

习近平总书记强调在新时代要继续坚持以人民为中心的创作导向，坚持"二为"方向、"双百"方针的统一，引导更多人科学认识"双百"方针，使"双百"方针与"二为"方向成为一种自觉。"二为"方向与"双百"方针从人民大众出发，使版权产业更好地满足人民对美好生活的向往。先进文化要想使民众接受与认可，就必须依赖具体的载体，而版权产业就是重要的载体。

历史上，新的传播媒介与创作平台的出现能够极大地推动文艺发展。到了数字网络传播时代，网络文艺是技术与文艺相结合的产物，它创新了当今文艺的样本，为文艺的发展提供了动力。网络文艺是网络时代的艺术，是以数字信息传播技术和数字媒体技术为支撑的艺术形式，其艺术表现及互动等诸多环节都依赖于技术发展。网络技术创新了文化存在方式，丰富了文艺的样态。这体现为网络技术所创造的虚拟世界让文艺表现形式更加丰富，网络技术创造的多媒体艺术丰富了文艺观念，激发了艺术诗意。同时，网络文艺契合文艺大众化的趋势，推动了艺术民主化的进程，激发了公众的艺术潜能，收获了前所未有的艺术受众。

版权产业将先进文化与经济发展相结合，实现文化经济化。内容创新是版权产业的中心环节，文化内容是文化的组成部分，也是文化的表现形式。文化内容创新就是要实现文化的精神价值与思想内容的变革突破，特别是对符合社会发展需要的精神追求与思想取向的肯定，这有助于引导人们形成正确的世界观、人生观、价值观，引领社会风尚。因此，版权产业创新应该以精神境界与思想内容提升为先导。

二、具有更高的经济效益

版权产业具有渗透性强的特点，其作为低碳产业将在新时期经济发展中发挥更大的作用。近年来，我国的版权产业发展迅速，对促进我国国民经济和社会健康有序发展具有十分重要的作用。根据腾讯研究院发布的《中国网络版权产业发展的年度报告（2020）》，2020年我国网络版权产业市场规模达11847.3亿元，较2019年增长23.6%，"十三五"期间年复合增长率接近25%。从增速的角度来看，版权产业，尤其是网络版权产业有了较快的增长。版权产业要想成为国民经济的支柱产业，其在国内生产总值中的比重应增加（郑自立，2019）。同时，发挥版权产业的就业带动效用，推动版权产业与第一、二、三产业融合发展，增强其对相关产业发展的带动作用。但是，以版权产业占国内生产总值的比重来看，我国的版权产业与发达国家还有一定的差距。因此，要实现我国版权产业的高质量发展，必须提高我国版权产业的经济地位。

自2008年以来，知识产权保护上升为国家战略，至今已经历十多年的快速增长，进入"十三五"后，我国版权产业发展有所放缓，这与我国版权产业创新动能不足有关，这种不足导致版权产品无法有效满足人们日益强烈的文化消费愿望与多元化的高品质消费诉求，影响版权产业的市场份额及产业竞争力。因此，要实现我国版权产业的高质量发展，必须在增强创新能力方面下功夫。具体来说，微笑曲线理论以附加值来判断产业竞争力，版权产业价值链上的附加值特征可用"微笑曲线"表示（谈国新、郝挺雷，2015）。版权产业价值链上游的产品附加值较高，利润空间大，可获得最大分配价值，如文化创意、研发设计、创新活动产品和高科技版权作品。在产业价值链下游，随着品牌推广及营销渠道建设，产品附加值逐渐增加，利润空间也非常可观，如衍生品制作、形象授权和品牌运作。版权产业价值链中端主要为劳动密集型产业，其产品技术含量与附加值均较低，如代工外包产品，利润较少。因此，从微笑曲线理论来看，版权产业的发展应做好两方面工作。一方面要向两端延伸价值链，做好创意创作与创意传播方面的工作，拓展新型业务与高端业务；另一方面应利用技术创新提高产业的附加值，从而提高版权产业的经济效益。

版权产业的社会效益和经济效益均十分重要，只有将以人民为中心的理念纳入文化事业建设中，坚持"二为"方向与"双百"方针，才能实现文化繁荣，版权产业才能实现高质量发展的目标。

第四节　版权产业的发展现状：数字网络与版权产业

版权产业演进的三个阶段是从手工到机器再到数字网络，这是版权产业演进表现出的基本规律。第一阶段是人与手的统一，是手与心的统一，手工产品构成传统版权产业的文化生态特征；第二阶段是人与手的分离，机械复制产品代替了手，也分开了"心"，构成了现代版权产业的文化生态特征；第三阶段是人和现实社会的分离，数字网络代替现实生活，虚拟社会取代现实社会，数字网络中的版权作品与服务构成新兴版权产业的文化生态，人的生物性特征在人与数字网络版权产业系统中发生了深刻变异。

从世界范围来看，版权产业是在信息社会与知识经济建构的时空坐标中逐步确立为支柱产业的，自20世纪90年代以来，版权行业的发展与信息技术的发展是同步的（张铮、熊澄宇，2009）。现代信息技术极大地拓展了传统版权作品形式、展示方式和消费市场，新媒体传播技术与版权产业的结合改变了传统版权作品的生产传播方式，形成了新的版权产业门类，赋予了数字网络版权产业新内涵。

在数字网络版权产业中，数字技术实现了版权作品与服务的数字化，经过数字编码后的版权产品的信息经由通信设备表达、处理与传输。网络技术实现了计算机间的聚合连接，版权产品信息可以被网络使用者共享、管理与维护。数字化是版权产品在计算机网络中传播的前提，网络成为数字化版权产品传播的基础设施。在数字网络技术的共同作用下，版权产品在虚拟世界中广泛传播，版权产业价值因而更加快速地增长。

一、数字网络时代的版权产业发展态势

根据中国信息通信研究院发布的《中国数字经济发展报告（2022年）》，从总量上看，我国2021年数字经济规模已达到45.5万亿元，占GDP的39.8%，同比名义增长16.2%。可见，数字经济已成为近年来经济增长的核心体现和主要推动力。

随着数字技术与网络技术的蓬勃发展，科学技术创新在版权产业中的作用日益凸显。数字技术已成为经济增长新引擎，文化创意可以进一步提高数字技术边际效益，它为科学技术商业化利益的形成和获取提供了更大的空间，成了科学技术的"提速器"与"扩大器"。在内生增长理论中，科技创新是经济增长的引擎，工业时代的科技多服务于生产领域，而信息经济时代的科技成果大量应用于生活领域，多样化、个性化、定制化使科技拓展领域变宽，从而提高了技术的边际收益。文化创意与数字技术的跨界融合驱动力巨大，多向交互融合成为版权产业发展的新动力。

在数字网络技术的支持下，以数字影音、动漫游戏和移动服务为代表的新兴版权产业呈现出快速发展的态势。各国把数字娱乐产业视作对日常生活渗透最全面、创新性最强、对产业带动最广、发展潜力最大的部分，对其寄予厚望。日本很早就把版权产业的发展重心放在数字产业的核心领域，欧洲也把数字文化当作重要的国家发展战略，着力促进版权产业和技术的融合与升级转型。2016年，数字创意产业被纳入国家战略性新兴产业发展规划，成为与生物、绿色低碳、高端制造、信息技术产业并列的五大新支柱。《"十三五"国家战略性新兴产业发展规划》提出形成文化引领、技术先进、链条完整的数字创意产业发展格局，这在一定程度上也标志着版权产业在国民经济中的地位将进一步提高。习近平总书记在中国共产党第二十次全国代表大会上的报告中指出繁荣文化事业与文化产

业，要推出更多增强人民精神力量的优秀作品，把社会效益放在首位并实现社会效益与经济效益相统一，健全现代文化产业体系和市场体系，实施重大文化产业项目带动战略，加大文物与文化遗产保护力度。由此可见，版权产业的经济地位在不断提高，应加快版权产业与数字网络技术的融合。

基于以"互联网+"为代表的数字网络技术的广泛应用，以及文化资源与文化价值的相互链接，数字网络技术逐渐成为版权产业的创新源泉。在新时代语境下，数字版权产业助力中国版权产业高质量发展，数字化技术应用愈加普及，商业模式不断涌现，版权产业新业态不断创新，版权产业发展驶入快车道。从实践来看，互联网是现今最具活力的领域之一，日益成为创新的舞台，正是因为数字网络领域版权产业的超常增长，才有了中国版权产业高速增长的现象。

如今，数字网络技术已经进入整个版权产业。信息经济时代的商品需要通过网络平台设计、生产和销售，网络减少了区域对生产与销售过程的限制，也削弱了行业间的隔阂。目前，数字版权产业对传统版权产业的取代十分明显，数字影视取代传统影视，数字传媒取代传统报刊业。2015 年 7 月，国家新闻出版广电总局发布《2014 年新闻出版产业分析报告》，2014 年中国报纸出版业下滑明显，经营困难加剧，近年来诸多纸质报刊宣布停刊便是这一变化的现实写照。

预计在未来，版权产业数字网络化趋势将进一步发展，会同时推动文化形态出现重大变化，版权作品与服务的生产、传播和消费的绝大部分将以数字形式存在，版权产业也将形成以数字网络版权产业为主的发展格局。

二、数字网络时代版权消费形态的变化

一般认为，版权消费有两种形式，一种是物质形式版权作品消费，另一种是以劳动形式体现的版权服务消费。在数字网络时代，随着虚拟现实技术的成熟，体验消费成为一种兼具上述两种版权消费形态特征，但又不完全等同于两种消费形态的新消费形态。例如，在一些具有体验性与参与性的文化活动中，供给者向消费者提供活动的道具和空间而不是服务与产品，消费者参与活动是为了体验而不是消费服务或作品。在体验经济背景下，版权消费引入体验消费模式，体验成为主要的版权消费形式之一。与此同时，数字网络技术的迭代发展也改变了既有版权消费形态。

（一）新消费形态：体验消费

随着神经思维系统的发育成熟，人具有了感知、记忆与体验的能力，并用想象力来延展自己的体验经历。这是一个不懈追求的过程，也是一个获得乐趣与美感的游戏过程。契克森米哈赖（2017）提出的心理学术语"心流"指的是一种将个人的精神力全部投注在某一活动中的特殊感觉，能够使人获得犹如沉浸在惬意水流中的全神贯注的状态。处于该状态的人会感到充实，这种感觉难以从日常生活中获取。

技术发展让沉浸式体验变得可行且高级。在技术不发达时期，沉浸式体验是偶然而不是寻常的，缺少消费机会。随着技术发展，人工智能、虚拟现实等技术让沉浸式体验变成经济易得的消费形式，人们展开对体验消费的广泛追求。

沉浸式体验是一种高价值的体验，它与工业社会的大量技术、智慧与创造力相结合，以主题设计为指导，运用智能技术，按照现代逻辑设计，将多种体验集合于一体，人们通过专业机构提供的消费机会沉浸于其中。大众追求的这种沉浸式体验机会成为版权产业的发展前沿。

体验消费能带给消费者丰富、深刻而又震撼的情感体验，极大地增强了消费者的感受，激发了他们对版权作品与服务的消费意愿。体验消费正在成为版权领域有发展潜力、形式多样的新业态。体验消费过程中表现出的创作者对世界、自我等要素的理解有深刻的意义。赫拉利（2014）指出："能够讲述虚构故事是人类进化过程中极为重要的一次飞跃。"人类会谈论不切实际的事情，在虚构中锻炼自己的想象力与逻辑，并努力将虚构变为现实，这也是体验消费打动人的主要原因。体验消费让人们有机会接触另类时空，激发人的好奇心。沉浸式体验虽然是奇幻如梦的，但又是一个独立运作的真实世界。人们在日常生活中可能只满足部分感官，但在体验消费中能整合多种其他体验。

通过与新技术的融合，体验消费使传统版权消费形式实现转型创新，创造出新的消费价值。例如，3D技术的应用大大增强了传统影视节目的丰富性与体验性，使其情感体验价值、审美价值大幅提升，3D版《泰坦尼克号》的剧情内容与原版相同，但票房收入却超过原版，这表明新技术带来的新奇性与情感体验的丰富性能激发更多消费意愿。

（二）既有消费形态的改变

版权作品与服务是版权消费的基本形式。版权作品与服务如果本身缺乏创意，就会导致其缺乏感染力、吸引力与功能性，降低其消费价值，制约版权消费的增长。通过数字网络技术，版权作品与服务可将其自身转化为数字内容产品，以应用软件、移动介质等形式提供给市场，从而突破单一消费载体的局限性，极大地提升版权消费的便捷性、即时性与多样性。数字载体的大信息容量与低生产成本还可降低版权消费的成本，扩大市场需求。基于数字信息技术，以网络互动为特征的新媒体，如移动网络、移动电视、手机媒体等，可以使作品与服务的传播消费渠道移动化、网络化，使消费者能够随时随地选择喜爱的内容进行消费，在农村等版权消费供给较为欠缺的地区消费者也能便利地进行版权消费。网络传播渠道和数字产品与服务载体的超大信息量也可以大大增加版权消费供给的丰富性与可选择性。

随着数字网络技术的不断发展，版权产业出现平台化特征。2000 年以前，互联网以"连接"为特征。该阶段的搜索引擎相关互联网企业是数字化转型先驱，为大众提供新的联系方式，降低搜索成本，减少信息不对称。2000 年至 2016 年，互联网开始以"分享"为主的数字化进程。该社交网络成为大众分享、讨论日常与社会热点的信息渠道，社区成为提高用户黏性的有效手段。数字化内容提供商成为音乐、图书、视频等产品的新分发渠道。2016 年至今，平台化与智能化成为互联网产业的标签。大数据、云计算、人工智能技术的进步与应用提升了企业分析数据的能力，平台及其服务形成了新的生态（李雯轩、李晓华，2022）。江飞涛（2022）认为当下正处于第六次技术革命浪潮导入期，随着智能时代的到来，数字经济兴起，平台企业成为代表性新型组织形态。

当下，网络平台逐步成为版权产业生产供给与消费的共同载体，其突出特点是节省了中间流通环节，产业链两头的供给者与消费者通过平台直接沟通与交易，实现了线上版权作品与服务的生产供给和消费，并且可以多边进行，使产业链形态从传统的单向直线式变为多名产品与服务的提供者和消费者群体可以在同一平台同时进行交流、交易，从而使版权消费产业链发生改变。此外，由于应用了新技术与新媒体，消费者在很多时候成了价值创造的主体，使传统产业链向两端延伸，在研发的前面延伸出体验设计，在销售与服务的后端延伸出消费者体验，进一步拓展了版权消费产业链。

三、数字网络时代版权产业的商业新模式

随着数字化与大数据进程不断加快，网络提高了人和人之间的联系效率，网络平台降低了供需双方诉求的成本，"劳动者—企业—消费者"的传统单向商业模式正在向"劳动者—共享平台—消费者"交互式商业模式转变（陈柏福、杨辉，2017），版权产业正在推动商业模式创新升级。

（一）数字网络时代版权产业商业模式的重点：大众文化

在大数据时代，人的思维起着重要作用。网络是"虚拟外援"，带来的是一个人、组织机构与国家全面互联的时代。马克思指出人通过劳动促进人与自然的物质变换，既体现人的存在价值，又促进社会进步。马克思主义以人为本，立足于生产实践，将个人发展和社会发展相结合（中共中央马克思恩格斯列宁斯大林著作编译局著，1980）。版权产业本质上是指：人与社会一切社会文化关系的总和（胡惠林，2017）。哈特利指出："文化造就群体，群体造就知识"，创意是在群体生成知识及交流中产生的。"文化就是力量"，同时也是知识源头（Hartley et al，2015）。霍金斯（2011）在《创意生态：思考在这里是真正的职业》中指出创意是主观的、内在的和个人的，实际上反映着人怎么想或怎么做。在数字网络时代，思考成为工作，通信网络与个人电脑成为基础工具，人的创意构思有了价值，这也体现了人类对自身的重新重视。版权产业的文化创意必须以人为中心，充分尊重人的价值，以实现人的全面发展为目标，只有这样，版权产业才能有旺盛活力。

在移动互联网的背景下，版权商业模式是版权企业以"创意"为核心，创造价值、传播价值及获取价值等一系列活动的集合。在"互联网+"背景下，版权商业模式的构成要素间存在着互相依存的关系，各要素相互作用，最终协同创造价值，它们共同构成了版权商业模式生态系统。首先，版权企业依靠自身的核心资源优势及市场调查了解目标客户的价值需求，然后进行资源整合并确定关键业务，通过与消费者多方面互动，创造满足消费者精神与文化需求的产品和服务。其次，版权企业将产品或服务通过多渠道传递给目标顾客，在传递过程中企业可以通过客户的产品评价与信息反馈对产品或服务进行实时改进，争取在最大程度上获得消费者认可，在此过程中与顾客共享作品的经济与社会价值。更为重要的是，在数字网络时代大众消费者成为决定版权产业商业模式的关键性力量。

首先，版权产业的特殊性决定着消费者对产业发展具有特别的价值。符号经济学以符号的生产、交换及消费等活动现象为研究对象，版权产业是与符号分配、交换及消费等活动密切相关的产业，这些符号就是版权产业独特的附加值（李思屈，2015）。这导致版权产业的符号经济学与常规经济学有差异，对普通经济学形成了挑战。一是生产方面的挑战。在普通产业中，无论现有规模如何，其新增产品的边际成本均为正，而在版权产业中，内容的复制成本接近于零。比如，电脑的生产成本在被压缩到一定程度后就难以下降，而借助网络在电脑上播放影片的成本小到可以忽略不计。二是交换方面的挑战。物质交换过程不产生新价值，会产生交易成本，而内容与知识的交换则会创造新价值。三是消费方面的挑战。物质的消费过程消耗物质，如机器使用后会产生折旧。内容的消费过程为内容增值，作品的价值与受众数量成正比。无人问津的内容的价值接近于零，但一旦受众多起来，作品内容的符号就开始影响受众，受众形成对故事与人物的个人见解。这一过程是受众与内容生产者共同完成符号生产的过程。

其次，数字智能时代带来的文化大众化进一步凸显了消费者的作用。网络是大众自我表达的主要途径，这一途径重塑了扁平、公开、多元、广泛参与的文化生态。中国互联网络信息中心发布的第 48 次《中国互联网络发展状况统计报告》显示，截至 2021 年 6 月，我国网民人数达到 10.11 亿，较 2020 年 12 月增加 2175 万，互联网普及率达到 71.6%。社会动员能力强、覆盖广、传播快的社交网络和即时通信工具用户增长迅速，网民基数成为网络视频、网络音乐、网络文学、动漫游戏等数字版权产业快速发展的基础，数字网络版权产业越来越融入人们的生活中。特别是，数字网络版权产业以其视听奇观化、差异化、个性化、迅捷化、便利化等特点日益融入年轻受众的日常生活，成为版权消费的热点。

如前文所述，符号理论很好地说明了消费者在版权产业中的重要性，大众文化理论进一步凸显了消费者对新时代版权产业商业模式的关键性作用。在 20 世纪初，"文化产业"一词仍有贬义，学者认为文化工业化生产与文化相悖。以阿多诺为代表的法兰克福学派构造"版权产业""大众文化"概念来指代批量生产的文化产品及其商业体系，认为文化工业是隐秘而微妙的欺骗大众的启蒙精神（阿多诺，2000）。英国文化研究批评家霍尔认为大众文化既不是大众的、完整的、自足的和真正的文化，也不是统治阶级实行霸权的场所，是大众与统治阶级之间对抗的文化场域，大众文化本身具有一定的抵抗性，对抗和斗争的形式主要有吸收、歪曲、抵抗、协商和复原等（邹威华，2014）。也就是说，大众文化不是某一单一价值体系，而是多层次复杂关系及多元文化的集合体（顾亚奇，2020）。

费斯克（2001）的生产性受众观理论特别强调大众文化是由大众而不是文化工业促成的。受众的依赖性决定大众无法自行创造文化资源，但大众可以根据自己的经验解读作品，从这些资源中创造新内容，成为大众文化生产的主角。内生增长理论强调人力资本的重要性，提升人力资本的两个主要途径是通过学习或者知识溢出效应积累知识，以及通过"干中学"方式积累技能，总的来说是通过要素量的增加实现生产能力的提高。不同于人力资本在经济增长中的作用，文化创意的作用更注重人与人之间的价值认同及人的价值实现（李凤亮、潘道远，2018）。由上述理论可知，理解文化创意内生性需要认识到人的作用：人不仅是生产者和消费者，还是传播者、创意者和认同者。人作为传播者与创意者具有双重意义，人既是传播文化创意、形成文化社群的媒介元素，又是文化创意的来源与文化创意融合生产的功能主体。由于文化创意在一般商品价值中所占的比例增加，因此生产活动的重点将逐渐转向挖掘人的创意天赋及创意天赋的传播。

"互联网+"模式促进人的角色转变：一是互联网提供开放平台，连接专业制造者与普通用户，使用户成为创意者，创意者群体扩大，则产生新创意的可能性增加。二是网络构建新的产业生态系统，允许创意产品重新组合及细化分工，创意者获得的知识技能可以通过交叉传播的方式进入其他商品中，形成混合式创新。三是创意的注意力价值实现需要充分的文化认同，创意者结合新产品、新思维形成文化社群，并利用文化认同构建消费者社群，实现创意成果的转化传播。

习近平指出："以人民为中心的发展思想，不是一个抽象的、玄奥的概念，不能只停留在口头上、止步于思想环节，而要体现在经济社会发展各个环节。要坚持人民主体地位，顺应人民群众对美好生活的向往，不断实现好、维护好、发展好最广大人民根本利益，做到发展为了人民、发展依靠人民、发展成果由人民共享。"[①] 新时代的版权产业商业模式要以努力实现人民对美好生活的向往为目标，增强有效文化供给，借助数字网络技术支撑，积极促进科技文化融合，以"文化+"推动版权产业与经济各门类融合发展，丰富版权作品与服务，使人民有更多的文化幸福感与获得感，同时不断创新版权的内容及形式，提高人民群众的审美情趣和艺术品位。

（二）网络平台化给版权产业发展带来的机遇

网络平台目前还缺乏一个准确定义。狭义地讲，网络平台特指以网络信息技术为基础，以信息、算法、数据为核心要素，以信息、资源共享为目标，为多方主体提供个性化产品与服务的虚拟网络空间（范如国，2021）。《国务院反垄断委员会关于平台经济领域的反垄断指南》将平台界定为"通过网络信息技术，使相互依赖的双边或者多边主体在特定载体提供的规则下交互，以此共同创造价值的商业组织形态"。根据这一定义，平台参与者可简化为两方，一方是平台用户，另一方是在平台上提供产品与服务的经营者，平台则是这两方的信息中介服务提供者。需要说明的是，这一定义未体现提供实质性交易服务平台的特征，提供音乐、小说、电影、游戏、短视频等版权作品与服务的平台不需要商家入驻，或者说这类以提供版权内容服务为主的平台对入驻商家的依赖较小（侯利阳，2022）。国家市场监督管理总局发布的《互联网平台分类分级指南（征求意见稿）》将平台分为网络销售类平台、生活服务类平台、社交娱乐类平台、信息

---

① 习近平·习近平谈治国理政（第二卷）［M］．北京：外交出版社，2017.

资讯类平台、金融服务类平台、计算应用类平台。其中，社交娱乐类平台、信息资讯类平台分别将个体与他人和信息连接起来，是与版权内容最相关的两类平台，可将这两类平台统称为版权相关网络平台①。

平台本质上是提供搜索匹配服务的信息中介。信息匹配效率是平台的核心竞争力，平台的商业利益离不开算法的支持（杨明，2022）。算法是计算机领域的概念，算法是为解决问题而设定的计算程序，以模拟实现人的思维方式并帮助人类决策为主要目标（韩万渠等，2022）。算法是利用计算机程序解决问题的方法，是连接用户与网络平台的媒介，影响着信息与资源的分配。网络平台的壮大让算法不断进步，社会大众也进入智能化社会，并与网络平台深度绑定（朱巧玲、杨剑刚，2022）。

国内网络平台化趋势迅速发展是版权产业平台化发展的前提，以下因素促进了国内平台的迅速发展。首先，资本市场与平台深度融合。平台在初创阶段要花费大量资本来换取流量，吸引用户注意力，还要不断优化算法、清洗数据，这些都离不开资本势力的支持。影响资本投资的一个因素是投资预期，国内巨量的网络用户与独特的中文文化让本土网络平台吸引了大量国内外资本投资。与此同时，资本市场呈平台化发展，金融与科技的融合成为趋势。其次，基建设施完备。平台化发展不仅受平台技术影响，也受外部环境影响。智能移动终端在国内的普及率提高，网络设施的完善提高了信息传输速率。这些完备的基建设施为我国网络平台发展提供了良好的环境。最后，中国人民生活相对殷实富足，形成了庞大的市场需求。扩大内需的前提是人均收入提高，近年来国内经济发展稳中向好，人民收入提高，与此同时，国内网民基数不断增长，这些都是国内平台发展的潜力。庞大的用户数量与需求让平台形成规模效应，有了一批走出国门的网络平台巨头，形成了良好的发展局面（王世强，2022）。

（三）数字网络时代版权产业发展趋势

数字网络技术已应用于版权产业的各环节，版权产业商业模式也发生了重大改变。

第一，互联网的平台化。网络具有跨越时空的特点，网络的虚拟化颠覆了传统商业模式，商品脱离现实环境进入无形的网络世界，信息传输成本降低的同时商品流转费用也会降低。在信息经济环境下，互联网平台可以降低商家与消费者

---

① 《互联网平台分类分级指南（征求意见稿）》规定，社交娱乐类平台可细分为即时通信类、游戏休闲类、视听服务类、直播视频类、短视频类、文学类；信息资讯类平台可细分为新闻门户类、搜索引擎类、用户内容生成（UGC）类、视听资讯类、新闻机构类。

的交易成本，使商家与消费者集聚在网络平台上，形成 O2O 模式。因此，在数字网络背景下，版权产业应积极利用数字网络平台，突破传统消费模式，构建版权网络平台消费的商业模式。

使用效率、供需结构及流转效率的优化将会是今后版权商业模式的重点。平台不仅帮助具有潜在业务关系的平台参与者完成交易或合作，也有助于培养满足市场需求的创意产品，使消费者参与版权作品生产过程，释放个人潜能。同时，平台还应通过战略性投资为自身的发展打造堡垒，不仅要整合自身资源，也要不断进行多层次的布局，加大对品牌营销、产品研发、文化创意设计等高附加值环节的投入，向版权集成服务者转变。

优酷、爱奇艺、腾讯等网络视频平台配备基于微信与微博的社交网络被视为具有代表性的网络内容组合，影音娱乐、游戏、媒体等新版权平台不但增强版权生产及消费的互动，而且创新版权消费模式。用户在新媒体平台上消费作品，分享评论，购买 IP 衍生产品，通过社交网络进行人际传播，这构成了数字网络时代独特的文化现象。

第二，互联网的"个性化"与"社区化"。互联网是一个关系网络，本身是由多个小社区组成的一个大社区，其实质是营造一种"环境"，这个"环境"由一类用户的价值需求形成，在大众的互动中发展起来，并产生用户黏性与个性化特质。这改变了工业时代所追求的种类少而精的规模经济，网络经济中的 SKU[1] 将远大于实体经济的 SKU。

在网络经济时代，消费市场结构将发生改变，消费者注重个性化，商家要重视与消费者的互动，发展小众市场。人们的需求更加倾向于销售表中的长尾部分，消费者开始关注销量小但种类丰富的产品，供应商的 SKU 应增加。受众是版权产业商业模式的核心，不同受众群体有不同的文化需求，客户细分主要指企业根据用户需求服务目标用户。因此，版权企业在进行产品与商业模式设计时，要确定应为哪些客户群体提供服务，以及该客户群体的需求。

第三，"免费分享"现象越来越多。"消费增值率"（李思屈，2015）被用来概括符号消费中消费者增加文化内容和价值的规律，这一规律对版权产业更加适用。既然消费者也是符号与版权价值的创造者，那么企业没有充分的理由要求消费者为其自身的合作生产行为付费。因此，版权产业中的免费经济模式不再对消

---

① SKU，Stock Keeping Unit，中文表述为最小存货单位，是大型连锁超市物流管理中常用的库存计量单位，成为产品编号的简称，每种商品都有对应的唯一的 SKU 编号。

费者直接收费，而是对第三方收费，实现"羊毛出在牛身上"的赢利模式。这一规律说明，在版权产业高度发展与符号经济兴起的时代，免费经济必然成为普遍现象。

从网络效应角度来看，盗版行为导致的免费分享也并非百害而无一利。盗版行为可分为两类，一类是有组织的商业盗版，另一类是消费者的个人盗版。数字网络技术的发展使盗版内容制作流程被简化，传播方式广泛（Johnson and Waldman，2005），个人盗版取代商业盗版成为主流。

盗版可发挥样本效应与网络效应来提升作品收益。样本效应可以披露作品信息，解决版权权利人过度利用数字加密技术手段带来的版权作品信息不对称问题。在数字网络不发达的年代，消费者可以通过物理空间接触作品的部分信息。通过接触网络空间的盗版内容，消费者可以精确地获知产品特征与价值，提高消费者对正版内容的关注度（Bhattacharjee et al.，2006；Peitz and Waelbroeck，2006）。网络效应是指产品效用与用户数量成正比。盗版产品可以发挥免费宣传效果，增加消费者人数，帮助产品提升网络效应（Takeyama，1994；Reavis and Rumelt，1991）。典型商业案例就是 Windows 操作系统在进入市场初期对盗版软件放任（邵秀燕、薛巍立，2022）。

数字盗版也推动版权商业模式改变。首先是从收费模式向免费模式转变。免费模式可以扩大用户群体，形成网络效应，这与平台经济特性相符。软件行业发现了从免费模式中获取收益的可行方案，即通过基础服务免费、配套增值服务收费的模式获取收益。其次是由销售转向订阅，将一次性销售转变为按使用期限收费的服务。数字时代的一大特点是，接触作品以获得许可为前提，并不一定需要购买，由此诞生出订阅服务类版权消费方式。网飞（Netflix）在 2007 年推出订阅视频服务，音乐、电子书、电子游戏领域等也有类似订阅模式。订阅模式非常有吸引力，它的每月价格可能与单独购买一部作品的价格相当，但消费者可在订阅期内免费享受多种类作品。订阅服务特点之一就是打击网络盗版产业，降低了作品接触成本，让需要花费搜索成本的盗版不再具有吸引力。这些订阅制网络平台提供的智能匹配、社交互动等服务也让盗版变得不再有吸引力（赞普诺斯基、舒尔茨，2022）。这使版权产业组织结构发生变化，企业不能仅注重产品创作，还要注重如何维护、搭建传播渠道，网络平台要具备提升版权作品与服务的创作与传播效率的功能。

第五节　版权产业发展中暴露的问题

现代版权制度作为一种激励手段，有力地促进了社会经济文化的发展。随着数字网络技术的发展，版权产业有了重要的地位。在我国市场经济发展中，版权产业发展迅速，成为国民经济的新支柱产业及新的经济增长点。如何把潜在的版权价值转化为经济价值，是我国版权产业的主要发展目标。版权产业内涵丰富，涉及经济社会中的各个层面，在国民经济中占有重要地位，为实现我国版权产业高质量发展，需要处理好版权制度、技术创新、人民需求、经济效益及社会效益之间的关系。我国版权产业尚存在一些亟待解决的问题，如内容同质化、服务体系不完善等问题，这些问题将导致版权产品无法有效满足大众的文化消费愿望与有品质的消费需求，影响版权产业的市场份额与产业竞争力。

一、版权产业政策效应有限

文化政策与直接产业政策的作用是促进版权产业集聚，实现相关产业联动。改革开放以后，国内版权制度演进有四个阶段。

第一阶段是版权制度准备阶段（1978~2001年）。在这一阶段，改革开放让文化产业有了经济属性，初步形成了版权产业，但文化产业发展还是以文化事业建设为主。

第二阶段是版权制度形成阶段（2002~2008年）。2002年，党的十六大报告首次厘清文化事业与文化产业的关系，文化产业开始在经济发展中有独立地位。此阶段出台了诸多政策，鼓励私有资本参与，制定版权产业分类标准，鼓励版权服务与产品出口，形成了基本的版权产业核心制度环境。

第三阶段是版权制度发展（2009~2012年）。在该阶段，版权制度逐步完善，制度发挥推动力。各地方、各部门都出台一系列与版权产业及其细分行业相关的补充政策。法律法规及产业政策成为这一阶段的重要制度环境，如《营业性演出管理条例》《音像制品管理条例》《出版管理条例》《中华人民共和国电影产业促进法》等系列法律法规与《关于金融支持文化产业振兴和发展繁荣的指导意见》《关于金融支持文化出口的指导意见》等系列政策文件组成正式版权制度框架。框架内的信息服务、电子游戏、影视等新兴版权产业呈指数级增长，版权产业的资本聚集与新消费需求也加快了版权产业非正式制度的产生。

第四阶段是版权制度创新阶段（2013年至今）。党的十八大报告将文化和科技融合作为发展目标，版权制度进入调整创新阶段。版权产业经过初步发展后，知识信息迅速融入其他产业部门，同时又反哺版权产业，加速产业升级。

政策效应是指产业和政策间的"共振"关系（孟东方，2018），版权产业的政策效应即党与国家的政策对版权产业形成推动性和引导性的作用，突出表现为以下几点：

第一，推动我国现代版权产业跨越式发展。我国现代版权产业从2003年起步，到2010年，我国文化产业增加值突破1万亿元，占国内生产总值的2.75%；到2013年，文化产业增加值超过2万亿元，占国内生产总值的3.67%；到2019年，国内文化及相关产业增加值达到44363亿元，占国内生产总值的4.5%，成为国民经济重要产业。我国现代版权产业实现连续跨越式发展，离不开国家对现代版权产业的引导与支持。

第二，改进版权产业发展环境。版权产业发展需要良好环境。国家出台了系列引导、支持版权产业发展的政策，包括综合政策、产业融合发展政策、资金扶持政策、税收优惠政策、文化产业园区的认定政策等，这为版权产业发展提供了良好环境。

第三，推动新兴版权产业快速发展。高科技是新兴版权产业的主要特征。随着数字网络技术的发展，版权产业尤其要重视新技术的运用，这样版权相关作品与服务才能有生命力。根据数字网络技术与版权产业的发展状况，国家出台鼓励"互联网+文化"的政策，推动版权作品与服务在生产、传播方面实现网络化、数字化发展。基于数字移动网络的新兴版权产业迅速发展，成为版权产业新增长点。

《国家"十三五"时期文化发展改革规划纲要》提出，"十三五"末文化产业要成为国民经济的支柱性产业。根据产业发展规律，一个产业要成为支柱产业，其生产总值占国内生产总值比重应超过5%。根据2022年数据可知，当年国内文化及相关产业的增加值占国内生产总值的比重为4.46%，与支柱性产业的要求还有一定差距。2015年，我国人均文化与娱乐消费开支为760元，占消费总支出的比重仅为4.8%，不及发达国家消费水平。2022年，人均教育文化娱乐消费支出为2469元，占消费总支出比重为10.1%，情况有所改善，但与版权产业发达国家相比仍有差距。因此，版权产业相关政策频频发力，试图提升版权产业经济效益。但是，相关产业政策并非万能，其在与产业主体互动中暴露出如下问题：

第一，产业主体过分依赖产业政策，自身缺乏创造力，版权产业市场化程度偏低。国家政策有力地推动了版权产业的发展，但出现了部分版权企业过分依赖政策的现象。个别企业的工作精力没有放在如何创作作品与提供服务上，反而更关注如何获取更多优惠政策，一旦政策取消，这部分公司的经营就会出现问题（孟东方，2018），这反映出国内版权企业的竞争力与创新力存在不足。

内容与创意是版权产业的源头，是版权产业的核心，我国版权消费潜力未得到激发与版权产业无效供给的根源就在于创新创意不足。缺乏创意的作品难有吸引力，企业也没有竞争力。新时代版权产业要想满足大众的美好期待，必须在创新上下功夫。版权领域消费水平滞后于经济发展水平，以及版权消费潜力未被激发的根本原因在于，缺少适应公众需求的版权产品，大众潜藏的版权消费欲望难以实现，抑制了版权消费。版权产业是典型的供给驱动型产业，版权产业的供给侧结构性改革和传统产业有很大区别，应以优秀版权产品和服务来创造消费需求，不能仅依靠常规的促销方式。

我国版权产业的作品与服务大同小异、原创性缺失、科技和文化含量低（卫志民，2017），而且版权产业没有将作品的制作与开发作为一项经济活动，以市场价值规律规范其发展。从我国版权产业的现状来看，版权在生产、交换、流通、消费环节尚未建立有效的产业规范，这导致版权作品市场化程度低，版权贸易逆差大（苏江丽，2010）。当前，版权产业的开发、利用与管理还没有全部纳入市场机制。

第二，对经济效益的过分强调使产业主体盲目追求经济指标而忽视了版权产业的社会价值。我国图书、电视剧、电影等版权产业的供应量很高，但这些供给有些为低水平重复、创新乏力的作品，产生的影响力有限。中国电视剧制作产业协会会长尤小刚解读 2020 年"中国电视剧（网络剧）产业调查报告"时指出，2020 年国内电视剧产量大幅下跌，但这无需忧虑，在一定程度上"减量"恰是"提质"的推动力。近年来，版权产业存在简单引进模仿既有节目模式的现象，科技含量低，粗制滥造，缺乏创新创意。个别节目迎合低级趣味却取得较好的市场效果，价值导向错误，甚至危害未成年人身心健康，亟待清理。

与此同时，一些版权精品难以获得市场认可。随着版权供给渠道与主体变得多元，在数量上，版权产品供给已不存在显著匮乏现象，过剩供给与过度竞争成为常态。国内版权消费从大众基本型向个性高端型发展，版权产业也应走个性化、精品化路线，但由于版权市场运营与创作导向问题，国内的诸多版权精品难以成为市场热销产品。

二、数字网络时代版权作品的供需不匹配

当互联网还没有出现时，唱片店只会摆放流行唱片，电影院更倾向于播放流行电影，迎合当地大众喜好是传统零售业的特点和弱点。流行作品使下游零售商得到了盈利，同时也降低了上游生产者的创作风险，确保了制作者的利益。在这种"热门思想""明星效应"的作用下，衡量作品质量的最佳标准就是市场效益。这是实体货架安排空间的方式，也是这一时期版权传播渠道的分配方式，其内在逻辑是，将稀缺的货架资源分配给最"有价值"的东西，即最受欢迎的东西。

只要货架成本在，货架空间分配就是一个零和游戏：热门产品取代非热门产品。正因为这个问题，娱乐行业的每个渠道都会给予最受欢迎产品优先权。但是，当全社会把重心放在这些赢家身上时，实际上扩大了它与其他产品间的差距，这样的世界就是一个产品供给相对匮乏的世界。网络的兴起为大众提供了进入丰饶版权世界的可能。得益于网络时代的技术积累，作品变得廉价且易得，文艺创作进入大众时代，但不可忽视的是网络上的各种作品鱼龙混杂，如何在诸多作品中找到符合个人口味的作品仍是一个耗时费力的问题。数字网络技术解决了作品传播成本居高不下的问题，但大量产出的内容又增加了消费者的搜寻成本。

版权产业的小众化发展趋势不容忽视。以音乐为例，网络技术提供前所未有的选择，让歌迷听到从来没听过的音乐作品。如今，听众不仅不再购买 CD，也对热门流行歌曲减少了兴趣。面对热门与未知世界，越来越多的听众选择自行探索新天地，他们自己的新发现往往会给他们带来更大的满足感。具有相同兴趣的人们越来越喜欢组成自己的"部落"，联结这个群体的是相同爱好与精神共鸣，而非固定的节目单。人们正从热门市场回归小众市场，定义不同市场的不再是地理因素，而是受众的兴趣点。大众文化虽已四分五裂，但其并没有重组为另一种大众文化。相反，它转化为无数种小众文化，彼此正以一种难以预测的方式相互作用。过去，大多数人都在接受相同的作品内容，热门作品占据着大部分版权领地。现在，小众文化的崛起重塑社会偏好，大众正进入一个"百花齐放"的时代。

生产工具的普及是第一种力量，它让版权作品与服务的种类变得丰富。传播工具的普及是第二种力量，它将版权作品与服务以低价甚至免费的方式提供给人们享用。但是，只靠这两种力量仍不够，只有发明帮助人们在无尽的选择中找到自己喜好的工具，版权市场的潜力才会被挖掘出来。如何将版权产业中的海量供

给与公众的个性化需求相匹配是现代乃至将来版权产业必须解决的问题。

三、版权制度边界无法涵盖技术边界

版权产业是知识密集型、技术密集型产业，其发展必须依靠技术创新为之提供技术保障与更广阔的发展空间。在数字网络时代著作权边界被拓宽，但其新边界模糊不清，引发了诸多著作权纠纷。技术带来的问题形成了对旧有版权制度的挑战，既往的版权激励制度已经难以适应技术的发展。

以人工智能参与版权作品制作为例，人工智能技术是基于数据学习进化的，能够快速实现数据的自动采集、分析和处理，极大地提高文化内容制作的效率和质量，打破了规模创作的限制。人工智能使用智能感知、智能制造、智能分析等功能参与独具科技气息的作品创造过程，以颠覆式创新形式创造出全新的版权作品与服务。在现有法律制度下，人工智能程序或设备不能成为权利主体的根本原因在于，人工智能没有人格。诚然，将人工智能创作物划入公共领域可以解决上述问题。但是，著作权法的立法目的是激励创作者创作更多的作品，从而促进人类文明的进步。因此，不给予人工智能创作物一定保护，将彻底否定人工智能创作及人工智能创作物的商业利用价值。既然人工智能创作物存在，就应当允许其发展，为其提供法律保护也是有必要的。如何为这类新兴作品提供制度保护，成为当前版权产业与版权制度亟待解决的问题。

由此可见，版权产业要想发展，须及时解决发展中出现的问题。要发展版权产业，须合理界定版权归属，确定合理的版权作品交易规则，充分保护著作权人的利益。然而，仅仅依靠技术来拓宽版权产业的边界是不够的，还需要完善相应的法规制度，做出妥善解决著作权纠纷的方案，从而保证版权产业的高速有序发展。

四、版权产业忽视其社会价值

文化思潮的变迁与发展影响文艺作品的生产与传播。进入数字网络时代，技术与传媒的融合在演进与迭代后有能力将任何思潮以前所未有的方式呈现在大众面前。2016 年，《牛津英语词典》的年度词汇"后真相"反映的就是这一现象。后真相指的是真相已经不再那么重要，个人情感将影响人们的认知行为及其对真相的理解。总结来看，后真相反映的社会现象是个人情感比客观事实更能影响舆论（胡泳，2017）。这是对本质主义与理性主义的逆反，能解释当今作品创作、传播与接受等环节中出现的新现象。

作为极有势力的新媒介，网络吸纳数字技术的优势，让所有内容呈现出商品化、碎片化特征。这使得作品创作重点考虑情感而非事实，受众群体因而丧失理性，导致"后真相"现象。从某种程度上说，信息过滤算法使"后真相"这种反智主义思潮在社会中蔓延，严重影响了网络文艺的社会评价（王传领，2019）。具体来说，"后真相"思潮下的网络作品有三个突出缺陷：反本体化、反常识化与反艺术化。

第一，反本体化。在网络时代人人都能成为创作者与传播者，个别作品的创作者在对既有作品进行剽窃、拼凑等违反创作规律的操作后，通过信息不对称与舆论引导的方式蒙骗受众，这反映了其对作品本身缺乏足够尊重。原创性内涵是作品的起点，是作品获得大众认同的根本。尽管抄袭是创作领域的顽疾，但网络时代的抄袭已经超出大众的理解。借助"网络小说生成器"这类人工智能技术，只需输入基本情节、地名、人名、相貌等要素，这些技术就能从现有素材库中找到并组合符合创作需求的数据，如流水线一般生产各种赝品。这种文化赝品抹杀了创作者的劳动，甚至强取豪夺他人成果。

第二，反常识化。信任是社会最重要的力量，然而，在网络媒介的推动下，作品呈现出反常识特征，罔顾事实，任意创作作品，这将影响受众的认知。传统媒体以常识和真实为基础与受众建立信任关系。在追逐流量的网络环境下，算法偏见使受众与媒介间的稳定关系被破坏，主要原因是媒介为吸引读者注意力，使其信息真实性遭到严重损害。这种现象在作品创作中表现为对文化常识的瓦解，挑战文化、历史等底层认知，毕竟作品内容除情感传达与叙事奇观外，还包含生活常识和历史事实。需要承认的是，作品创作不能完全依照历史或现实，创作者须作为某历史时期的主体或局外见证人介入作品创作，这使得作品必然带有创作者的独特烙印。然而，当诸多信息汇聚于一部作品中时，观众难以分辨作品与常识、历史的差别，容易将虚构的信息当作真实的信息，这直接损伤了受众与媒介间的稳固信任关系。

第三，反艺术化。黑格尔（1979）将艺术界定为一种表现与认识神圣性、心灵最深广的真理、人类最深刻的趣旨的手段与方式。可从两个方面肯定某一作品：一方面它要体现出高超的技术，具有令人愉悦的形式（刘旭光，2017）；另一方面它要具有存在价值和内在意义。反艺术化是指受众沉浸于肤浅的视觉奇观而丧失艺术辨别能力。网络媒介让大众版权消费属性得到充分释放，受众更关心与肉体感受相关的主导性审美情趣（史蒂文森，2013），相比艺术价值，视觉奇观更能让受众感受到艺术体验，尽管这种体验是肤浅的。因此，娱乐元素和视觉奇观开始走向极端，出现部分作品完全抛弃文化意义与艺术价值的现象。

随着数字网络技术的发展，版权产业遭受的反本体化、反常识化与反艺术化等问题将更为严重，如不妥善治理这些问题，将会对版权产业的社会价值造成致命打击。

第三章　人工智能对版权产业的影响及挑战

第一节　科技进步与版权产业发展

创新是当今中国与未来中国发展的核心要求，科技创新是构建创新体系的力量源泉。中国版权产业经历爆炸式发展后处于抉择时刻，中国版权产业发展的特征已发生前所未有的变化。在实现版权产业高质量发展的过程中，推动科技与文化融合成为关键一环。技术在版权产业发展中有很大的作用，影响着版权产业的生产、变革及国际竞争力。版权产业的科技创新是科技与版权产业产品及生态融为一体的能力。创新是我国版权产业高质量发展的根本动力，文化和科技融合就是加强科技成果在版权领域的应用。现有的版权产业发展实践证明，科技创新和版权产业发展有着很强的正相关关系（郑自立，2019），将最新科技发展成果应用于版权产业，能极大地促进版权产业的创新发展。

一、科技进步与版权产业演进

版权产业演进是社会演进的一种表现形式与具体形态。版权产业是社会系统的一部分，它的进化是渐进式的结构性进化。版权产业业态是由可以适应人类精神表达技术的表达方法决定，取决于新工具形态能否与人的表达需求相适应。科学技术将引导版权产业发展，影响版权产业演进（胡惠林，2016）。从某种程度上说，版权产业的发展史是科学技术与版权作品创作相结合的历史。

目前有两种文化创新周期律：一种是自然产生的文化创新循环，它的特点是进化周期长，自我更新过程缓慢；另一种是激烈的革命，这将产生新的形态，孵化新的产业。缺少技术创新，需求对版权产业的影响是渐进式的，文化创新则呈现出自然演进状态。一旦出现重大技术突破，技术将与市场需求一起大力推动版权产业发展，文化创新则表现为革命式的进步。科技创新对版权产业结构的影响主要有三个方面：一是根本性科技创新推动产业更新升级；二是模仿创新具有放大效应；三是技术创新增强企业市场竞争，产生优胜劣汰的效果，新的细分市场不断萌发，产业链持续深化和优化。

在科技进步的背景下，版权作品与服务形式的突变是版权产业演进的重要体现。新形式的版权作品与服务的出现并不是现有版权作品与服务形态自身发展的结果，而是与科学技术的演化相关。在科技演化中，内容有着关键作用。虽然电影与书籍是两种不同的载体，但其中的内容可以互换，在互换中再创作，从而推进版权作品的演进。可以看出，版权内容的生产在很大程度上取决于技术演进。但前提是技术必须能够为提炼创新精神文化内容提供支持，否则就有被淘汰的可能性。比如，胶卷虽然已经趋于小众化，但如果它能带来更新颖的内容，那么数字技术也有被胶卷取代的可能性。

科技对版权产业的促进作用不是一蹴而就的，版权产业的科技创新系统是一个非线性的、多因素的综合系统，具有三大特征：一是动态性。技术创新的一大特点是动态变化，这将使版权产业的发展具有周期性。二是协同性。技术创新涉及多个主体，要考虑多种要素，是一个协作的过程。版权产业要想发挥技术的带动作用，就需要联结多个主体，实现多元化协同发展。若不能处理好多主体之间的关系，则版权产业发展就会受到约束。西方国家的版权产业与其他产业的相关性非常高，但我国的相关性相对不高（戴艳萍、胡冰，2018），这将是我国版权产业发展的重要突破点。三是开放性。共享有助于各方关系的稳定，稳定则能进一步促进多元合作。开放性是科技创新能力持续提升的源泉。技术与创意等多要素的交换与配置将促进知识流动，提升创新的质量。

二、科技进步对版权产业的影响

作为产业发展的动力，技术创新将贯穿版权产业的整个生命周期，因此有力地推动关键产业技术的研发，提升版权产业的共用技术，已经成为发展版权产业的重要着力点。在版权产业发展模式中，技术创新主要分为内源创新和外源创新两大层面。前者是当前技术的延伸，是传统版权产业转型的内在根源，如数字出版和数字印刷；后者主要是科技发展衍生的新事物，如大型数据平台、虚拟现实、互联网等，能够打破传统思维。新技术和新媒体的使用使版权产业创新能力能够在多个层面上实现创新发展，提高开发的质量和水平。同时，版权产业的分类呈现多元化发展态势，这是对版权产业内涵的延伸。

（一）改进版权产业生产模式

创新是我国版权产业高质量发展的根本动力。科技创新改变了版权产业形态，传统的版权产业被赋予越来越多的高科技内涵，促进了产业内部结构的更新换代，延伸了产业链，提高了版权产业的盈利能力。新的科技成果应用对版权产业生产模式的影响主要表现在以下三个方面：

第一，技术创新版权生产工具，使创意落地。内容创意是版权产业链的关键环节，版权产业主要的增值部分就在其原创的知识内容中。技术支持缺乏导致创意落地成为困扰版权产业的难题。技术的出现提高了创作效率与创作能力，加强了版权作品与服务的内容表现力，通过多媒体技术、全景三维技术、虚拟现实技术等数字技术实现了一些原本异想天开的创意。一批具有高科技属性的新兴产业，如游戏动画、移动通信、数据库、互联网信息服务等，逐渐成长为版权产业中特色鲜明的重要组成部分。这些产业是数字技术与版权作品结合非常紧密的先导产业，对经济发展与产业结构调整有重要作用。以游戏动画为例，其涵盖了计算机三维建模技术、数据压缩技术等多项交叉技术。这些快速发展的技术都将应用于游戏动画产业，改变其终端形式、传输方式及用户体验。

科技成果应用也降低了内容创作的门槛，提升了创作者的创意能力，每个人都可成为版权内容的生产者。例如，随着自媒体、短视频等网络平台的发展，多元化传播途径打破了传统媒体对自我表达的垄断，极大地降低了创作门槛，一批网络草根写手脱颖而出（谈国新、郝挺雷，2015）。

第二，科技的应用催生出了诸多满足人们新文化消费需求的新作品与服务。高科技已经成为消费者了解版权作品内涵的手段和纽带，版权作品的内容可以通过高新技术被消费、理解、吸收。消费环节成为版权产业的关键，随着技术的发展，版权消费成为值得回忆的独特体验，这种体验具有观赏性，无形的精神内容成为可视的、可接触的内容，消费者由被动消费转变为主动消费。例如，虚拟现实技术将突破时空限制，带来全景式新风格的版权内容，增强作品内容与受众的互动性，提高内容传播效率。再如，体感游戏是通过肢体控制游戏角色运动的新操作方式，这种作品形式同时应用运动识别、面部识别等多种技术，让传统的电子游戏变得有沉浸性与互动性。

第三，技术让各类文化资源的结合成为现实，实现版权产业的跨界发展。过去，文化资源散落在不同时空，版权产业发展存在区域差异，优秀作品的生产与传播局限于个别地区。在科技与文化相结合的时代，内容共享成为现实，内容资源的跨区域利用效率不断提高，推动版权产业发展。比如，韩国为发展动漫与游戏产业，搭建了分享创作内容与素材的公共平台，这为韩国动漫与游戏产业快速增长提供了有力支持（谈国新、郝挺雷，2015）。

（二）优化版权产业传播模式

传播是连接需求与生产的桥梁，优化版权作品与服务的传播模式是满足人民对美好生活向往的必要条件，是我国版权产业高质量发展的重要内容。科技优化版权作品与服务传播模式的作用表现如下：

首先，科学技术的介入与应用拓展了版权作品的供给渠道。例如，各地都在加快图书自助服务系统的建设，这种图书服务集成了自助借阅、自助交易、查询服务等人性化、自动化功能，提升了图书的借阅率。

其次，技术创新拓展了营销推广渠道。营销推广是指通过网络、平面、品牌与声誉等手段推广版权作品与服务，激发顾客的购买欲望，提升产品销售额度的经营活动。只有好的作品才能被受众接受，受众接受度直接影响着作品传播广度与深度。大数据营销与新媒体营销日益成为营销的主流渠道，通过人工智能技术，细分消费受众，根据不同受众的需求发展相应的业态，形成新的作品形式，更有效地服务差异化群体。新媒体营销能够降低渠道推广成本，扩大目标客户的覆盖面，从而使版权作品营销更加精准，为文化公司带来更高的投资回报。

第二节　人工智能技术与版权产业的融合

一、人工智能与版权产业结合的维度

人工智能是让机器获取抽象与认知能力以解决人类才能解决的问题的一种方法。培养学习能力与获得解决问题的能力是人工智能技术发展的关键，对抗生成网络、人工神经网络、遗传算法等算法的发展为人工智能技术的应用与发展创造了可能性。技术快速发展推动人工智能与其他产业融合，不断催生并发展新业态。

随着数字技术、版权产业的供给与需求的变化发展，版权产业呈现出许多新的特点，为应对版权产业的新需求，智能技术为版权产业的发展提供了强有力的发展动力。人工智能技术促进了版权产业消费、传播与生产三个领域的融合，人工智能的数据挖掘、智能感知、个性定制、信息互联等特性在版权产业生产创作与传播过程中也得到了极广泛的应用，显著促进了个性化生产与内容创新。随着移动支付、物联网、大数据与云计算等新商业基础设施的完善，版权产业数字化程度在不断加深，这为人工智能版权产业的应用提供了基础支持。

具体而言，在创作领域，人工智能是通过对海量数据学习来进行迭代升级的，其能够借助大数据的自动搜集分析功能来提升版权内容生产质量与效率，打破规模经济限制。智能技术超越了人类信息处理的极限，可以改变版权产业的内容展示形式，带来版权作品与服务的创新。在传播领域，人工智能挖掘数据信息，整合不同文化与创意要素，反哺版权内容生产，建立起平台运营、内容生产与受众消费的非线性关系网络的精准匹配。人工智能利用内容自动生成、模式自动识别及数据规模化获取等技术对版权产业的用户数据展开分析，丰富传播形式，提高传播效率，使版权作品能最大化地契合人们的精神文化需求。

由此可见，人工智能赋能版权产业以内容为基石，以运营为手段，以消费为保障。版权产业与人工智能技术结合应立足于消费、运营、内容三大维度，实现互补互促式协同发展。

（一）内容维度

内容是版权产业的本质所在，内容是核心，注重质量和创新的人工智能技术的更新换代改变了整个版权产业。人工智能技术和版权内容生产的融合形成区别于以往的新型版权作品与服务。

人工智能是基于海量数据学习来进行完善的，其自动化分析处理能力能极大地提升版权内容创作的效率和质量。具体表现如下：

第一，人工智能可以凭借大数据分析技术生成的结构化数据参与文本编辑，进而基于计算机视觉、语音识别、自然语言处理等技术进行作品创作，实现内容自动生成与分发。由此可见，人工智能介入内容创作是对固有作品生产模式的革新，其能够最大限度地整合文化要素，反哺内容生产。

第二，人工智能可以基于一定模型算法标准对已经完成的内容进行质量评估，确保作品与服务的质量。智能算法将作品与服务变成数据，在此基础上进行大规模的学习训练，同时通过商业与美学的双重角度对作品及服务进行不断评估，根据指令生成符合特定要求的内容，从而优化作品与服务。

第三，人工智能利用智能分析、智能感知等功能为作品与服务添加人类难以实现的智能元素，颠覆式地创造出全新的版权消费体验。2018年，平昌冬奥会闭幕式上"北京八分钟"将智能技术应用于传统表演中，机器人以优美的艺术曲线与其他表演元素完美契合，达到传统表演形式无法企及的效果。2016年，在张国荣诞辰60周年的纪念活动中，百度运用语音合成技术，合成了张国荣的声音并与观众互动。今后，将有更多的虚拟形象在戏剧影视、文娱综艺等领域活跃，催生出新型作品和产业业态。

从价值维度来讲，内容创造是由人掌控内容创作的核心价值，人机协作的结果是提升文化内容深度。人工智能聚合消费者偏好，从生产阶段就嵌入价值观，强调受众的精神需求，为版权作品与服务赋予具有文化精神的价值禀赋。现阶段，智能技术是数据和算法相结合的产物，其与版权产业结合的挑战之一是创意生成。智能算法能够自动完成创作前期的素材搜集整理、文本编辑与数据监测，在媒体与视听领域已能够实现自动生成部分内容，替代了人的重复机械性劳动，这意味着创作者可以把更多精力投入发挥兴趣、专长及个人创造力方面。随着人工智能的不断应用与发展，版权产业必将进入全新的创作阶段，此时人工智能技术将代替人从事艺术、文学等领域的部分创作工作。

（二）运营维度

版权传播渠道是连接版权作品消费与版权内容生产的中间环节，包括出版等传统渠道和智能终端等新兴渠道，是促进作品流通、带动版权消费的重要介质。人工智能与传播渠道的融合将革新作品传播模式，提高传播效率，将契合受众需求的内容推荐给对应受众。

数字网络上的选择是无穷无尽的，但人的注意力与时间是有限的，从某种程度上说，蛋糕的大小仍然是固定的。数字网络不能降低用户对版权作品的搜寻成本，但人工智能可以在数字网络的基础上将版权产品传递给有相应需求的用户。新的供给需要新的需求，数字网络时代诞生的诸多版权作品如果无人问津，就难以实现版权产业的增长，而人工智能技术是连接供需的关键力量。将新作品介绍给消费者的形式是多样的，可以是体现群体智慧的搜索引擎，可以是音乐软件的个性化每日好歌推荐。对消费者来说，这意味着降低寻找非主流作品的搜索成本。其他消费者的行为通常是最有用的指示，因为消费者的动机是统一的。Netflix就积极利用消费者的集体智慧，通过观察平台用户的行动，然后利用人工智能技术将这类信息转化为搜索建议与搜索推荐结果。由于能轻松获取此类基层参考信息，因此用户在寻找新产品时能更容易找到令人满意的选择。

基于用户的观影、阅读等历史数据，算法可以预估用户感兴趣的内容，向客户提供精准营销推送服务，带动利基市场的开发（杨毅等，2018）。依据用户实时反馈，计算机视觉、语音识别等智能感知技术可以实现用户感受识别，根据用户场景匹配版权作品与服务，提升即时性消费体验。

（三）消费维度

版权消费是作品与服务价值的体现，也是版权产业链的最终环节。人工智能通过赋予消费者权利，刺激消费需求，提高消费质量，实现版权产业效益。

智能技术将改善版权消费体验，促进版权产业消费升级。人工智能的一大特点是具备较低的生产成本与极高的生产效率，这将打破规模经济限制，发挥长尾效应。每个用户都可以通过智能技术筛选出最适合其需求的作品与服务，智能技术降低了消费者对作品与服务的搜索成本。与此同时，消费者可以通过智能技术介入作品的生产过程，创造出个性化的作品。版权产业将生产过程与消费过程统一了起来，因此消费者的体验将影响作品创作。之前，消费者创造的多是精神内容，但随着人工智能技术的普及，消费者的消费体验可以再制作成新的作品。

另外，人工智能对版权产业的积极效应还体现在催生新版权需求、创造新版权消费形式方面。每项新技术的出现都会带动新需求，人工智能技术也不例外。人工智能技术与版权产业的结合将产生虚拟偶像、3D 电影、智能机器助手等新型版权作品类型，刺激版权消费。

二、与版权产业融合的主要人工智能技术类型

（一）机器学习

机器学习是利用电脑模拟人的学习能力，从样本数据中学习知识与经验，用于实际的推理与决策。机器学习是一门交叉学科，涵盖复杂算法、近似理论、统计学与概率论等知识，以电脑为工具，致力于模拟人类学习方式。机器学习促进了人工智能的快速发展，是第三次人工智能发展浪潮中的重要推动因素。

机器学习是目前解决许多人工智能问题的主要方法，是现代人工智能的基础。虽然当前的机器学习处于高速发展阶段，但它从概念诞生到技术普遍应用经历了漫长过程，由此诞生了众多经典的机器学习算法，如决策树、支持向量机、随机森林、循环神经网络等。

在机器学习的技术发展过程中，许多杰出的学者为推动机器学习技术的发展做出了重大贡献。1950 年，图灵就已提出了机器学习的相关概念。1952 年，亚瑟·塞缪尔（Arthur Samuel）设计了一款具有学习能力的西洋跳棋程序，并在1956 年正式提出"机器学习"这一概念：机器学习是在不直接针对问题进行编程的前提下，赋予计算机学习能力的研究领域。

随着时代的发展，机器学习的内涵与外延也在不断变化。目前，学术界普遍认为，机器学习算法是通过找出数据里隐藏的模式而做出的预测识别模式，专门

研究电脑如何模拟实现人类的学习行为，重新组织知识结构，获取新知识与技能，不断提高其性能（张晓荣，2009）。

机器学习可以实现版权产业的智能化，以图像处理为例，2016年"双十一"期间，阿里巴巴的"鲁班"系统制作了近两亿张商品海报，经过不断的学习训练，其制作能力飞速发展，2017年"双十一"期间其制作海报超过4亿张。

（二）自然语言处理

自然语言是人类日常使用的语言，区别于程序语言。自然语言处理就是通过代码程序将自然语言转换为计算机可以理解的数据。自然语言处理是人工智能与计算机科学领域的重要研究方向，是语言学、数学与计算机科学之间相互作用的领域。

自然语言处理的具体表现形式包括语音识别、语音合成、信息抽取、文本校对、文本分类、文本摘要及机器翻译等。自然语言处理机制包括自然语言的理解与生成两个过程。其中，理解是指计算机能理解自然语言的含义，生成是指计算机能用自然语言来表达某一意图。自然语言的理解与分析是层次化的过程，这一过程可分为五个方面，包括语音、词法、句法、语义及语用。语音分析研究对象是音素与音位，词法分析研究对象是词素，句法分析研究对象是句子结构，语义分析研究对象是词义与语言含义，语用分析研究对象是语言使用环境。

在人工智能领域，图灵试验可以用于判断计算机是否理解某种自然语言，具体方案有四种：一是问答，机器能够回答输入文本中的问题。二是生成摘要，机器能够将输入的文本转化为摘要。三是释义，机器能用不同的句子来复述输入的文本。四是翻译，机器可以把一种语言翻译为另一种语言。

具体到版权产业，清华大学制作的机器人"九歌"在节目《机智过人》中创作的诗歌接近专业诗人水平，其技术原理以自然语言处理为主，能使"九歌"更好地学习创作方法，同时兼具美学技巧和美学韵味。

（三）智能语音处理

语音识别是让机器识别并理解语音信号内容的技术，其目的是把语音信号转换成计算机可读的命令或字符，理解说话人的语义内容，进而判断说话人的意图。语音识别技术主要包含特征提取、模式匹配准则设计和模型训练三个方面。语音识别是一种非常有效的人机通信交流方式，与生理学、心理学、计算机科学、信号处理、声学、语言学等多个学科联系紧密。

语音识别的第一阶段是学习训练，以语音库样本数据为训练数据，不断调整模型各参数，提升识别效果；语音识别的第二阶段是识别，本质是数据匹配，将待识别的语音与数据库匹配，得出识别结果。

实现人机对话需要三种技术：语音识别、语音合成及自然语言处理。语音识别将声音数据转换为文本数据，在此基础上进一步转换为人类可以理解的语言。语音合成技术则将语言文本转换为语音。事实上，语音处理不仅要理解语音内容，还要模仿人类的语速声调、发音等特征。纪录片《创新中国》利用智能语音处理技术模拟了配音大师李易的声音，即便熟悉其声音的人也难分真假。由此可见，智能语音处理技术在版权领域已经有了一定的实用性。

（四）知识工程

知识工程的目的是开发一种实现知识转移与利用自动化的技术方法。知识工程是一门利用现代技术获取高效率、大容量知识和信息的工程技术学科，其目的是最大限度地提高人类的创造力与才智，掌握技能与知识，为智力发展服务。该技术主要研究如何构建教育和控制系统，包含五个活动过程：知识的获取、验证、表示、推论与解释。

近年来，成为重点关注对象的知识图谱就是新知识工程技术的代表。在大数据时代，知识工程就是在大数据中自动获取知识，提供网络智能知识服务。当下，人们对智能服务的要求已经从简单获取信息转变为自动知识服务，需要使用知识工程为大数据添加知识，从数据中生成智慧，完成从数据到知识的转化，实现对数据的洞察，为用户提供他们所关心的问题的答案，改进用户体验。

知识工程是一个基于知识的系统，是通过智能软件建立起来的专家系统。知识工程可被看作人工智能技术在知识信息处理领域的发展，其研究如何用计算机表达知识，自动解决问题。目前，除通用的知识图谱外，各行业也都在建立本领域的知识图谱，知识图谱的应用包括智能知识服务、大数据语义分析、问答系统与聊天、语义搜索等。

（五）数据挖掘

数据挖掘是指从大量数据中自动搜索隐藏于其中的数据和信息，并将其转化为可处理的结构化形式，这是知识发现的一个重要步骤。任何类型的数据源都可以成为数据挖掘的对象，包括 Web 数据、数据库数据、多媒体数据、时序数据、空间数据、文本数据等。

数据挖掘的常见任务有：①数据表征，即对目标数据特征的总结；②异常检测，即检测并发现数据库中不符合一般特征的数据对象，这类数据对象被称为异常值；③关联规则学习，即搜索变量间的关系；④聚类，即将数据结构未知的数据转换为具有一定类别或结构的数据，涉及的原则包括最小化类间相似性与最大化类内相似性；⑤分类，即通过查找并区分数据类别的模型来预测数据进行类别的过程；⑥回归，即尝试找到能以最小误差对此数据建模的函数；⑦数据演化分析，即建模分析并描述目标数据的变化趋势。

进入 21 世纪后，信息技术发展迅速，数据也不断更新。数据挖掘技术的主要目的之一就是处理这些大数据，并从中提取有价值的信息。当下，数据挖掘技术应用广泛，涉及多种实际问题，包括推荐系统、金融数据分析等。随着数据隐私保护被提出，以及数据挖掘计算成本增加，分布式数据挖掘得到重视。分布式数据挖掘以"局部集中，全局分布"为原则，利用分布式计算方法对分布式数据资源进行挖掘，通过集成局部知识来获取全局知识，同时降低计算成本，增加数据保密性。

数据挖掘在版权产业中的应用主要是挖掘用户信息，分析用户使用习惯与个人偏好，为信息推荐系统提供用户画像信息，实现版权内容的精准化与个性化推荐。

（六）信息检索与推荐

信息检索是信息按一定的方式存储后，再根据用户特定需求将相关信息准确查找并呈现出来的过程。这一过程涉及信息的访问、组织、存储与表示，主要目的是获得与需求相匹配的信息。信息检索必须方便用户访问其感兴趣的信息。优秀的搜索算法要让用户获取信息效率更高、停留时间更短。信息检索的环节主要包括检索输出、用户提问处理、组成有序的信息集合及信息内容分析与编码。

推荐系统的功能是从海量信息中找到用户可能感兴趣的部分，并将其推荐给用户。由于推荐系统围绕用户的个性化展开运作，因此推荐系统又被称为"个性化推荐"。推荐系统的流程通常由用户特征收集、用户行为建模分析、推荐与排序这三部分组成。

信息的检索和推荐是用户获取可用信息的方法，两者是一种共存且互补的关系。推荐系统与搜索引擎的区别是，其不需要用户提供准确的需求，通过分析用户历史行为就能主动为用户推荐满足用户个人喜好的信息。此外，推荐算法与推荐内容通常是紧密结合的，用户获取推荐结果的过程是长期且可持续的。衡量推荐系统的标准就是看其是否能够让用户在系统中停留更久，系统越懂用户，则推荐成功率更高，用户黏性也更高。

当下，蕴含强大搜索引擎与智能推荐系统的在线影音网站与在线商店已成为人们迅速寻找信息的主要途径。例如，淘宝、抖音等网站的推荐与搜索系统的核心机制都是将用户兴趣与产品信息进行匹配。

（七）人工智能与计算机图形的技术结合

依据国际标准化组织的定义，计算机图形学是一门研究计算机将数据转换成图形并在显示设备上显示的方法与技术的学科。它是一门基于应用数学、传统图形学理论和计算机科学的学科。在开创之初，计算机图形学需要解决的问题是，在计算机中展示三维结合图形，目的是生成令人赏心悦目的、具有真实感的图像。随着近些年相关技术的发展，计算机图形学的研究内容已经变得非常广泛，包括自然景物仿真、虚拟现实、真实图形计算、图形交互、实体造型等。

当前，计算机图形学的重点研究方向与人工智能技术息息相关，主要集中在生成式对抗网络、网络结构搜索、全景分割、自监督学习等方面。这些技术的引入大大提升了人工智能技术在图形处理中的应用，将创作者从烦琐重复的图形处理任务中解放出来，同时优化了算法，减少了计算机的运行负担，提升了图形自动生成的可行性与可用性，进而提升了图形创作的工作效率。

三、人工智能与版权产业结合实例

实现传统技术无法实现的任务、减少重复劳动、提高生产效率、增加信息匹配准确性等是人工智能技术对现阶段版权产业的主要影响。目前，电影、短视频、网络文学等版权领域正在积极拥抱人工智能技术，并取得了丰硕成果。

（一）人工智能与网络文学

以文字处理为主的网络文学产业正在积极应用智能技术，人工智能技术对网络文学产业的推动主要表现为如下方面：

第一，人工智能对网络文学内容写作方式的影响。网络文学内容创作具有可重组性，是较早应用人工智能技术的领域。专门协助网络文学写作的"橙瓜码字"等智能工具可以根据作者的需要生成小说角色的场景、对话、外观、服装等描写素材，帮助作者"组织"语言。此外，智能创作系统凭借其在神经网络、机器学习与自然语义分析等领域的技术积累，在网络写作中展示出惊人的速度与质量。作为人工智能的产物，这些智能写作程序有不竭的创作"热情"与永不干涸的创作"灵感"，能够适应求快求量的网络文学创作需求。人工智能独立创作及人工智能辅助创作成为新的网络文学创作形式，生成了人工智能诗歌与人工智能小说等新文学类型，这体现出了人工智能技术作为一种文学创作的新技术、新载体的重要性，开启了文学创作的新时代。这也意味着写作不再是人类智能的专属领域，"作家"在出版领域的主体性将受到新技术与机器的一定挑战。

第二，人工智能提升网络文学的编辑和审核效率。一直以来，编辑加工与内容审核是网络文学出版中最费力的环节。草根化的创作方式与突破百万文字大关作品的不断面世迫使出版企业雇用大量经验丰富、了解审稿规则的编审人员来完成审核、校对和修改工作。由于网络文学的编辑处理流程具有规范的特点，同时网络文学的直白表达方式易于被语言模型计算，因此人工智能在网络文学审核编辑领域有用武之地。技术人员可以凭借算法分析与文本挖掘的技术来构建自动纠错系统，辅助编辑快速检索文本，核查词汇、标点、语义等方面的问题，实现文稿批量审核、删除与修改，极大地提升文本质量。尽管传统编辑模式依然在出版业占据主流地位，人工智能编辑审核系统也非尽善尽美，但人工智能技术思想体现着人类经验主义，这与编辑范式十分契合。人工智能技术的应用必然会提高编辑的工作效率。

第三，人工智能驱动网络文学翻译提速增质。随着网络文学"出海"已成趋势，网络文学的翻译需求越来越旺盛，众包模式下的网友翻译质量堪忧，企业翻译产出效率低下，这都成了网络文学海外出版的制约因素。人工智能在文学翻译中的应用能够让海外读者更快地阅读到高质量的作品。一方面，大体量语料库、高性能计算、深度学习为网络文学的文本识别与机器翻译注入活力，以迅捷化和自动化的方式实现网络文学的批量翻译。另一方面，人工智能系统可以在不同翻译风格中自由转换，以更为接地气的方式翻译作品可以消除文学作品海外出版的"精英性"障碍，让转译国外的文学作品更有可读性。在该背景下，出版企业加快了人工智能技术的研发与应用。2019年，起点国际推出人工智能翻译工具，上线了"用户修订翻译"功能，利用修改过程中的数据来改进翻译模型算法，使模型能适应特殊领域的翻译。

第四，人工智能助力网络文学个性化分发。智能算法正被应用于网络文学分发环节，为网络文学企业的个性阅读服务体验提供技术支持。过去网络文学分发与创作主要考虑文本质量与读者整体性需求。现在智能推荐技术实现了网络文学个性化出版分发模式。智能推荐技术可对读者的地理位置、分享、点赞、评论、点击等信息进行统计分析，通过算法模型构建用户画像，将网络文学的题材、文本长度、文学类型、主题等信息与用户信息进行多维度匹配，以此准确定位大众需求，实现作品的高效率分发。智能推荐技术加快了网络文学平台的个性化供应，有利于出版需求与供给的结构性匹配，帮助企业盘活资源，增强平台黏性，同时降低读者在信息过载时代获取个性化作品的搜索成本，增强读者阅读体验。

第五，人工智能催生文学出版的新形式。语言合成、语义识别、自然语言处理等人工智能技术在网络文学领域的应用不断拓宽，加快了网络文学出版资源的多层级生产，催生出智能出版、虚拟主播说书、个性化有声读物等新出版形式。在传统模式下，出版商要想发现具有潜力的作品，需要从海量的作品中去发掘，工作效率低且易受主观因素影响。人工智能技术改变了以人类智能为核心的网络文学整合模式。这些由人工智能技术催生的网络文学出版的新业态、新形式拓展了出版产业的边界，展示出了未来网络文学的发展方向。

（二）人工智能与短视频

2018年，中国传媒产业突破2万亿元大关，网络视听产业的市场规模首次超过广播电视，网络短视频等新模式兴起并成为主流市场。在此背景下，主要短视频平台都将人工智能技术视作发展的机遇。在短视频领域人工智能技术目前的应用主要分为两个方向：一是管理层面，包括内容审核与分发推荐等领域；二是内容制作层面，主要形式是人工智能技术与短视频内容创作的融合。人工智能技术对短视频产业的影响如下：

第一，丰富内容生产模式。对于短视频平台来说，以技术赋能用户生成内容，不断更新创作模式，是留存用户、助力内容生产、提升竞争力的硬性需求。在人工智能技术的帮助下，一些平台推出了一系列网红产品，如快手发布的"时光机"能让用户在几十秒的视频中看到自己老去的模样，提升了内容创作过程的趣味性。在过去，视频制作技术与设备成本高、耗时长，现如今短视频平台及其创新创作模式大大降低了视频内容生产的进入壁垒，用户可以通过平台或第三方的软件轻松拍摄、剪辑、发布视频。此外，人工智能技术也能应用于专业内容创作领域。利用人工智能快速剪辑视频有着巨大的市场需求，人工智能可以缓解缺乏创作高质量内容生产力的状况。

第二，视频营销与推送。人工智能在短视频领域的最初应用主要体现在精准推送上，人工智能可以分析和理解包含用户个人信息的静态数据与用户使用软件生成的动态数据，借助这些数据进行学习训练，向消费者推送符合其偏好的广告。常见的互动营销、广告植入与场景营销等视频广告业务有较清晰的商业模式。随着"网红"们入驻各大短视频平台，短视频平台展现出强大的带货能力。与传统电视广告相比，短视频制作成本低、传播速度快、即时性提升，有利于刺激受众消费。为了把握短视频的营销机遇，阿里巴巴推出的人工智能 Aliwood 能够在分析商品信息后迅速将静态信息转变为视频，自动剪辑并配乐。阿里巴巴的数据显示，此种视频可以有效提升商品的分享率与销量。

第三，助力内容审核。2019年初，中国网络视听节目服务协会发布《网络短视频平台管理规范》与《网络短视频内容审核标准细则》，新规颁布后，各视频平台都因扩充审核人员而负担高昂的人工成本。短视频信息有内容庞杂的特点，且人工审核还会出现误删的错误。当前，业内普遍认为人工智能审核配合人工审核是较优的解决方案，个别网络平台开始尝试建立人工智能审核系统。快手的人工智能审核系统可以自动提取视频中的图像、语音等信息，将语音转化为文字可以了解视频表达的内容，识别音乐可以查询版权归属信息。基于这些技术，可以初步判定视频是否有侵权或违规的可能性，当可能性突破一定阈值后，则移交人工审核，保证可以及时删除违规、侵权信息。此外，人工智能技术还可以根据用户的平台操作信息预测其违规可能性，在有需要时封禁相关账号。

（三）人工智能与电影

电影产业链以电影作品为核心，是电影作品从生成到消费所涉及的各个环节的集合。人工智能技术已应用在电影产业链各环节，并发挥了积极影响。

第一，人工智能对电影投资环节的影响。如何确保投资收益、管控投资风险一直是困扰电影投资者的问题。大多数电影投资仍以制作人的经验判断为主，近些年出现的失败投资案例已经说明电影业已不再是单纯拼凑阵容与资金的时代了。人工智能技术可以为电影投资决策提供更为客观的帮助与指导。一家比利时科技公司推出名为 ScriptBook 的人工智能程序，该程序学习了 6000 多部电影剧本，分析其市场表现，该程序集成多种人工智能技术，构建了自己独有的数据库。在操作上，客户只需将准备投资的剧本输入程序，不到十分钟就可获得投资分析报告与投资建议。在准确率上，该程序已预测到多部票房失败的电影。这将改变电影行业的投融资方式，降低投资风险，盘活电影产业资金。

不可否认的是，作为一种符号信息，明星是影响票房的重要因素之一。人工智能已经可以借助机器学习来挖掘票房数据，分析电影选角与票房的关系。洛杉矶的 Cinelytic 公司向客户提供输入演员阵容与剧情预测电影票房的服务。国内的阿里巴巴与优酷共同开发"鱼脑"系统，该系统可以根据剧情自动匹配演员，成功案例是为热播电视剧《长安十二时辰》发现雷佳音这位演员，其表演为电视剧增色不少。

第二，机器取代人工，降低生产投入成本。人工智能可以发挥替代人工、提高劳动效率的功能，降低生产成本。以制作预告片为例，2014 年电影《星际穿越》制片方将用人工智能剪辑的预告片投入社交媒体中，并根据受众反馈用人工智能技术制作第二版预告片。这大大降低了营销费用，还凭借人工智能技术吸引了大众注意力。IBM 的人工智能系统 Watson 为电影《摩根》制作预告片。为制作预告片，Watson 学习了市场反响好的预告片的表现形式，随后又根据《摩根》

的风格与特点自动选择片段组成预告片，Watson 制作的预告片得到制片方的认可，成为最终推向市场的预告片。

人工智能技术还能应用于电影剪辑环节。人工智能在电影剪辑领域的应用可以大大减少重复性的工作，使艺术创作变得不那么枯燥。同一场景会有多组镜头拍摄，拍摄内容多可以形成丰富的创作素材，但也加大了后期剪辑的工作量。如今，人工智能已经可以胜任这项烦琐的工作。2017 年，Adobe 开发的软件可以为电影前期素材排序，并根据演员表情、场景、语音等要素对画面风格、情感表现及素材类型进行剪辑。该系统还可以选择生成风格，这种自动化操作可以大大降低人力成本。

另外，人工智能技术还能应用于电影画质修复。如今，黑白画面修复着色、提高帧率、调光、清晰度等均可通过人工智能来快速实现。"中影·神思"系统在学习相关视频图片资料后能处理电影中的低清图像。同时，"中影·神思"系统还能实现旧影片上色、电影调色等工作。国内企业研发的"峥嵘"系统已能实现 2D 内容转 3D 内容，只需要一台机器与一名工作人员，不需要双机拍摄，也不需要庞大的人力支持。人工智能处理电影瑕疵的原理与电影后期剪辑类似。由于有预算约束，视听作品的画面往往有些瑕疵。比如，虚拟场景需模拟光源方向，这是一项费时费力的工作。迪士尼研究中心的研究人员开发了一款基于人工智能的工具，该工具能够有效消除因光源分布不均引起的画面瑕疵，从而缩短制作时间。使用该工具不仅可以消除画面瑕疵，而且不会丢失画面细节。目前，这项人工智能技术已成功应用于多部新电影，虽然这些电影的风格完全不同，但该工具仍可以清除画面中的瑕疵。

人工智能技术还可以应用于电影特效领域，通过人工智能技术大大提高特效水准，为观众提供更震撼的视觉冲击。随着人工智能技术的进步与普及，在目前的作品中，观众很难区分真实场景与电脑制作虚拟场景。不仅如此，人工智能还可创作后期特效，如火焰爆破效果、光照角度调整、拍摄场景的虚拟等。人工智能还可以调整画面细节。以人物表情为例，群众演员因未经过专业表情管理培训，往往无法满足电影需求，这就要消耗大量人工去完善表情细节，人工智能让表情修复变得简单高效，表情也更加自然。

人工智能技术还能应用于电影剧本创作。2016 年，漫画家安迪·赫德与人工智能专家合作开发自动编剧系统。该人工智能系统基于谷歌的开源机器学习工具包 TensorFlow 开发，在学习《老友记》十季的剧本后，自动生成一集新的续写剧本。虽然剧本大部分内容近似胡言乱语，但赫德表示从中也分离出一些可用的内容。同年，基本由人工智能撰写的《计算机创作小说的那一天》通过日本国家文学奖的首轮评选。在这部小说创作中，作者只负责设计人物与大纲，人工智能则负责情节的自动生成。尽管这部小说在人物刻画方面并不令人满意，但这一开创性的结果表明，机器可以在人工监督的情况下创作出一部小说。

2017 年，纽约大学研究人员开发了一个具有剧本创作能力的递归神经网络"Benjamin"，该系统学习研究了科幻电影的剧情与结构，把电影剧本结构化处理，转换为数据，然后找到它们之间的联系，当该系统掌握了遣词造句的规则及剧本结构后就可以自动组织语言文字，创作新剧本。在学习了《第五元素》《星际穿越》等数十部科幻电影剧本后，在伦敦科幻电影节上 Benjamin 展示了由其创作的时长九分钟的科幻电影剧本"Sunspring"。专业人士评估此剧本是一个达到及格水平的、完整的故事，虽然剧本中部分语言有些难以理解，但经过改进后，它成功为科幻短片"It's No Game"创作了男主人公的全部对白。这说明在人为设定故事人物、环境等条件下，人工智能能够胜任这种有限制条件的创作任务，给出较为令人满意的作品。从这个案例可以发现，人工智能创作的基本原理就是，根据创作主题从数据库中搜寻关键词，然后将相关情节拼接在一起，形成一个大故事。需要承认的是，人工智能的剧本创作功力还不能与专业编剧相提并论，但这些生成物可以为专业创作提供一定思路。

第三，人工智能对电影发行环节的影响。从电影营销的实务操作来看，电影营销要分析了解电影，利用用户画像分析等方式发现目标受众，思考他们的兴趣点，并向其展示自身独有的优点。这使得电影营销不必盲信既有经验，开展科学精准的营销活动。

无论是新媒体还是传统媒体，以人工智能为基础的智能推荐系统都得到了应用。就个性化推荐而言，Netflix 的人工智能算法可以算得上行业前沿技术。Netflix 以个性化为平台重要标签，为用户提供独特的体验，包括呈现效果、标题内容等。当网络平台比用户更了解用户观影需求时，用户就会对该平台产生依赖。Netflix 推出的影片推荐系统 Cinematch 可以学习用户使用习惯与观看偏好，无论何时何地，系统始终推荐最符合用户喜好的作品，这大大优化了用户体验。

第四，人工智能对电影放映环节的影响。影院排片的主要工作是安排电影的放映场次与时段，目标是最大限度地实现盈利。目前，影院面对的难题是电影发行窗口期缩短、在线视听作品提供商崛起、影院的人力成本与物业租金不断上涨。国内影院要想生存须积极应用新技术，提高排片管理水平。

当前，国内大多数影院都是多厅影院，这要比单厅影院更加复杂，也对放映安排提出了更多要求。以往影院都通过人工排片，影片的上映时间与热度会被考虑在内，这些决策是主观的且难以及时调整的，但应用人工智能技术就可以实现自动、恰当且及时的排片安排。以数码环球公司推出的 CA2.0 为例，该智能影院系统通过用户反馈数据分析影片热度，优先将高热度影片排放在最佳时段。系统还可以根据观众入场信息及时调整排片，避免出现场地资源浪费的情况。

（四）人工智能与电子游戏

电子游戏领域涉及多种平台与技术，也有冒险、益智、体育、竞技、角色扮演等诸多类型。电子游戏是不断发展变化的，但其本质是通过视听设备体验故事。电子游戏产业是一个天生的数字产业，如今电子游戏产业的创作与消费都离不开数字化技术支持。不同于其他版权产业，在新冠疫情期间，电子游戏产业获得很大发展，用户数量不断增加。一方面是因为防控措施增加了人们的休闲时间；另一方面是因为该产业的生产以数字技术为主，可以适应远程办公模式。另外，电子游戏产业是版权领域应用人工智能技术的"优等生"。自 20 世纪开始，人工智能就在电子游戏中扮演重要角色，是改善游戏玩家体验的重要力量。事实上，电子游戏领域的人工智能技术也被其他版权产业应用，如合成语音技术开始在电影产业使用，人工智能技术支持的游戏引擎也开始在电影产业使用。

现阶段，电子游戏领域的人工智能技术仍以提升玩家体验为主，主要体现在以下四个方面：

第一，使用人工智能开发和控制非玩家角色。非玩家角色（NPC，Non - Player Character 的缩写）是游戏中不受玩家控制，但可影响玩家体验的游戏角色，它可以是玩家的同伴或者竞争者，主要功能是推动情节、向玩家提供帮助、与玩家竞争。传统的 NPC 有固定的行为轨迹与预设的特定功能，人工智能技术的出现使 NPC 的行为复杂且可根据玩家行为变化，学习玩家偏好，成为量身定制式角色。受人工智能技术支持的 NPC 成为一种插件，可以植入各式各样的游戏环境中。以往的 NPC 开发环节烦琐且复杂，依靠开发人员手动编写程序，而现阶段人工智能技术的应用可以降低 NPC 开发成本，且实现更好的互动效果。受人工智能技术支持的 NPC 表现形式有很多种，可分为剧情管理类 NPC、终身代理类 NPC、游戏支持类 NPC。

剧情管理类 NPC 是调节玩家剧情体验的游戏角色，此类 NPC 为玩家提供连贯且愉悦的游戏体验。终身代理类 NPC 是扮演玩家长期伙伴的游戏角色，此类 NPC 能够随着时间推移逐渐了解玩家习惯，并根据与玩家的互动完善自己的行为，这种熟悉感旨在提升玩家的游戏参与感与乐趣。游戏支持类 NPC 的作用与终身代理类 NPC 类似，如果将终身代理类 NPC 称为玩家的伙伴，则可将游戏支持类 NPC 称为玩家的导师。游戏支持类 NPC 会根据玩家的游戏表现向玩家提供游戏建议，以帮助玩家克服游戏障碍，并根据玩家的优势与劣势干预玩家游玩过程。

第二，使用人工智能为玩家提供量身定制的游戏体验。提升玩家对电子游戏的兴趣与参与度是游戏设计的目标。随着玩家群体的扩大，玩家的期望变得越来越难以捉摸，游戏制作者要想提高游戏销量就必须提高个性化体验，积极迎合不同玩家的口味，这种消费需求改变使得游戏产业加大了对人工智能技术的投入。人工智能技术为游戏设计师提高玩家参与度提供了强大工具。自适应游戏是指根据玩家行为与状态设计游戏内容的游戏类型，人工智能是自适应游戏的重要组成部分，人工智能除了可以控制 NPC 行为，还能根据玩家的选择与偏好调整游戏叙事与游戏交互。比如，人工智能可以自动生成游戏任务与关卡，这大大降低了游戏的重复性，玩家可以多次享用游戏关卡而不会感到厌烦，这种自动生成内容还能降低游戏开发成本。另外，人工智能还能调整游戏难度，根据玩家表现及时调整游戏数值、敌人行为、物品位置，这种修改能让游戏适应玩家的技术水平，避免过高的游戏难度难以让玩家得到正反馈而产生沮丧感，同时也防止过低的游戏难度让玩家感到无聊。调整游戏难度将大大提高玩家的参与度。

第三，借助人工智能技术分析玩家数据。游戏开发者必须监测玩家的情绪，这对于改进游戏体验非常重要。分析玩家行为数据涉及心理学、人机交互等多方面理论。深度学习可以更好地利用玩家行为数据搭建玩家行为模型，预测玩家行为并不断检验结果的准确性。根据这些信息，游戏开发人员可以了解玩家与游戏环境的互动并进行调整。

第四，借助人工智能测试游戏质量。随着电子游戏产业的发展，游戏测试与检查变得关键且复杂，实现游戏质量自动化检测离不开人工智能技术的支持。以往的游戏检测需要雇佣大量人员通过体验游戏发现游戏中的恶性故障，一款游戏的检测需要多名人员完整地体验游戏流程，要耗费大量人力与物力。人工智能技术有望实现游戏测试自动化，缩减游戏测试时间与成本，尽早地将游戏产品投放市场。

（五）人工智能在其他版权领域的应用

第一，算法作曲作词。过去，音乐生成或算法作曲、作词一般由专家系统与遗传算法来实现，近几年基本使用深度学习来实现这一任务，如谷歌的钢琴机器人 AI Duet 可以在用户演奏少量音符的前提下，根据音乐的相符度自动搭配音乐。

游戏《古墓丽影：崛起》中使用的智能音乐系统能使游戏背景音乐随游戏状态变化而变化。以前的音乐创作模型产出的音乐质量很低，而如今深度学习领域的增强学习、生成对抗网络等技术极大提升了生成模型的性能。可以预见，在不久的将来人工智能技术将在算法作曲、作词领域不断取得突破。

第二，智能绘画。2015 年 6 月，谷歌发布了一篇讲述神经网络如何完成视觉分类的技术博客，一些艺术家开始尝试将这种新技术应用于艺术创作。借助人工智能技术，计算机可将图像分解成不同内容与风格的组件，而且，它还能创造融合某种图像风格的新作品。2018 年，Deep Mind 发布了会作画的人工智能系统，该人工智能系统最初只是随机画图，但通过奖励回馈机制模拟人类创作的过程，该系统的作画水平不断提升。人工智能在学习画画技能的过程中不需要使用提前标记的数据样本，这也是该领域区别于其他领域的特点与创新，计算机不需要人类指示就能学会特定技能，大大节省了学习时间。

第三，智能合成配音。自从生成对抗网络可以稳定训练后，语音合成这种由 A 类数据生成 B 类数据的方法就不存在技术障碍了。在充实的、完善的语音样本库支持下，人工智能技术可以根据对白自动合成拟真的配音，大幅减少视听作品的制作工作量。根据相关测试，当下人工智能语音识别技术的正确率已达 97%，已超出正常人的听力水平，理论上人工智能可用于合成制作任何人的声音。

（六）人工智能与艺术鉴赏

早在 20 世纪 60 年代，人工智能技术就应用于艺术领域。当时的人工智能只是一种辅助的测量计算工具，帮助艺术鉴赏者分析作品。例如，用红外反射技术穿透画作来展示其草图信息，采用紫外成像、多光谱等技术分析绘画作品的颜料组成。近年来，人工智能可以利用算法程序来评价、分类、理解美术作品，分析作品的创作手法与风格。此时，人工智能已不再仅是辅助工具，它可以独立完成对作品的判断与分析，从此艺术与技术的结合进入智能时代，与人工智能审美相关的研究也得到越来越多的关注。人工智能的具体应用大致可以分为以下几类：

人工智能可用于对某一风格或作者的鉴别和分类。2012 年，美国宾夕法尼亚大学与库勒慕勒美术馆、梵高美术馆展开合作，试图使用人工智能来分析梵高作品的真伪及创作时期。研究人员将聚类分割与边缘检测用于笔画抽取，通过对大量梵高作品的分析，发现其笔触有明显的周期性特征。在此基础上，研究人员对 31 幅真品与 14 幅仿品进行测试，结果发现这些特征可以区分梵高的真迹与模仿品。同时，研究人员还使用人工智能技术区分了梵高作品的创作时期。美国罗格斯大学推出的 Arora 系统能够自动识别作品的风格。他们将绘画作品分为七个艺术流派，使用机器学习的方法进行自动分类。首先由艺术鉴赏者人工标记各个作品的艺术风格，设定训练图片集；其次通过这个训练集让计算机学习专家标记方法；最后经过训练的计算机可以根据学习到的方法将艺术作品自动分类。

以上主要讲述人工智能技术在艺术分类领域的应用，实际上人工智能技术也可以用于美学计算研究。例如，美国卡内基梅隆大学以油画为研究对象，从美学的角度提取油画中的色彩分布、朦胧效果、亮度等特征，在此基础上结合油画的局部特征，模拟人的主观视觉感受，实现对油画作品美学质量的分类与评判。艺术家对人工智能技术在图像检索领域的应用展开探索，并在其中引入计算美学的方法与思想。该方法首先将图像中最有美学吸引力的部分切割出来，其次计算该区域的色彩浓度、对比度和边缘锐度等，最后进行评判与分类。结果表明，该图像检索系统可以筛选出符合用户审美需求的图片。

此外，人工智能在设计美学领域也有广泛应用。通过研究学习结构要素和排版的平衡性、对称性对美学判断的作用，可以得到可计算模型。这一模型可应用于排版设计领域。运用色彩美学的相关理论，人工智能可以根据产品本身的特质自动调整广告的条块颜色与环境背景，使广告更具吸引力与美感（王伟凝等，2012）。香港中文大学的汤晓鸥教授把人工智能应用在摄影作品审美评价领域。由于摄影模式有不同表现手法，汤晓鸥教授团队根据拍摄主题将作品分为动物、植物、建筑、人像、风景等类别。然后，他们将不同类别的图像分割为背景与前景两个区域分别抽取特征，并采用机器学习的方法进行训练。测试结果表明，该方法取得了理想效果，这种机器审美方法可以对图像进行构图、色彩等方面的修正，而修正后的图像更符合摄影审美标准。

四、人工智能技术与版权产业结合的困境

虽然人工智能技术为版权产业提供了近乎无穷的可能性，但不可忽视的是，将各个版权产业完全应用人工智能技术还有一段距离，因此我们要克服诸多挑战与阻碍。

（一）版权数据未整合

人工智能发挥自动化处理能力的前提是有精确的数据处理模型，而优化数据处理模型需要优质的数据资源，故当前版权产业要想应用人工智能技术就需要有高质量的数据资源。

可以观察到，不同版权企业拥有的数据是不同的。与消费者接触的版权企业有大量的用户数据，相比之下，处于版权供应链前端的企业则拥有较少的版权产业数据。现阶段，掌握大量版权产业数据资源的往往是网络平台，YouTube、优酷视频、网易云音乐等不仅有版权作品的数据信息，还有用户画像信息。与此同时，一些初创企业也以为版权企业提供数据服务为主营业务，如艺恩就将人工智能技术与影视产业数据相结合，为各电影企业提供数据分析支持。

在大多数情况下，数据有商业敏感性，由个别企业与组织持有，这些数据所有权为这些企业与组织提供了竞争优势。版权领域的数据较为分散，且这种数据的竞争优势阻碍了数据共享计划，很多版权企业没有动力与其他企业展开数据协作。

数据标准化程度是衡量数据可用性的重要指标。由于不同细分版权产业的数据结构不同，不同版权企业的数据结构也不同，因此当前版权数据是非结构化的，甚至是混乱的。数据标准化是版权产业应用人工智能技术的基础，主要取决于相关企业在共享和组建数据方面的意愿与能力。制定标准化数据库是一项花费巨大的过程，也是为应用人工智能技术必须做的准备。

（二）相关技术难部署

应用人工智能不仅要有数据，还要在版权产业部署人工智能技术。目前，缺乏对代码的理解、计算力不足是人工智能技术部署的主要障碍。

首先，人工智能技术工程师并不熟悉版权产业，除电子游戏产业外，大部分版权产业工作者并不了解代码运行逻辑。这使得版权产业的数据清洗出现问题，版权产业工作者不懂人工智能需要何种数据格式，人工智能技术工程师不懂何种数据样式能更好地代表版权作品信息。数据需要转换才能为人工智能做好准备，但人工智能技术工程师与版权产业工作者的知识缺陷阻碍了两者的合作。

其次，版权产业还不能准确了解人工智能有何功效，人工智能技术无法匹配版权产业需求。大部分电子游戏产业和少部分艺术家积极拥抱人工智能技术，但版权产业大部分工作者并不关注人工智能技术发展，而是将注意力集中于本领域的创作，部分工作人员甚至对工作中的自动化流程有抵触情绪。可见，人工智能技术在版权产业中的应用应重点放在如何让创作过程变得有启发性且节省人力方面。

最后，企业实力是影响人工智能技术部署的重要因素。当前，大型网络平台积极部署人工智能技术，这些技术不仅可以帮助他们优化版权领域的服务，还能帮助网络平台服务用户。但是，影院等中小企业往往缺少部署人工智能技术的能力，需要依赖外部技术服务提供者。

（三）缺少资金支持转型

众所周知，版权产业的融资渠道始终存在障碍，版权产业的许多产品是公共产品，很多创作行为不以商业利益为首要目标。应用人工智能技术就要投入大量成本，这些资金投入旨在使该技术达到世界顶尖水平，同全球相关领域技术竞争。推荐搜索引擎、个性化助手、文本信息分类标记等都要消耗大量财务预算，投入者必须看到明显的收益才能下定决心投资，如何评估人工智能的有用性成为版权企业管理层必须面对的难题。还有很多版权产业从业者更关注艺术与文化，许多版权子产业甚至都未启动数字化转型进程，这些因素导致版权企业回避投资人工智能技术。

聘请人工智能技术相关领域专家可能是这些版权企业的最优选择。然而，现实是版权企业不仅回避投资人工智能技术，甚至无法聘请人工智能技术相关领域的专家。版权产业往往无法像金融、科技等产业一样为人工智能技术相关领域专家提供令其满意的薪酬。例如，杂志社、报社等出版产业的人工智能技术需求与工资水平可能不匹配，人工智能技术相关领域专家可以在这些产业之外找到报酬更高的职位。除电子游戏产业外，版权产业的整体收入不高，缺少对人工智能技术创业者与工程师的吸引力。

第三节　人工智能对版权内在价值的影响

新时代美好生活不仅对物质需要提出更高要求，还对生态、社会、文化、政治、经济等方面提出更高要求。版权产业是满足人民群众对美好生活向往的重要载体。文化获得感是人民群众文化生活向往的基本落脚点，也是衡量版权产业高质量发展的关键指标，它要求版权产业从粗放增长转向高质量增长，从以扩能增量为主向做优增量、调整存量并举的方向进行深度调整。只有不断提升版权作品与服务的层次与内涵，才能让人民群众在版权消费中实现自我价值的提升。

现阶段，人工智能技术在版权产业的应用能有效提升作品与服务的生产与传播效率，其对版权产业的促进作用更多体现在经济价值方面。随着人工智能技术不断渗透版权产业，我们应看到人工智能对版权内在价值的影响，这些影响主要体现在机械复制、小众文化、信息过滤、虚拟时空及人工智能审美五个方面。

一、机械复制带来的价值影响

区分艺术与非艺术的条件是艺术边界，而艺术边界常受艺术实践的挑战。艺术扩张与冒险的特征，以及艺术存在的变化和创造使学者难以在逻辑上定义艺术（Weitz，1956）。换句话说，艺术定义及艺术边界往往随时间变化，并不断接受艺术家的挑战。艺术家能挑战艺术边界的原因在于艺术家的身份，而艺术家身份又建立在艺术的边界上。因此出现一种奇特现象：艺术家既挑战艺术边界又维护艺术边界（彭锋，2016）。从艺术发展史来看，曾经的异端可能会变为正统，不断重复此循环。与科学需要积累不同，艺术更依赖个人天才，而大众则都可以成为艺术家（Kristeller，1952）。正因如此，艺术领域对边界的讨论要比其他领域更为热烈、紧迫。然而，艺术边界受到的真正挑战来自艺术外部，尤其是新技术。

本雅明（2002）[①] 认为机械复制技术使手工艺术作品失去"灵光"。作品唯一性是"灵光"的基础，机械复制技术让艺术品不再具有唯一性，因而失去"灵光"。尽管缺乏"灵光"，但机械复制艺术因具有"展示价值"而发挥着价值观的宣传作用。阿多诺（1998）则发现机械复制艺术的"同一性"或标准化在获取利润时会产生对消费者的控制问题。阿多诺认为只有体现"非同一性"或个体性的现代主义艺术才算是真正艺术。这种真正的艺术能将人从标准化控制中解放出来，而机械复制艺术的低级趣味让消费者逆来顺受，成为资本主义获取剩余价值的帮手。与阿多诺的观点类似，霍克海默认为启蒙消除神话，要用知识替代想象。在此过程中现代人逐步消除对自然的恐惧，摆脱封建暴君压迫及神的控制，启蒙同时创造新的科学主义神话——对技术、机器和数字的迷恋，所以霍克海默认为启蒙运动仍在神话中认识自身（霍克海默，1998）。在此基础上，霍克海默与阿多诺用"文化工业"展开对美国大众传媒的批判。他们认为大众传媒及其文化与资本主义的其他产品一样，有工业化、标准化、复制化和商品化特征（霍克海默、阿多诺，2020）。

丰子义（2018）指出福特制在文化领域的具体体现是"文化工业"。福特制的基本特点有四：一是规模化生产，通过细致分工，广泛采用机器来提高劳动生产效率；二是标准化生产，通过技术分工、专门化机器生产和标准化劳动来批量生产标准化产品；三是刚性化生产，即企业运营、管理结构、生产组织等缺少灵

---

① 瓦尔特·本雅明. 机械复制时代的艺术作品［M］. 王才勇，译. 北京：中国城市出版社，2002.

活变通空间；四是有垂直型组织形式，即为节省成本和提高效率，企业运用周密计划、强力指挥及严格监督来保证高效有序生产。美国著名快餐品牌麦当劳在世界各地流行就是靠其高标准化的运行模式。如今，版权产业也呈现出麦当劳化趋势，可控制性、可预测性、可计算性及效率至上成为评价版权产业成果的重要指标（苏国勋等，2006）。虽然麦当劳化、福特制提高了版权产业生产效率和经济价值，但也导致了原创性减弱与平庸化。

当然，机械复制也并非没有可取之处。古德曼（1990）提出了对阿多诺的反对意见，认为机械复制艺术并不必然是低级趣味艺术，他认为音乐、小说等适合复制的艺术形式没有原作和赝品的区别，但绘画是不允许复制的，绘画的机械复制与手工临摹只能产生赝品。由于机械复制与艺术趣味缺少必然联系，因此可以将大众艺术与通俗艺术区别开来。大众艺术指能借助大众传媒传播的艺术，通俗艺术则指趣味较低的艺术，与精英艺术或高雅艺术相对。任何时代都有通俗艺术，通俗艺术与历史无关。但是，大众艺术只在工业、现代与大众社会语境中出现，有一定历史特性，其存在就是服务社会消费，将艺术传递给广大消费群众（Carroll，1997）。可见，大众艺术与机械复制技术相关，但大众艺术并不必然是低级趣味艺术（彭锋，2016）。大众传媒技术会在高雅艺术与通俗艺术间做出选择。由此可见，大众艺术具有将通俗艺术与精英艺术传统鸿沟填平的功能。

与此同时，大众艺术也与以人民为中心的创作导向相符。《在延安文艺座谈会上的讲话》就详尽阐释了人民性文艺立场与方法，"一切革命的文学家艺术家只有联系群众，表现群众，把自己当作群众的忠实的代言人，他们的工作才有意义"（毛泽东，1991）。习近平在文艺工作座谈会上的讲话同样强调"坚持以人民为中心的创作导向"，并从人民需要文艺、文艺需要人民、文艺要热爱人民三个方面进行了阐述。2017年党的十九大报告再次强调"社会主义文艺是人民的文艺，必须坚持以人民为中心的创作导向，在深入生活、扎根人民中进行无愧于时代的文艺创造"。可以说，坚持文艺人民性是保证文艺事业前行的重要保障，是保证文艺事业本质不改变的根本原则，也是我党所积累的历史经验。从这个意义上看，新文艺政策重视人民性是对历史经验的回归（王杰、何艳珊，2019）。

二、小众文化带来的价值影响

当今版权产业出现的新变化是由组织化生产向个性化生产发展，弹性生产成为现实。弹性生产是相对刚性生产与规模生产而言的，特指新技术赋予生产和资本流动性，生产的定位处于流动状态，实现灵活生产，摆脱资本活动对政治与社会的干涉（德里克，1999）①。与福特制相比，弹性生产突出强调个性化及非标准化。

短视频等传播媒介让"参与文化"成为可能。"参与文化"是指社会公众并不是被动地接收信息，而是凭借网络媒介积极进行内容创作。"参与文化"在数字时代极为普遍，"参与文化"的互动性突破了熟人社交网络的限制，在其实践中展示出了民主与多元的价值观（易继明，2005）。"参与文化"能够强有力地支持公众参与艺术表达，将知识从最有经验的群体传递给新手，并实现用户间去中心化的共享（Jenkins，2009）。这与弹性生产相适应，版权产业生产趋向个性化，主要从如下方面体现出来：

第一，创作主体多元化。创作主体日益具有多样性与广泛性，大众创作常以小众化的形式出现，创作主体不是千人一面，而是千差万别，由此创造的文化与作品也是多样的，形成了各种亚文化。不同文化形式彼此融合吸收，为文化繁荣提供了机遇。

第二，创作生产的去中心化。过去的版权产业具有生产中心化特征，版权作品的传播推广也依照中心化模式进行。杂志、报纸、电视、广播等是过去主要的传播渠道，版权作品借助这些媒体进行传播推广。随着新型媒体的出现，数字网络技术的发展，这种格局逐渐被推翻。民众不再仅是消费者与接受者，而是创造者。同时，版权消费与生产的关系也发生了调整，虽然生产仍然决定消费，但是消费也能反作用于生产，消费引导生产，消费与生产不再是简单的单向关系。

第三，版权产业结构扁平化。曾经版权产业在生产与发展中形成了金字塔结构，在此结构中，精英文化位居顶层，大众文化处于底层。现在，这个结构变为扁平化结构，版权产业的个性化发展促进和催生了这一变化。在这种文化结构中，个体是平等的，"对话"代替过去的"教化"，每个人都可以参与内容创造，同时在创作中学习并教授他人。版权产业传递路线因而发生改变，由垂直型传递转变为水平型传递（丰子义，2018）。

版权产业生产与传播的个性化对文化发展产生了双重影响。一方面，个性化发展打破了组织化，使创作潜力得到释放，文化活力得到激发，焕发了文化发展生机。新文化的创新创造多由个性活力迸发，而非靠规模化、组织化、模式化来实现。因为文化生产不同于物质生产，它本质上是个性化生产，所以唯有独创性是真正的文化价值。因此，文化繁荣的实现离不开个性化。另一方面，过度个性

---

① 阿里夫·德里克. 后革命氛围 [M]. 王宁等，译. 北京：中国社会科学出版社，1999.

化发展会产生"碎片化"现象，影响版权产业健康发展。碎片化生产无法形成持久的、整体的文化发展战略，难以保证文化发展战略顺利实施，不利于可持续发展。同时，个性化也会引发畸形消费。个性化忽视了消费者文化修养的培养与文化品位的提升，仅仅追求消费的即时快感，消费过程难以起到"以文化人"的作用。

三、信息过滤带来的价值影响

在前网络时代，信息传播依赖电视、电台、报纸等渠道，信息大多由控制传播设施的企业以集中方式生产。在网络时代，网络形成并发挥了去中介效应，信息传播不再借助某几个关键节点，所有人都拥有近乎无限的表达机会。信息传播瓶颈被打破，公众以民主和分散的方式传播信息，解放了信息生产力，供给端的信息量暴增。但是，受限于生理机能，个体接收信息能力并未同步增长，巨大的信息量使注意力成为稀缺资源，互联网信息传播遇到了自身发展的"阿克斯之踵"，即注意力短缺，这种短缺使得个体对信息过滤、分类、组织的能力变得重要（赵鹏，2018）。

事实上，信息传播中的关键角色是信息过滤者而非信息本身。信息过滤者聚合网络信息，将信息提供者与信息搜寻者相匹配。从表面上看，人们可以自由使用微信、微博等信息交流平台，但实际上，媒介平台通过用户的搜索率、分享率、点击率等行为来推送用户可能喜欢观看并愿意转发分享的信息。换句话说，网络信息交流平台的算法拥有控制信息可见度的能力（Benkler，2006）。由此可见，与信息过滤相关的算法具有显著的公共属性。

当某一服务在社会生活中有特殊地位，使得公众要获取一些重要资源必须依赖它且难以被其他服务替代时，便可以认定该服务与公共利益直接相关，具有公共属性。一旦具备这种公共属性，即使提供服务的主体是私人企业，也不能仅适用私人自治法则，而必须为正当、公平等公共价值负责。与信息过滤公共属性相对应的是，市场竞争不能有效约束这一力量。算法是网络信息平台的私权，这种权利不由法律授权，而是私人凭借资源与技术实现的（周辉，2016）。私权的商业逻辑与信息过滤的公共属性必然会在运行中产生摩擦，算法对经济利益的追求会使网络信息平台偏向平台自身利益，平台自身利益与公众利益需求并不一致，两者存在紧张关系。例如，竞价排名等信息过滤模式使搜索结果可靠性受到了群众的广泛质疑。事实上，如不规制信息过滤者，那么其追逐利润的动机将破坏公众的信息交流环境，主要表现如下：

第一，助长消费主义。以往观点认为生产决定消费，生产发展潜力无限，而消费能力有限，生产过剩会导致经济危机，因此只有刺激消费才能拯救经济。当下，版权作品与服务的生产已经形成一种类似药品制作的运作方式。进行药品实验时，先总结规律再提出假设，制出药品后先在动物身上做试验，再进行药物临床试验，最终开始批量生产。爆款版权作品与服务就是这类商品，资本运作流程无外乎包装宣传，捧红内容后即可获取利润（赵鹏，2018）。这将消费的潜力几乎全部挖掘了出来，甚至在很大程度上引发了消费透支。

第二，在多元化表象下人的单向度发展。"个性"是人在一生中对自身能力的确证，其具有面对新挑战时超越给定状态和创造新生活的能力（赫勒，2010）①。因此，个性意味着人的全面发展。但是，当前版权领域消费需求的个性化出现了违背个性化发展本质的倾向。在版权产业不断发展，物质与精神资源都丰富的背景下，人们有了更多版权资源，理应在消费丰富版权资源的同时提升各方面能力，使个性化发展需求得到满足。但是，当版权供给方仅从经济利益角度考虑作品与服务价值时，技术就会起反方向作用。例如，借助大数据刻画用户画像来实现精准营销，一开始用户会因节省信息搜索成本而高兴，但人们逐渐会被困在曾经的爱好中，仅能看到固定的信息，形成"信息茧房"。这导致人们放弃开拓新领域的尝试，逐渐失去全方位提升个人能力的机会，这种重复供给使大众丧失摆脱算法局限的勇气与能力，陷入无尽而无意义的狂欢中。

第三，在自由选择表象下人与人的利益冲突。个性发展尊重个人禀赋，但个人权利不能凌驾于他人权利之上，只有将个体的偶然单一性与作为类的普遍性相统一才可实现个性自由。在现实世界中，版权资源分布不均难以满足每个人的需求，在自由选择表象下隐藏着部分人需求被漠视的问题。软硬件设备差距导致"数字鸿沟"，自由表象下有部分人的权利被剥夺。因此，当前的自由仅是部分人的自由，缺乏对人类整体发展需求的充分关注（郭力源，2018）。

四、虚拟时空带来的价值影响

在不同社会阶段，人们对时空的感知大有不同。过往人们一辈子生活在一个地方，静止的生活让人们通过自然现象感知时间变化，持有循环时间观念。在快节奏现代社会，时间与空间中的一切距离均在缩小（海德格尔，1996），时间可以精确到分秒，现代交通工具使人们快速在空间转换，人们持有线性的时间观。

---

① 阿格妮丝·赫勒. 日常生活［M］. 衣俊卿，译. 哈尔滨：黑龙江大学出版社，2010：254-258.

数字网络技术将世界连为一体，创造出一个不分昼夜、瞬息万变的虚拟网络空间，这一空间是时空被压缩的、坍塌的世界（尼葛洛庞帝，1996）。在这一后现代社会，人们感受的是碎片化的空间和时间。

伊尼斯（2003）根据传播媒介的区别把媒介分为两类：偏向空间类与偏向时间类，前者如纸张，后者如文字。网络传播同时有利于时间的延续与空间的扩展。数字传播无远弗届的特点将原来仅供少数人享用的精英文化呈现在所有用户面前，移动互联网与智能手机成为跨越时空欣赏艺术瑰宝与自然美景的窗口。

微信、微博等社交媒体嵌入社会网络的各个细节，潜移默化地改变着人们认知世界的方式，改变着人们的思维、行为与生活。在虚拟的网络世界中，媒介已成为"自我"的组成部分。社交媒体上展现的"自我"缺少独立思考，是碎片化的"自我"，媒体裹挟着人，异化着人。受众进入自我空心化状态，这种"空心化"表现为技术"占领"人。例如，美颜摄影、视频通话、远程定位、指纹付款、人脸识别等功能将人与智能设备捆绑，这是对生物学意义上人的否定、质疑与消解（Haraway，2000）。

在移动网络时代，信息资讯爆炸，生活节奏加快，时间被分割压缩为繁杂微小的碎片。这些信息有杂乱琐碎的特征，没有系统性，与传统审美体验重视审美想象力的"静观""凝神"不同，碎片化信息不能带来具有深度的审美。在网络时代，审美客体与审美主体二分的局面被改变，受众与作者没有明确界限，参与创作让艺术成为大众"狂欢"。同时，数字技术的应用使艺术文本立体化、动态化，各种艺术形态都融入创作中，大众利用并不复杂的设备与软件就能创作，获得听觉、视觉等多重感官体验。碎片化信息给人们带来快感和娱乐，但审美情感却处在匮乏状态。碎片化信息中的审美愉悦是建立在感性的快感之上，是审美泛化的大众文化，其特点是日常化、分散化、个体化。康德（2002）提出快适是使感官感到喜悦的东西，善是被赞成、被尊敬的东西，美是对象符合目的的形式，审美判断有无目的的合目的性、无规律的合规律性。碎片化信息的审美愉悦明显更多停留在用户欲求层面，抖音视频、百度帖子、微信短文、微博段子等碎片化信息能够满足受众的一时快感，释放生活的不良情绪与压力，但这仅是日常情感的满足，而非审美情感的沉淀。

优秀的作品能激发欣赏者的审美情感，它是现实与想象、理性与感性的有机统一。现在网络平台的大多作品都不注重审美情感，主要原因是技术自身的工具理性消解了审美情感。人类尝试利用技术改变社会，但现代技术自身的工具理性不断吞噬着价值理性，将审美情感抛弃，技术的趋利属性钳制了审美情感。在

"流量为王"与注意力短缺的网络信息平台中，算法服务于分享率、点击率等，这些被算法推到受众面前的信息都是迎合受众娱乐需求的内容。以短视频信息平台为例，这种不到三分钟的视频具有短平快的特点，满足了人们利用碎片时间观看的需求，然而为了留住观众，很难保证创作者不会为点击量而无所不用其极，甚至突破道德伦理底线。这些内容信息均缺少艺术表现力与艺术想象力，大众创作的内容更多是对生活的直接记录。受众不会将此类作品视为艺术作品，接触此类作品更多是为了刺激感官，打发无聊时间，而需要积累沉淀与静心沉思的审美情感无法被激发。

五、人工智能审美带来的价值影响

前卫艺术家对艺术边界的消解与技术对艺术边界的消解不同。前卫艺术家对艺术边界的消解仍属艺术界内部事务，技术对艺术边界的消解则是艺术界外部事务（彭锋，2016）。将艺术作品数据化的不是艺术家，而是技术工程师。前卫艺术家消解艺术边界尚需艺术身份，技术工程师在消解艺术边界时无需艺术身份，且可进行彻底的消解。

艺术边界消失只意味着无法区别非艺术品与艺术品，并不意味着无法区别非艺术与艺术。艺术品仅是艺术划界的途径之一，艺术家亦可以为艺术划界。因此，艺术新边界就是非艺术家与艺术家的边界。用好这种新边界需要实现从艺术鉴赏向人物评论的系统性转换，从人类学角度识别艺术家为艺术提供的新边界。但是，现在的人工智能技术在艺术领域的"造诣"又形成了对艺术的新挑战。

主流艺术哲学家的一个共识是，美是主观而非逻辑的评价和判断。美的作品由人创造，也由人判断分析，并在这一过程中给人带来快乐与愉悦。当然，强调"美"的主观性评判也说明审美领域还存在"美"的主客观争论，而随着人工智能技术在艺术领域应用的加深，这种争论又加剧了（周婷，2018）。

过去艺术品的风格分析与真伪辨别皆由资深艺术鉴赏家与评论家来判断，如今欧洲计算机图形学会提出的计算美学概念挑战着这一观念。计算美学指研究"美"的计算方法，利用人工智能模拟人类视觉与大脑自主分析、计算、理解"美"。程序模拟人类智能采用逻辑思维理解美的方式对美的本质产生了新思考与新启示。

人工智能审美与人类审美的关键区别在于"计算"与"意识"的区分。Searle（1980）的"中文房间"实验说明人工智能只是看起来有"意识"。在目前的技术发展阶段，人工智能仅是人类智力而非人类意识的延伸，这便是人类审美与人工智能审美的第一个区别。当人类在鉴赏作品时，很难不意识到自己正在审美。相较于外在行为分析，演绎、类比、归因与理解等深层次认识系统才是人类意识的关键所在。这种意识便是人类审美与人工智能审美的核心差距。

人工智能审美与人类审美的另一个区别在于经验。审美主体的经验不同将导致对美的认识有差别，如迪士尼公司改编的《花木兰》被国内观众与评论家认为存在丑化东方文化的倾向，这体现的就是经验不同导致的审美差异。这说明对美的判断有具体情境的限制，造成审美隔阂的是不同地域与文化中人们所拥有的不同审美经验。一方面，人工智能没有自己的经验；另一方面，在人工智能审美领域，审美有特定使用范围，且使用人工智能技术进行审美的主体也会影响美的呈现。如果有大数据支持，人工智能也许可以分辨经验内容的差别，但社会风俗、情感内容乃至审美情趣等内容在人工智能审美中无法体现。例如，算法程序能分析出物品含有"甜"的成分，但它们均无法理解"甜"的本意。类似地，"美"也是如此，程序可以进行各种"图样美学"计算分析（王伟凝等，2012），但这种分析与人的经验完全无关。

另外，人工智能审美是一种二元对立，人类审美则是统一的过程。人工智能审美是计算机这个主体借助算法分析审美客体，主客体是一个"输入—分析—输出"的过程。实际上，"美"无法脱离"人"存在，正是"人"的介入才会生成"美"。人在审美中可以发现审美客体中"人"的因素，人类审美是审美主体进入审美客体最终回到审美主体，并获得"美"的体验的过程。这种主客体统一性是人工智能审美与人类审美最大的区别（周婷，2018）。人类审美不仅停留在"对象化"活动中，还将审美客体"拟人化"，而作为"物"的算法程序在审美时已隔绝了"人"赋予审美客体的意义。

人工智能在审美方面的运用可以揭示部分人类审美逻辑，但这些逻辑仅是审美体验的部分内容，这个数字化的部分最终仍依赖"人"来界定其是否有审美价值。人工智能审美主客观的二元分立隔绝了经验主体感悟美的完整性，换句话说，人工智能审美是一种客体化活动，在"功利性"目的指示下，对"美"进行逻辑化、数字化的拆解。

第四节　人工智能技术对版权制度的挑战及应对

版权制度的完善和高水平的版权保护是实现版权价值的重要基础条件，版权产业的发展壮大需要完善的版权法律制度作为支持。版权制度本质上是对人类智力创造活动进行激励的制度，授予版权权利人一定垄断权以激励其创作。版权制度在激励个体创作的同时要注重公共利益，避免让版权权利人获取不受限制的垄断权。虽然目前人工智能技术尚处于弱人工智能阶段，但是随着技术不断发展，人工智能开始在一些领域超越人类，这自然也包括与版权产业相关的领域。

当下，AIGC（AI-Generated Content，人工智能生成内容）融入文本、图片、音乐、视频等多媒介，其生成的内容基本可以满足用户需求。AIGC 对创作者的解放体现为创作者提出想法，AI 根据用户提示词进行创作，有 AI 的帮助，创作者无需学习编程或其他专业影音工具。

自然语言是实现内容类型转换的纽带，此轮 AIGC 浪潮源自 AI 对自然语言理解能力的提升。2017 年，谷歌发布 Transformer，开启了大语言模型时代。之后的 GPT、BERT 等语言模型不断精进，以"大数据预训练+小数据微调"的方式摆脱对人工干预的依赖。大模型提高了接触门槛，GPT-3 就有千亿级的参数量，一般用户较难接触使用。ChatGPT 利用人类反馈强化技术，学习人类的建议，因此可以用少于 GPT-3 的参数量实现更佳效果。

AIGC 从 2022 年开始备受消费者、学界及投资者关注，产业界也竞相追逐。以 Stable Diffusion 为代表的开源模型可根据用户提示词生成图像，AI 作画的流行标志着人工智能与艺术的结合与渗透。2022 年 12 月，OpenAI 的大型语言生成模型 ChatGPT 在网络上引起热议，其能完成与用户流畅交流、构思小说、撰写代码等工作，网民甚至怀疑 ChatGPT 是否已具有与人类一样的智能。

AIGC 在作曲、写作、绘画等领域已达到"类人"表现，AIGC 的出现意味着部分创意工作不再是人类专属工作。2023 年 3 月 15 日，GPT-4 模型正式发布，内容生成的准确度与合规性有了较大提升。当下，线上内容消费需求大，需要大幅提高作品的创作生产力，AIGC 越来越多地参与到数字内容创作中，成为内容生产行业的增长点。

AIGC 是针对 UGC[①] 提出的，AI 技术已经可以像人类一样具备创造能力。如果说 AI 推荐算法能促进内容传播，则 AIGC 是内容生产工具进步的表现，AIGC 向着高效、高质量、低成本的方向发展。未来，人类的一些创造性工作会被生成

---

① UGC 是 User Generated Content 的缩写，可翻译为"用户生成内容"，即平台用户在平台上传的作品或内容，亦可称为"用户生成作品""用户上传作品"或"用户上传内容"。

式 AI 取代，人机协同创作成为一种可行方案。但是，任何技术都是一把"双刃剑"，AIGC 在带动相关产业发展的同时也会给知识产权保护带来挑战。为实现 AIGC 可控且负责任地发展，专家应分析 AIGC 的性质、利益分配等问题。

当人工智能开始生产与版权领域相关的内容，人工智能技术的生成物及其背后的投资者该受到何种程度的保护就成为值得思考的问题。从社会整体福利来看，人工智能技术产物对整个版权产业发展有何影响也值得分析。这给现行版权制度带来了新的挑战，需要针对新技术及其应用完善现行版权制度。

一、人工智能技术产物的创作与定性

（一）人工智能与人类智能的区别

人工智能有三种范式：符号主义、联结主义与行为主义，三种范式分别将认知理解为理性推导、经验积累、人与环境互动，并建立了基于知识表示、人脑神经网络及感知行动的智能体或人工智能系统。本部分将认识论视为对人工智能技术演进进行哲学阐释的主线。

符号主义人工智能坚持逻辑实证主义，逻辑实证主义将认知当作以逻辑为基础的符号计算推理活动。此类人工智能的基本工作模式是，用预设的算法将输入的数据按照算法规则输出，形成知识表征。此类人工智能的工作前提条件是，要有一个先验存在的信息处理加工算法。

联结主义人工智能建立在深度学习算法基础上，坚持经验主义的认识论。其基本思想认为学习就是积累经验并归纳规则的过程，机器学习可以实现这一功能。这类人工智能的典型特征是，通过大量数据的投喂和不断的训练来形成从个别到一般的规则，即由经验得出理论，这样在面对新情况时，人工智能可以得出相应的判断。这类人工智能的方法论基础是归纳推理与统计学，它认为智能是简单单元通过大量复杂联结所形成的功能，学习是调整神经元间的联结强度并形成特定结构，这是一个能根据信息输入自适应、自组织的过程，是重现人脑学习的过程，这种可塑性是联结主义赋予神经网络学习能力的基础。从归纳的角度来看，这类人工智能系统具有将信息数据加工为知识的指向。

联结主义人工智能主要模拟人右脑的形象思维，符号主义人工智能主要模拟人左脑的抽象逻辑思维（肖峰，2020）。两者的区别在于，符号主义人工智能将"规律—规则"程序化，能较好地解决需要理性思维的计算推理问题；联结主义人工智能根据经验信息形成模型，能解决需要感性认知的识别问题。比较两者可知，一个是规则在先，一个是规则在后。

　　行为主义人工智能在联结主义人工智能的基础上又向前迈进了一步。行为主义人工智能与人应对环境的认知相关。行为主义人工智能及其强化学习算法的认知观认为智能来自行动与感知，认知是智能系统为适应环境而进行的调整（肖峰，2020）。认知主体不再通过逻辑推导与符号形成智能，而是在与环境的互动中自行形成智能。行为主义人工智能认为传统的"感知—建模—计划—行动"程序的中间环节没有必要保留，仅"感知—行动"环节就能与环境互动。智能的本质体现为在不可预测的环境中自主做出适当行为。

　　虽然人工智能处理的数据非常复杂，超出了人类对信息分析、储存的能力，使得生成内容无法被准确预判，但仍不能将技术结果夸大为技术本质。人工智能提炼规则规律的能力仍然是由程序设计与数据预训练决定的，人将自己的价值观灌输给机器，现实往往是有多少人力投入，就有多少人工智能（孙正樑，2019）。此外，虽然人工智能在一定程度上可以像人类一样思考，但其意识是碎片化的，缺乏对碎片意识的整体掌控力，往往是"授机器以鱼"而非"授机器以渔"（蔡恒进，2020）。

　　人类有四种认知：推算认知、学习认知、行为认知、本能认知。推算认知行使演绎功能，动用逻辑与计算能力，功能是表征知识。学习认知是记忆与模仿能力，基于语言能力将新的信息同化与顺应，发挥归纳功能。行为认知是在环境互动中动用身心协调能力进行行为决策。本能认知是基因决定的生存能力，如直觉、情感及其他源自遗传的能力。本能认知是其他认知的"始基"，由本能认知可以形成学习机制、计算机制、行为能力等。行为认知建立在本能认知之上，又进一步衍生出学习认知。学习认知可以转化为感知经验，也能转化为逻辑能力。四种认知层层递进：生存本能衍生出行动能力，行动能力衍生出学习能力，学习能力衍生出推算能力（肖峰，2020）。

　　从人工智能及其算法演进过程来看，人工智能依次模拟了推算认知、学习认知、行为认知。这一先后顺序的合理性在于，所有技术的进化都是由易到难的，推算认知可以摆脱因环境介入产生的复杂参数干扰，最容易被程序化、形式化。因此，人工智能初级阶段能够研发的就只有符号人工智能，模仿人的理性思考。由此可见，人工智能最先学会也最擅长的推算认知恰恰是人类智能短板，而人类轻而易举就能做到的事情反而难倒了人工智能技术研发人员，如情感生成。对人工智能来说，越是"照章办事"的程序化任务越容易，越是需要随意发挥、灵活应对的任务越困难。

　　虽然"神经"一词在人工智能领域被广泛使用，但人工智能技术与人类神经认知活动并无太大关系。在神经方面，人工智能对痛苦、幸福等情绪的感受能力可能比低级动物还要差（蔡曙山、薛小迪，2016）。思维是人类最高级别的精神活动，人类的成就是人类思维的产物。概念、推理及判断是思维的基本形式。阿尔法围棋证明了人工智能在围棋领域已经超越了人类智能。不过，阿尔法围棋战胜人类与生产线机器人替代人工有相似之处。在某些需要特定技能的领域，机器能替代并超越人类，但这不足以得出人工智能超越人类智能的普遍结论。在看似简单但又需要灵感、直觉的创造性领域，人工智能甚至不如婴儿。阿基米德在洗澡时灵光一现发现浮力定律。艺术、科学、文化、技术的发展均是思维的结果，将已有知识综合创新是人工智能可望而不可即的能力。同样，文化是人创造的一切对象的综合，包括精神存在、社会存在及物质存在，在这一领域人工智能尚且难以驾驭。人类的"自我"不断成长，在与世界的关系中处于主动地位，可以按照自己的意识改变、影响世界，"天人合一"反映的就是自我意识与自然界的关系。

（二）人工智能创作与人类创作的区别

现阶段，人工智能在版权领域的创作有两类技术路径：一是代码定义，通过算法代码赋予机器人思考能力并进行创作。这种创作方式依赖事前算法编程，程序成为程序编写人员在作品创作中的辅助工具。二是数据训练，数据训练让算法有了学习并模仿人类思维模式的能力。此时，机器不再去理解作品创作中的元概念，而是从海量数据中分析高频搭配，设计出人类可读可懂的作品。在这一过程中，创作者与生活、作品的联系被切断，艺术作品成为语言与符号的组合，艺术创作成为符号的增生与重组（马草，2018）。这种创作实际上是在人的干预指导下做出的，对于相同原始材料，算法运用相同策略就能产出有高度重复性的结果。

自由意志是创造的本源。人工智能的符号生成机制与人的创造机制有着本质区别。人的创造力来源于隐性智能，发现与定义问题的能力是人创造的首要因素，这种能力来源于人的知识、想象力、直觉等内秉品质（钟义信，2017）。隐性智能复杂，没有明确的运行机制，而人工智能具备的是解决问题的能力，是对显性智能的模拟。创作艺术品的程序利用数据分析学习发现创作规律，然后进行重组。

艺术概念蕴含着对现有艺术经验的突破，创作意味着拓展现有艺术作品范围（李丰，2018）。解决问题是对已有经验的运用，这种模式在图像语音识别、模拟下棋方面十分有效，但创新是对已有经验的突破，而非仅对旧经验的总结运用

（李琛，2019）。因此，存在一个模拟创造力的悖论：创造力是发现或发明迄今为止人们尚不知道的新事物（周宪，2009）。人的创作虽然也以学习既有符号为前提，但生成作品却是以意志为中介的。

构思是作品形成的思维过程。形成审美意象世界与审美意象的心理活动过程是以思维为主的心理活动过程。作为一种心理活动与思维活动，构思是在文学艺术家大脑内部进行的，它包含着审美心理活动的全过程，既有形象思维又有抽象思维。另外，尽管文学艺术创作的构思过程是有明确目的的意识活动，但这一活动也包含着审美无意识与审美潜意识（张弓，2016）。《在延安文艺座谈会上的讲话》指出文学家艺术家必须到群众中去，研究、分析、观察、体验一切群众生活形式后才能进入创作过程，这说明深入生活是文学家艺术家展开创作的前提。就文学艺术创作过程来看，若无长期生活实践与艺术实践形成的积淀，则也难以形成审美无意识与审美潜意识，进而无法产生优质文学艺术作品。

审美意象世界与审美意象的形成取决于题材与主题。题材与主题是每件作品的最基本要素，文学艺术构思的首要任务就是明确题材与主题。一般而言，题材是作品再现的社会生活与表现的思想情感，而主题是作品表达的作者对社会生活的评价、态度以及他的倾向与世界观。审美潜意识对文学艺术家构思中的艺术手法、语言、结构等同样有极大作用。艺术手法、语言、结构需要与作品题材、主题相契合，这与作者在艺术实践中形成的审美潜意识相关。

从审美无意识的角度来讲，题材是作者审美无意识中贮存的接近原始记忆的生活思想感情，主题是接近本能的思想意识。原始记忆来自两个方面：一是作者的童年经历，二是作者从社会交往中继承的种族记忆。从信息加工的角度来看，记忆是贮存于大脑的信息总和。种族记忆则是在种族进化中积累的，由本能固定在神经系统中的信息，种族记忆信息的提取表现为人的本能行为。

综上可知，以上能力都是人工智能无法具备和实现的，换句话说，人工智能目前无法实现真正的创作。

（三）人工智能产物的定性

（1）从作品角度来看人工智能产物。我国著作权法认定的作品构成要件有四个：①属于科学、艺术、文学领域；②有独创性；③能以某种形式复制；④是智力成果。其中，对人工智能创作物来说，最难满足或者说最值得讨论的一点就是独创性。独创性可分解为"独"与"创"。"独"指独立创作，由本人创作；"创"指作品有一定的智力创造性（吴汉东，2020）。因此，分析人工智能生成物的权利归属需要从创造性与作者身份两个角度去讨论。

按照传统观念，只有人才能创作作品。任何源于人以外的内容都不能被著作权法承认为作品。由于人工智能生成物的独创性仅来自于人，因此在考察人工智能生成物是否具有独创性时，应坚持从内容本身判断人工智能生成内容能否构成著作权法上的作品。也就是说，原先认定构成作品与否需考虑主体因素，但如果在考察人工智能生成物是否构成作品的开始阶段就纳入主体因素，则会形成逻辑循环：因为创作主体不是人，所以生成内容不是作品；因为相关内容不是作品，所以它没有作者，无需考虑权利归属问题。

在暂不考虑主体因素的前提下，考察生成内容生产过程就可以排除不具备创造性的内容，仅需考虑形式上与人类作品接近的内容。此类内容才需考虑是否应突破作品必须由人创作的传统观念将其认定为作品，以及如何认定权利归属。

了解人工智能生成物能否构成作品，首先要了解人类的创作过程。以绘画为例，即使是同一流派的画家创作同一主题的作品，得到的结果也会有差别，这些差别体现了绘画者的自由发挥。造型、阴影、色彩等因素体现着创作者的判断及其独特的思想情感，由此产生的绘画作品具有个性化特征。即使让作家临摹自己先前的作品，也难以得到完全一致的结果，这体现了环境与时间等因素对创作的影响。上述现象体现了独创性，作品来源于作者富有个性的独立创作，是作者聪明才智与精神意志的体现。反观现阶段的人工智能生成物，从相关报道与描述可知，人工智能技术是人类创作的工具而非创作主体，人工智能在接受人类指令后进行非独立创作，执行人类的创作意图。人工智能生成物是应用规则、模板与算法的结果，与智力创作相去甚远。

抛开按部就班、看图说话式的生成物不谈，即使是利用最先进的神经网络等人工智能技术生产的内容也不能体现独创性。以利用深度神经网络技术的修图软件为例，该软件借助优化算法分析数以万计的图片后，得出图片中纹理、结构与色彩的大致规律，找出不同风格图片的对应关系，进而进行快速图像处理。无论该软件内含的转换规则是由程序员直接决定还是根据数据信息自动产生，该转换规则都无法体现人类创作的个性化，即没有独立自主的创作空间，无法符合独创性要求。

反驳者提出现有技术的产物已经有了不重复性与不可预测性，如人工智能作曲。相关研究阐述了人工智能作曲过程，计算机程序"作曲"是应用马尔科夫链或者其他随机模型来确定音调的。该创作过程还是要学习研究已有作品中的音调搭配关系及规律，根据前一音调就能按照一定的规律生成下一音调，具体下一音调是什么由马尔科夫链或其他随机模型按照一定概率生成，通过不断重复生产与测试，最终组成完整的乐曲。计算机程序的主要工作就是替人反复试错及筛选合格结果，它仍然是按照人类预设的思想进行创作的。虽然这个创作过程有了随机性，让常人乃至程序设计者无法预见结果，但其本质是将原来生成的单一确定结果变为按照一定规则生成的特定组合。由此可见，与以往机械式程序不同，能"学习"的人工智能可根据算法分析数据，找出最优策略并产生最佳结果。这种最优策略属于方法，归属思想的范畴，其生成物不能作为作品受著作权法保护。

通过对比人类创作与人工智能创作的过程可以发现，算法与程序设计者也许无法预测运行结果，但是根据同一算法得到的结果总是相同或者有高度重复性的，这反映出算法策略是不具备个性化特征的。人类作者即使遵循同一创作规律或理念，使用相同素材，其创作的作品也会有所不同，这是因为作者不按常规、打破惯例的创作可以产生更佳效果，这种对创作背景和外部局限的突破正是作者个性化、情感乃至灵感的体现。

AIGC 的优势在于，让普通大众获得创作机会与创作能力，专业人士不会被AI 取代，借助 AI，专业人士可以将精力集中于更有创造价值的事项上。尽管 AI 技术已经较为成熟，但人类依旧是创作核心。AI 可以解决任务，但人类可以创造。

2023 年 3 月，美国版权局发布 AIGC 版权注册指南，美国版权局认为，AI 接受人的指示，由 AI 而非人类完成的创作性表达不受版权保护，用户对 AI 输出内容不具有创造性控制，不可注册为作品。以 Midjourney 为例，Midjourney 是 AI 绘画工具，以用户不可预测的方式生成图像，用户生成一幅符合自己心意的图像往往要经历多次尝试。由于用户不能预测和控制软件生成的图像，因此无法证明用户有创造性投入和干预。

美国版权局拒绝授予 ChatGPT 类产品生成物版权的深层原因是，美国公权力部门坚持只保护自然人创作的基本理念，即将版权赋予人类作者，申请人应证明自然人对作品创作有创造性投入。在我国的司法实践中，法院也认为自动化技术生成的可视化内容不能得到版权保护①。可能会引起大众质疑的案例是"腾讯诉网贷之家案"②，在这个案件中深圳南山法院认定 Dreamwriter 软件辅助生成的财经文章受著作权法保护，原因在于法院认为 Dreamwriter 软件是辅助创作工具。Dreamwriter 软件的文章框架、用语设定、填补触发条件等都由主创团队安排，主

---

① （2018）京 0491 民初 239 号民事判决书；（2019）京 73 民终 2030 号民事判决书。

② （2019）粤 0305 民初 14010 号民事判决书。

创团队的安排体现着文章创作的智力活动。AI 软件的"辅助创作"与"自动生成"决定着自然人对生成内容是否有足够的创作贡献，也决定着 AI 生成内容能否得到版权保护。

综上所述，虽然人工智能生成内容在表现形式上可以与人类作品毫无差别，达到以假乱真的效果，但是概率事件或者随机事件不是个性化的体现。人工智能生成内容的生成过程没有为人工智能技术提供发挥其"灵感"的空间，无法形成具有个性化的表达，该内容不满足独创性的要求，因此不能将人工智能生成内容认定为著作权法意义上的作品。

（2）从创作者角度来看人工智能产物。回归到主体因素上，我们也能得到不能将人工智能生成内容认定为著作权法意义上的作品的结论。法律意义上的主体概念是以自由意志为核心构建的。法律的主要功能是调整人的行为，通过确认责任、义务与权利的归属来引导人的行为选择。责任、义务与权利的承受只有以人有行为自由为前提才有正当性（李琛，2019）。人是否具有法律上的主体性由以下三点确立：①人具有自由意志；②人有自我意识；③人是目的，不受其他主体支配，不是他人意志的对象。在"作者权体系"语境下，人格价值观是著作权立法的哲学基础，作品的本质是作者的意志（李秋零，2013）。作品体现了作者的个人独特性，是其技术才能与自身精神的产物。因此，"作者权体系"国家非常推崇作者在著作权法上的地位，在著作权法中也规定了自然人的主体中心地位，即人是权利的完整主体与原始主体。鼓励创作是著作权法的立法目的之一。郑成思（1997）指出无论是机器还是动物都不可能受到著作权法的鼓励。李明德与许超（2009）指出作品是自然人对思想观念的表达，非人类"创作"的内容不是著作权法意义上的作品。

对此，有一种观点从功能主义出发，认为人工智能成为主体是因为其有强大的智能，乃至超越人类的智慧。然而，就目前而言，像人一样思考的技术尚未实现。"中文房间"实验是由美国哲学家 Searle（1980）在 20 世纪 80 年代提出和完成的。这个实验假设一个只会英语的人孤身处于房间中，房间中有中文翻译书和足够的纸张与笔，将用中文书写的纸张递进房间后，房间中的人可以用他的翻译书来理解并用中文回应。虽然他是完全不懂中文的，但在这个过程中，房间外的人认为他是会中文的。这个思想实验反驳了认为计算机和其他人工智能能够思考的观点。房间里的人不会中文，但因为特定工具的存在，可以让他者误以为房间里的人会中文。人工智能与此类似，它们无法理解接收的信息，但可以留给人们一个它们理解信息的印象。

另一种观点认为，人工智能虽然不是人，但它可以将自己拟制为主体。"法人作者"是一种拟制人格，拟制主体有两个基本前提：①必要性，拟制主体支配财产的行为能独立于自然人意志；②可能性，拟制主体通过意思机关具备意志。无论是人合组织还是财合组织，法人意志与行为都植根于自然人。人工智能是人利用、支配的对象，人工智能没有自然人或法人的意志力，类人化算法创作行为不是人类情感的理性的意思行为。因此，人工智能生成物无法构成作品是法律对其的应然定性。

二、人工智能产物的收益分配方式

在现有法律制度下，人工智能不能成为权利主体的原因是，人工智能不具有人格。赋予人工智能权利显然有违法理且会给实务带来困惑，如人工智能如何发起著作权侵权诉讼，以及如何转让权利。如果将人工智能生成物直接归入公共领域，则不会出现上述问题。著作权法立法目的之一是激励创作，如果将人工智能生成物归入公共领域，则会在法律制度上否定人工智能创作的商业利用价值。

法律制度不应忽视人工智能生成物的客观存在及其逐渐完善的商业模式。在立法尚不明确的情景下，对于在表现形式上与人类作品类似而由人工智能产生的内容，如果技术操作者不披露真实生成过程反而声称自己是创作者，则该内容也会被认定为作品，受著作权法保护，技术操作者因而成了作者并享有人身权与财产权。这种情况表明人工智能技术让著作权保护问题变得更加复杂，而解决问题的关键是在承认人工智能生成物价值的同时，避免削弱人类创作创新动力。

考虑到人工智能算法与程序对其生成物的不可替代作用，可以对比剧本作品进行分析。具体而言，可将人工智能算法与程序当作"剧本"，把使用者视作"表演者"，人工智能生成物则为演绎作品，权利归属可参照演绎作品制度管理。此处理方法将人工智能生成物归入邻接权制度管理范畴，邻接权制度是保护随技术发展出现的新类别作品的兜底条款。广义邻接权包含不构成作品的有思想的表达，难以成为著作权客体的作品可以考虑归入邻接权客体范畴来进行保护。德国的《著作权与邻接权法》相继将报刊出版物、数据库纳入邻接权客体范畴。这反映出了立法者对作品生成与传播过程中出现的非创作性投入的支持与肯定，同时也体现出了著作权制度适应技术变迁的理论创新。

事实上，用邻接权制度保护人工智能生成物与邻接权制度功能具有高度契合性。第一，邻接权制度的基本功能之一是保护传播者利益，以促进信息传播。对人工智能算法与程序来说，其生成物来源于技术设计者与技术使用者。授权许可意味着人工智能技术生成物有了投入商业使用的机会。被许可人可以获得使用生成物的权利，技术研发者也能由此获得经济利益。使用人使用人工智能技术制作作品享有的权利类似于电视台对自制电视节目的权利。电视台利用已有技术与设备对播出内容进行安排，形成电视节目，人工智能使用者利用该技术产生了人工智能生成物。既然著作权法已将电视节目的权利纳入邻接权范畴，那么用邻接权制度对人工智能生成物进行保护也有可行性。另外，人工智能技术与人工智能生成物分属不同市场，使用者促进了人工智能技术在派生市场的传播。

第二，将人工智能生成物作为邻接权客体也能保护投资人利益。邻接权制度是国家对投资人经济技术投入保护的具体制度。倘若人工智能生成物无法得到保护就不能产生市场利润，则对一个没有利润的技术进行投资就成了沉没成本，市场份额的减少会导致投资人带着技术一起退出市场。缺少法律对技术及其衍生物的保护不能激励该技术与其相关产业的发展。

三、人工智能创作的社会效应

人工智能创作最显著的特征是，以较高的效率和较低的成本持续不断地创作。人工智能创作是对已有文化技术成果再利用的过程，这将使进入公共领域的作品的价值得到发掘。对人工智能生成物的保护可以激励技术发展，也能实现对人类智慧结晶的再利用。但是，人工智能创作有"复制合成"的特点，这难免会引发著作权纠纷，为人工智能创作发展埋下隐患。因此，理解并明确人工智能生成物的技术边界、制度边界及社会效应成为了解决问题的关键。

（一）人工智能创作以复制为前提

由于人工智能创作以复制作品为前提，因此人工智能创作有侵犯他人复制权的可能性。Sag（2018）将以复制作品信息为前提的技术称为"复制依赖型技术"。例如，搜索引擎等传统复制依赖型技术需要批量、自动、频繁复制网页信息来制作网页快照和索引清单。再如，论文抄袭判定技术需要大量复制现有作品来构建论文对比数据库。人工智能是最新的复制依赖型技术，大致包含接触、提取、挖掘、使用四个环节。由此可见，复制作品是人工智能技术难以绕过的环节。此外，文本加工过程还会涉及作品汇编、改编等演绎行为，所以人工智能技术有侵犯著作权的风险。不过，需要明确的是，并非所有的使用行为都要受版权法规制。

Sobel（2017）根据技术性质对人工智能技术进行区分，依照是否有表达内容输出将人工智能分为表达型人工智能与非表达型人工智能；按照学习的作品是否来自特定作者可以将表达型人工智能划分为普通表达型人工智能与特殊表达型人工智能。

常见的非表达型人工智能是人脸识别与自然语音处理。以人脸识别为例，人工智能需要学习大量人脸数据，事实上这些人脸图像都是具有人身权或者著作权的，但是人脸识别算法对图片的使用不是著作权法意义上的使用，因为算法仅提取人类五官特质等事实信息，并没有涉及受著作权保护的表达。同时，这类人工智能技术没有表达性内容输出，也就没有必要讨论合理使用问题。

普通表达型人工智能是旨在输出表达性内容的人工智能，且训练算法的作品来自多位作者。例如，为了开发人工智能的绘画能力，微软筛选出近四百年较为知名的236位画家的作品作为人工智能的训练数据。再如，2015年谷歌推出的邮箱自动回复功能是通过海量小说来训练算法的，该服务能够自动回复风格多变、表达活泼的语句。

上述技术都有表达性内容的输入与输出，相关作品使用属于著作权法意义上的作品使用，这种使用可以构成合理使用。人工智能通过统计分析与数学建模对数据进行"去异求同"，仅保留高重复率的数据。此算法得出的作品往往是一种大众化表达的汇总，不具有独创性，这种避开他人独创性表达的创作行为难以影响被学习作品的潜在市场。即使影响到潜在市场，由于不是挪用独创表达，且机器创作出新的社会价值会促进社会文化发展，因此可以在大概率上构成合理使用，免除著作权侵权责任。

特殊表达型人工智能指人工智能输出表达性内容，且训练算法的作品来自特定作者。例如，2014年微软开发的名为"下一个伦勃朗"的产品是一个应用人工智能技术进行作画的产品，技术人员用画家伦勃朗的作品数据训练该系统，使得该系统能够独立创作出具有伦勃朗风格的新作品（Yanisky-Ravid，2017）。再如，索尼计算机科学实验室用巴赫的300首曲目训练其人工智能后创作出具有巴赫风格的乐曲，经测评有半数听众将人工智能的作品误认为巴赫的作品。巴赫与伦勃朗的作品早已进入公共领域，学习这两位大师的作品并进行模仿创作不会有太大的著作权争议。但是，如果人工智能技术学习在世艺术家的作品，则会引发著作权侵权问题。作品独创性源自作者的个性化表达，作品财产权是作者的人格延伸。特殊表达型人工智能旨在重现某一作者的创作风格，这些表达信息是该作者的个性化表达，是其作品的核心部分。这种人工智能生成内容将对原作品市场产生替代效果。因此，此类表达型人工智能不能构成合理使用，是对原作的侵权使用，因此此类创作的前置步骤还应包括获取在世原作者的授权许可。

（二）人工智能对合理使用制度的挑战

著作权法是关于专有权利与公共利益的平衡法。如果加强对现有作品的保护，则人工智能技术在创作领域的应用就会面临许可成本与侵权风险的阻碍，会导致人工智能技术创新流向著作权保护较宽松的司法辖区（Sobel，2017）。但是，如果对著作权采取弱保护策略，那么难免会伤害无数作者的创作积极性。

在传统的合理使用制度中，个人用户是使用者，作者及其背后的出版商是权利人。使用者的弱势地位使"公共利益"成为遏制权利人优势地位的理由之一，合理使用制度限制了权利人的"霸权"，使作品价值向公众流动，这是有正当性的（Sobel，2017）。在人工智能时代，使用者开始集技术优势与经济优势于一身，但在人工智能创作中，作品价值由个人用户流向拥有人工智能技术的企业，本身具有优势地位的企业又获得了新的版权优势，实现了"霸权"的扩张。合理使用制度成了服务具有人工智能技术优势的大企业的工具，违背了著作权法的利益平衡与公共利益优先的原则。现阶段，人工智能生成物与人类作品在外部表现上十分相似，可人工智能的创作效率非常高。人工智能在学习人类作品后产生的作品将会抢占人类作品的市场份额，削弱人类作者的经济激励。

美国合理使用制度中的关键影响因素是转换性使用。获得美国法院认可的转换性使用主要有三类：①对原作的尺寸与清晰度进行调整，使公众无法从新作品中得到欣赏功效，如缩略图；②向公众提供原内容的一部分供公众检索，公众无法获得全部信息，如数字图书馆；③对原作进行大的调整，虽然公众有了阅读欣赏的机会，但是新作的主要目的是评价原作品（华劼，2019）。可见，现阶段美国法律还未将人工智能生成物纳入转换性使用范围。

对于新技术产生的法律问题，西方国家往往倾向于借助税收制度来解决。数字磁带录音机案体现了美国版权法借助税收制度解决技术挑战的倾向（高阳、胡丹阳，2020）。对人工智能课税可以降低相关企业在版权领域的诉讼风险，为技术发展提供稳定环境，但是这种税收没有考虑著作权人的利益，难以实现针对性的保护。为更好地保护著作权人的利益，法定许可制度可以成为一个选项。

法定许可是指在某种特定情形下，法律允许创作者不经许可直接使用已发表作品，前提是要支付报酬并声明原作者作品信息。法定许可是弥补市场失灵导致的权利流转不畅缺陷的备用方案。现今的著作权制度难以应对人工智能与广大作者的利益冲突，集"报酬补偿"和"权利限制"于一身的法定许可能够缓解授权许可与合理使用的争论与冲突（贺鸣，2017）。从效率角度来看，法定许可允许人工智能先使用后付酬，省掉了谈判环节，提高了作品利用与传播效率。当然，法定许可制度仍有两个值得注意的方面：主体问题与适用范围。由于人工智能技术企业为创作而学习他人作品，因此许可费用缴纳主体应是这些人工智能企业。另外，法定许可适用于哪些作品也有必要明确，是否发表是权利人有无将作品公之于众意愿的体现，法定许可应仅适用于已发表的作品。当然，并非所有已发表的作品都能无限制地使用，法定许可制度还需考虑是否允许权利人声明禁止人工智能使用自己的作品。

第四章　人工智能、版权保护与版权产业发展的关系

版权产业的健康发展是建立在版权制度上的，版权保护和制度建设是版权产业繁荣发展的基本条件。大量研究表明版权保护对创作者具有激励的作用，同时也验证了版权传播对版权价值的形成和放大具有积极影响。就当前人工智能与版权产业的结合现状来看，人工智能技术支撑的网络平台极大地促进了版权作品与服务的传播，在享受传播技术带来便利的同时，我们也应意识到只有版权传播与版权保护实现良性互动，才会为版权产业带来不可限量的前景。

第一节　人工智能、版权保护与版权产业发展的数理分析

一、理论分析

Plant（1934）最早用经济分析方法研究版权保护对社会福利效应的影响，他认为版权产品缺乏版权保护会导致创新回报不足，但版权保护较强会降低版权产品的社会传播水平。此后，Landes 和 Posner（1989，2003）提出最优版权保护水平就是版权保护边际福利水平为零，社会福利达到最大化的版权保护水平。Nelson（1959）和 Arrow（1962）指出知识具有溢出效应，通过版权保护，创作者可获得更多收益。Besen 和 Kirby（1989）、Varian（2000）研究发现当原创边际成本大于复制信息边际成本时，知识分享传播对原创者是有益的。董雪兵和史晋川（2006）通过构建累积创新框架下的拍卖模型，探讨了版权制度的社会福利效应，得出以书籍、期刊、音乐、计算机软件为主的行业应该适用宽松的版权保护制度。周翼（2013）修正了兰德斯—波斯纳版权模型，考虑了知识发展的动态特性，发现单部作品的净福利及某类作品的总福利水平随知识产权保护力度的加

强而递减。董雪兵等（2012）研究表明在转型期的中国，长期均衡状态下较强的知识产权保护可以促进经济增长，但短期内较强的知识产权保护不利于经济增长，较弱的知识产权保护有利于经济增长。姚林青和李跻嵘（2015）也得出类似的观点，短期适度宽松的版权保护水平有利于激发创新动力，但长期来看还需要逐渐提高版权保护水平，促进产业发展。李瑾（2016）的研究指出制度保护应与经济发展相适应，不可冒进，强调发展版权产业应深化市场改革，以市场竞争发挥创新动力。郑淑凤和沈小白（2017）的研究指出剑网行动优化了网络版权保护环境，但也产生了版权产业高交易成本的难题，导致产业出现了亏损，未来应提高著作权法的灵活度以适应新商业模式变化。张伟芳（2019）从音乐产业的角度指出音乐产业发展还需要完善版权保护机制。石丹（2019）指出大数据时代给版权产业带来发展机遇，应结合技术发展优化版权制度，增强版权保护。王迁和闻天吉（2020）指出在网络技术不断发展的背景下，我国初步构建了网络版权利益平衡机制，今后应继续强化版权保护力度。章凯业（2022）指出不能简单认为保护版权就能促进创作，低成本的知识要素流动也是版权产业发展的必经之路。

综上，版权保护对版权价值、版权产业发展的影响是不同的，由此也形成了版权保护有益论、版权保护怀疑论和版权保护折中论等观点。

现阶段，人工智能技术创作物的定性与保护还有争议，人工智能技术在版权产业创作中尚属辅助地位，其对版权产业的促进作用主要体现在版权传播中，且绝大多数学者认同传播技术进步对版权产业发展有着巨大的促进作用。刘琛（2015）提出通过全媒体平台传播创造版权体验价值，进一步提升版权品牌价值，实现版权价值的开发和扩大。韩顺法和郭梦停（2016）提出要把握好版权产品创造、传播和营销环节，通过数字化传播渠道打造版权产业链，通过全媒体开发传播实现版权价值增值。彭辉和姚颉靖（2012）提出版权产业价值链在不同阶段应采用不同的版权保护强度，在创作者与使用者之间应建立最优均衡关系，促进版权产业发展，使版权价值最大化。Lantagne（2015）分析了版权合理使用制度和粉丝对版权作品的经济贡献，验证了粉丝的参与能够促进版权作品创作，增加版权价值。李凤亮和潘道远（2018）指出传播技术的发展使注意力成为稀缺品，内容创新是实现价值的关键手段。秦枫和周荣庭（2017）指出传播对提升文化品牌价值有重要促进效果，传播将实现作品价值最大化。胡惠林（2017）指出文化产业是国家最重要的传播系统，技术进步促进了文化与思想的传播。向勇和白晓晴（2017）指出文化消费包含再创作、再传播，文化经过发酵将会产生更大的影响。范玉刚（2019）、陈刚和宋玉玉（2019）、江小涓（2021）指出数字网络技术提升了传播速率，拓宽了传播渠道，解决了供需不匹配的问题，能更好地满足人民的文化需求。

二、数理模型推导

版权是"他用型"权利，受众群体使用越多，版权价值越大。借鉴兰德斯和波斯纳（2016）的著作权模型，并结合当前网络复制传播特点，本章从版权传播创造版权价值角度，构建版权价值与保护模型，考察版权保护对版权产业发展的影响，提出如下假设：

版权价值包括思想价值和经济价值，创作者的边际成本保持不变，复制者的边际成本随复制传播技术的进步而降低；创作者创作作品的全部成本包括思想成本 i 和表达成本 $e(z)$；复制传播面临搜寻成本 s 和使用成本 $u(z)$。

P 表示版权市场原创作品的价格。Q 表示版权市场对作品的需求数量。C 表示原创作品生产的边际成本。z 表示版权综合保护水平，$z \in [0, 1]$，当 $z = 0$ 时，表示不存在任何版权保护；当 $z = 1$ 时，表示版权保护非常严格，如果没有经过版权人的同意，不得进行复制，属于完全保护。i 表示创作者创作作品的思想成本（因为版权法规定只保护表达不保护思想，所以思想成本并不随版权保护水平的变化而发生变化）。e 表示创作者的表达成本，$e = e(z)$，表达成本是版权综合保护水平的函数，版权保护水平越高，表达成本越高；版权保护水平越低，表达成本越低（兰德斯、波斯纳，2016）。

复制传播技术的出现导致版权市场出现复制者利益群体，复制传播的供给水平主要由复制品的价格和版权综合保护水平来决定，复制者的供给曲线如下：

$$Y = Y(P_c, z) \tag{4-1}$$

Y 表示复制传播的数量，其中 $Y_{P_c} > 0$，$Y_z < 0$，表明复制传播数量随复制品价格的增加而增加，随版权保护水平的增加而降低。P_c 表示复制品的价格，$P_c \in [P_1, P]$，P_1 为复制者愿意生产复制品的最低价格，$Y = (P_1, z) = 0$。复制传播面临搜寻成本 s 和使用成本 u，s 表示复制传播需要的搜寻成本，随着人工智能匹配技术与网络链接传播复制技术的进步，信息检索速度加快，创作者能够准确快速找到所需信息，使创作者完成作品所需知识的搜寻成本大大降低；u 表示复制传播需要的使用成本，$u = u(z)$，使用成本随版权保护强度的增加而增加。复制者进行复制传播不产生版权的思想价值，只具有版权的经济价值，复制者进行复制传播产生的版权价值可以表示为：

$$\pi_c = (P_c - s - u(z)) \times Y(P_c, z) \tag{4-2}$$

令 $\dfrac{\mathrm{d}\pi_c}{\mathrm{d}P_c}=Y(P_c,z)+[P_c-s-u(z)]\times Y_{P_c}=0$，由此得出复制者进行复制传播产生版权价值最大化时的价格：

$$P_c^{*}=s+u(z)+\dfrac{Y(P_c,z)}{Y_{P_c}}$$

$$X=Q-\theta\times Y \tag{4-3}$$

X 表示复制传播情况下原创者的销售数量，Q 表示版权市场对作品的需求数量（包括原创者的销售数量 X 和复制者销售复制品的数量 Y），θ 表示复制品增量独创性表达情况，版权法保护作者的表达形式，但并不保护作者的思想，同样的思想表达形式可以多样化。表达性作品被创作者创作出来后，复制者可以在此基础上以多种方式创作更多的演绎作品。在原创作品的基础上进行复制传播会产生两种形式的复制品，一种是在原创作品的基础上完全复制思想和表达形式，并没有任何的创新，是一般意义上的复制品；另一种是在原创作品的基础上复制思想，但创新表达形式，有增量独创性表达，可以称之为"演绎作品"。θ∈［0，1］，当 θ=0 时，表示复制思想但创新表达形式，具有增量独创性表达，此时的复制品为演绎作品，原创作品与演绎作品的需求相互独立，并不构成任何替代；当 θ∈（0，1］时，表示复制思想同时复制表达形式，原创作品和复制品的内容和载体相同，复制品与原创作品具有一定的替代性，复制品的增加有可能引起原创作品销售数量的下降。

原创者创作作品产生的版权价值包括思想价值和经济价值，假设版权思想价值为 V_i，原创者版权总价值可以表示为：

$$\pi=(P-C)\times X-e(z)-i+V_i=(P-C)[Q(P)-\theta\times Y(P_c,z)]-e(z)-i+V_i \tag{4-4}$$

令 $\dfrac{\mathrm{d}\pi}{\mathrm{d}P}=[Q(P)-\theta\times Y(P_c,z)]+(P-C)Q'(P)=0$，由此得出原创者创作的作品产生版权价值最大化时的价格：

$$P^{*}=C+\dfrac{[\theta\times Y(P_c,z)-Q(P)]}{Q'(P)}$$

消费者消费版权产品产生的版权价值（CS）包括消费原创作品产生的版权价值（CS_1）和消费复制品产生的版权价值（CS_2）两部分，具体公式如下：

$$CS_1=\int_{P^{*}}^{\infty}Q(P)\,\mathrm{d}P \tag{4-5}$$

$$CS_2=\int_{P_1}^{P_c^{*}}Y(P_c,z)\,\mathrm{d}P_c \tag{4-6}$$

$$CS = CS_1 + CS_2 = \int_{P^*}^{\infty} Q(P) dP + \int_{P_1}^{P_c^*} Y(P_c, z) dP_c \qquad (4-7)$$

单部作品的版权价值为原创者、复制者、消费者产生的版权价值之和，表示如下：

$$w = (P^* - C)[Q(P^*) - \theta \times Y(P_c, z)] + [P_c - s - u(z)] \times Y(P_c, z) +$$

$$\int_{P^*}^{\infty} Q(P) dP + \int_{P_1}^{P_c^*} Y(P_c, z) dP_c - e(z) - i + V_i \qquad (4-8)$$

版权综合保护水平 z 对单部作品版权价值的影响如下：

$$\frac{\partial w}{\partial_z} = (P^* - C)\left\{ Q_P \frac{dP^*}{dz} - \theta\left[Y_{P_c} \frac{dP_c^*}{dz} + Y_z \right] \right\} + [P_c - s - u(z)]$$

$$\left[Y_{P_c} \frac{dP_c^*}{dz} + Y_z \right] - u_z \times Y(P_c, z) + \int_{P_c}^{P_c^*} Y_z dP_c - e_z \qquad (4-9)$$

公式（4-9）中的第一项表示随着版权综合保护水平的变化，原创者作品的版权价值发生的变化，由作品价格与作品边际成本之差和销售作品数量的变化决定，大括号内的项是复制品总量的变化与复制者销售复制品变化的差。一般情况下，随着版权综合保护水平的提高，复制者的搜寻成本和使用成本上升，复制传播速度下降，复制品的销售数量下降，创作者的作品销量增加；当版权综合保护水平下降时，复制者的搜寻成本和使用成本下降，复制传播速度加快。随着复制传播技术的发展，版权市场产生较多的演绎作品或复制品，当处于边际状态时，边际成本等于产品价格，无生产者剩余和消费者剩余，原创者作品产生的版权价值达到最大。第二项表示随着版权综合保护水平的变化，复制者复制作品产生的版权价值发生变化，由复制品价格与复制搜寻和使用成本之差，以及销售复制品数量的变化决定。在边际状态下，复制品价格与复制搜寻和使用成本相等，同样无生产者剩余和消费者剩余，复制者复制作品产生的版权价值达到最大。第三项

$-u_z \times Y(P_c, z) + \int_{P_c}^{P_c^*} Y_z dP_c$ 为负，随着版权综合保护水平的提高，复制者的搜寻成本和使用成本上升，复制传播速度降低。第四项 $-e_z$ 为负，表达成本随着版权综合保护水平的提升而增加。由此可见，随着版权综合保护水平的提高，原创作品的复制传播速度降低，单部作品的版权价值减少；当版权综合保护水平降低时，原创作品的复制传播速度加快，产生了更多的复制品和演绎作品，版权价值增加。

总的版权价值 W 既取决于原创者、复制者、消费者产生的版权价值，又取决于设立版权制度激励创作者完成作品的总数量 N。作品的总数量受两方面因素

的影响：一方面受创作者毛利润 R 的影响，随着作者毛利润的增加而增加。另一方面受版权保护水平的影响，在版权综合保护水平较低时，版权思想和表达形式的复制传播基本不受限制，复制者可以创新综合原创作品的思想或者表达形式，形成更多的版权作品，产生更多的版权价值；在版权综合保护水平的一定范围内，作品总数量随着版权保护水平的提高而增加；当版权综合保护水平增加到一定程度后，复制传播成本大幅增加，复制者复制产品的积极性降低，作品总数量随着版权综合保护水平的提高而减少。因此，作品总数量取决于两方面的平衡。作品供给曲线如下：

$$N = N(R, z) \tag{4-10}$$

其中，$N_R > 0$，表示作品的数量随毛利润的增加而增加。

$$M = M(N, z) \tag{4-11}$$

其中，M 是 N 和 z 的递增函数，$M_N > 0$，$M_z > 0$。M 表示创作作品的版权制度成本，包括版权制度执行成本和管理成本，是由设立版权制度激励创作者完成作品的数量和版权综合保护水平来决定，版权制度成本随完成作品数量的增加而增加，随版权综合保护水平的提高而增加。

N 件被创作出来的作品总版权价值如下：

$$W = W[N, w, M(N, z)] \tag{4-12}$$

N 表示创作作品的总数量，w 表示单部作品的版权价值，M 表示创作作品的版权制度成本。W 是 N 和 w 的递增函数，是 M 的递减函数，即总版权价值随着版权数量和单部作品版权价值的增加而增加，随版权制度成本的增加而减少；总的版权价值公式如下：

$$W = N(R, z) \times w - M(N, z)$$

$$W = N(R, z) \times \left\{ (P^* - C)\left[Q(P^*) - \theta \times Y(P_c, z)\right] + \left[P_c^* - s - u(z)\right] \times \right.$$
$$\left. Y(P_c, z) + \int_{P^*}^{\infty} Q(P) dP + \int_{P_1}^{P_c^*} Y(P_c, z) dP_c - e(z) - i + V_i \right\} - M(N, z) \tag{4-13}$$

公式（4-13）可以简写为：

$$W = f(N)w - M(N, z) \tag{4-14}$$

其中，$f_N > 0$ 且 $f_{NN} < 0$，表示随着被创作出来的作品数量的增加，边际效用发生递减。

版权综合保护水平 z 对 N 部作品总版权价值的影响如下：

$$\frac{\partial W}{\partial z} = f_N N_z w + f(N) w_z - M_N N_z - M_z \tag{4-15}$$

当版权价值最大化时，$\dfrac{\partial W}{\partial z} = f_N N_z w + f(N) w_z - M_N N_z - M_z = 0$，对等式左右两边进行调整，可得：

$$N_z(f_N w - M_N) = -f(N) w_z + M_z \qquad (4-16)$$

其中，$N_z = (\partial N / \partial R) R_z + (\partial N / \partial z)$，$N_z$ 衡量的是版权综合保护水平提高对创作作品数量的影响，可以是正值也可以是负值。当版权综合保护水平达到最优时，N_z 是正值（兰德斯、波斯纳，2016），$w_z < 0$ 参见等式（4-9），$M_N > 0$，$M_z > 0$，等式（4-16）右边为正值。当版权价值最大化时，由 f_N 衡量的单部作品的版权价值要大于边际作品的版权制度成本；否则，等式（4-16）左边为负值。也就是说，在较低的版权保护水平下，单部作品的版权价值较高，而边际作品的版权制度成本较低，可以产生较高水平的版权总价值。换言之，随着版权保护水平的提高，复制传播速度降低，总版权价值降低。由此可以看出，复制传播对版权价值创造具有重要作用，传播创造价值。

随着现代网络复制传播技术的发展，边际复制成本逐渐降低，在版权保护水平较低且市场容量较大的情况下，复制品销售数量大幅增加。当 $\theta \in (0, 1]$ 时，简单复制思想和创新表达形式，可能会降低原创作者的经济价值。但是，复制品数量的增加有利于思想价值的增长，创造出更多数量的版权作品。当 $\theta = 0$ 时，复制思想，创新表达形式，产生独创性增量，形成演绎作品。独创性增量越多，演绎作品越不容易判定侵权，此种形式的复制传播是最优形式。版权法的合理使用激励复制者创造更多的创新性表达，产生更多的新思想，激励创作者进行创作，进一步使社会作品的总数量增加，总版权价值增加。

借助版权价值与版权保护模型，本部分发现复制传播可以创造价值。技术进步降低复制传播成本，因此我们要根据当前网络复制传播技术的发展情况，调整版权保护模式，在人工智能环境下建立促进传播的版权制度，使版权价值实现最大化。

第二节　人工智能、版权保护与版权产业发展的实证检验

智能技术为版权产业提供发展动力，同样重要的是，版权保护也是版权产业发展的最后屏障。那么，人工智能技术发展及版权保护如何影响版权产业发展，

在版权产业发展中人工智能技术与版权保护能否形成良性互动？

一、假设的提出

（一）人工智能与版权产业

如前文所述，人工智能技术从多个方面为版权产业赋能。人工智能技术的自动处理与智能分析功能可以极大地提高版权内容制作的效率和质量，打破规模复制的约束，以颠覆创新的形式创造出全新的版权作品与服务。随着物质需求得到基本满足，大众版权消费需求开始向多样化、个性化发展。人工智能能够规模化获取、分析多样化用户数据，为捕捉版权消费需求提供重要工具。同时，人工智能与版权消费传播的融合可以提高信息传播效率，丰富传播形式，使作品更好地满足人们的版权消费需求。人工智能为版权产业发展带来了巨大的发展机遇（Russell，2010；Hristov，2016；杨毅等，2018），但也带来了巨大的挑战，如创意和创新生产的机器化（Li et al.，2017），版权产业将步入机器创意创新阶段，人工智能可能代替人类从事创意创新工作。另外，人工智能催生了新型传播方式，挑战了传统的出版、发行传播方式。这些因素可能会阻碍人工智能对版权产业的促进效用。

据此，提出如下研究假设：

H1a：人工智能促进版权产业发展。

H1b：人工智能抑制版权产业发展。

（二）版权保护与版权产业

（1）最优著作权保护水平。Plant（1934）最早用经济分析方法研究著作权保护对社会福利效应的影响，他认为著作权产品缺乏著作权保护会导致著作权产品的社会传播范围较广、价格较低，创新回报不足，无法激励作者继续进行创作，但如果著作权保护较强且形成垄断会导致著作权产品社会传播水平较低，产品价格较高。为了避免著作权无保护或者过度保护导致的社会福利效应减少，必须采取措施使著作权保护处于一个利益平衡的状态，合理使用制度就是著作权利益平衡的精髓（冯晓青，2019；吴汉东，2020）。利用著作权合理使用制度来纠正交易成本过高等因素引起的市场失灵，使著作权人遭受的损失小于合理使用给公众带来的收益，提高资源配置效率（刘廷华，2014；王迁，2017）。

Landes 和 Posner（1989）、兰德斯和波斯纳（2016）运用模型分析了著作权保护对社会福利效应的影响，随着著作权保护水平的增加，生产的边际成本下降，生产者剩余增加，增加的幅度大于著作权保护造成的表达成本的增加、模仿者生产剩余的减少和消费者剩余的减少三者之和，此时净福利曲线上升，但随着著作权保护水平继续上升，三者的减少大于原创者带来的福利效应的增加，净福利曲线下降。因此，最优著作权保护水平就是著作权保护的边际福利水平为零，且社会福利达到最大化的著作权保护水平。

（2）版权保护实际效果讨论。Besen（1987）从盗版侵权角度来构建模型，分析私人复制对消费者、生产者福利效应的影响，提出随着技术的进步，私人复制成本降低，大量的复制损害了生产者的权利。Watt（2004）在此基础上构建了简单的离散时间模型，假定生产者与复制者厂商形成双寡头市场，分析了生产者与复制者的最优策略，为著作权保护提供了理论基础，为制定反盗制度提供了依据。Nelson（1959）和 Arrow（1962）指出知识具有溢出效应，著作权保护使创作者获得更多收益。Besen 和 Kirby（1989）、Varian（2000）研究发现当原创边际成本大于复制信息边际成本时，知识复制传播对原创者是有益的。

对于处于转型期的中国而言，在长期均衡状态下较强的知识产权保护可以促进经济增长，但短期内较强的知识产权保护不利于经济增长，较弱的知识产权保护有利于经济增长（董雪兵等，2012；王军、刘鑫颖，2017；郭壬癸、乔永忠，2019；冯晓青，2019）。姚林青和李跻嵘（2015）也得出类似的观点，认为短期适度宽松的著作权保护水平有利于激发创新动力，但长期来看还需要逐渐提高著作权保护水平，促进著作权产业发展。王俊和龙小宁（2016）为了考察著作权保护能否提升企业绩效，运用倍差法评估著作权登记制度对陶瓷企业绩效的影响，发现实施著作权本地免费登记政策有利于提高企业劳动生产率、利润水平和销售额增长率，著作权保护对与著作权联系紧密的企业影响更大。王华（2011）使用内生增长模型，引入知识产权因素，分析了知识产权保护对技术进步的影响机制，发现知识产权保护有利于技术创新，发达国家与发展中国家适用的最优知识产权保护力度不同。

由此可以看出，在经济发展的不同阶段，著作权保护对著作权价值及著作权产业发展的影响是不同的，形成了著作权保护有益论、著作权保护怀疑论和著作权保护折中论等观点。

据此，提出如下研究假设：

H2a：版权保护促进版权产业发展。

H2b：版权保护抑制版权产业发展。

（三）人工智能与版权保护能否良性互动

版权保护与版权产业发展的研究主要集中在经济学和法学领域，经济学家侧重于分析版权保护对社会福利效应的影响，法学家主要从著作权法的角度进行分析。本部分进一步将人工智能与版权保护作为两种推动版权产业发展的力量进行研究。实际上，人工智能代表着技术进步的力量，版权保护代表着制度进步的力量，两者将共同推动未来版权产业的发展，这也是中国版权产业实现跨越式发展的必经之路。人工智能带来的技术进步可以促进版权领域的加工生产、产品传播、产业价值链条重塑，但在传统法律制度和伦理方面也带来了新的挑战。现阶段，由于版权制度还未对人工智能介入创作做出妥善回应，因此人工智能技术与版权保护在版权产业的发展中也可能互为掣肘。

据此，提出如下研究假设：

H3a：版权保护与人工智能协同促进版权产业发展。

H3b：版权保护与人工智能无法协同促进版权产业发展。

二、研究设计

对应提出研究假设，设置如下计量模型：

$$value_{in} = \beta_0 + \beta_1 AITech_{in} + \gamma X + \mu_i + \varepsilon_{in} \tag{4-17}$$

$$value_{in} = \beta_0 + \beta_1 protection_{in} + \gamma X + \mu_i + \varepsilon_{in} \tag{4-18}$$

$$value_{in} = \beta_0 + \beta_1 AITech \times protection_{in} + \gamma X + \mu_i + \varepsilon_{in} \tag{4-19}$$

其中，i 表示省份，n 表示年份。value 是版权产业的价值，参考国内诸多研究做法，用国内规模以上文化制造业企业、文化批发和零售业企业及文化服务业企业的主营业务收入之和表示，其数据来源于《中国文化及相关产业统计年鉴》。如此设置指标的原因在于，尽管版权产业与文化产业的价值不同，但版权产业与文化产业存在密切联系。首先，版权产业和文化产业的客体相同或相似。版权产业和文化产业的客体均是一种无形财产权的客体。同时，文化产业也可分为核心层与非核心层，文化产业核心层与核心版权产业范围相似。其次，版权产业和文化产业均受版权法保护，毕竟文化产业所包含的产业客体基本都可纳入版权法保护的作品范围。

protection 是版权产业保护的衡量指标，这一指标的数据来源是国家知识产权局知识产权发展研究中心发布的《中国知识产权发展状况评价报告》。该报告从司法保护、行政保护和保护效果三个方面衡量各省份知识产权保护情况，司法保护主要涉及法院一审案件情况，以及检察机关批准逮捕、提起公诉的案件情况；行政方面主要涉及版权行政工作的相关内容；保护效果主要用知识产权使用费等指标来衡量。为比较不同省份的保护水平，设置指标 protect_nq3，当某省份的当年保护水平处于当年所有省份的前 1/3 时，则 protect_ nq3 赋值为 1，否则赋值为 0。

AITech 是人工智能衡量指标，根据人工智能专利申请情况来判断各省份人工智能技术发展情况。参照陈军等（2019）的方法对人工智能专利技术进行识别，通过汇集各省份当年人工智能发明专利与实用新型专利申请信息，来判断各省份人工智能发展情况。选用专利来衡量人工智能技术发展水平的原因在于，专利反映人工智能技术的发展水平与方向，是人工智能技术发展所凝聚的人力、物力的体现，一项专利所包含的信息较丰富，包含专利名称、申请人所在地、专利引文数量、专利主分类号等信息，能较好地衡量当地人工智能技术发展水平。

考虑到不同类别专利的创新程度差别，本部分选取更具有创新性的发明专利与实用新型专利为研究样本。人工智能专利涵盖范围广泛，最终确定人工智能的关键词如下：人工智能、模式识别、语音识别、图像识别、虹膜识别、机器学习、智能处理器、认知计算、智能机器人、专家系统、智能搜索、智能驾驶、神经网络、计算机视觉。本部分以上述关键词在中国知网中国专利数据库和国家知识产权局中国专利数据库中进行搜索，收集整理专利数据。

由于不同专利之间有质量差异，专利引证指标可以在一定程度上反映出各专利之间的差异（Lanjouw and Schankerman，2004），因此除专利申请数量外，专利申请的被引数量也可以用来判断专利的质量和技术水准。但是，专利被引量并不能直接比较，因为先前申请的专利其公开时间早，所以后续被引用次数也较多（Hall et al.，2005）。一个可行的方法是，求出当年一项专利申请的被引数量平均值，用该省份该年所有专利申请的被引用次数除以被引数量平均值，得到该省份人工智能专利标准化被引数量，消除专利技术公开时间的影响。这里的具体处理方法参考徐恺岳和魏建（2020）在衡量企业技术实力时所使用的计算方式并进行修改，公式如下：

$$\text{citednum}_{at} = \frac{(\text{cited\_ 1}_{at} + \cdots + \text{cited\_ k}_{at})}{\dfrac{\sum \text{cited\_ i}_{at}}{n}} \tag{4-20}$$

其中，cited 表示一项专利申请被引用次数，a 表示某一省份，t 表示某一年份。等式右边分子表示 t 年 a 省份申请的 k 个人工智能专利被引用次数总和。等式右边分母中的 n 表示 t 年我国人工智能领域专利申请总量，等式右边分母则表示 t 年国内人工智能领域专利申请被引次数总和与 t 年我国人工智能领域专利申请总量的比值，即 t 年单项人工智能领域专利申请的平均被引次数。因此，公式

（4-20）左边表示的是，经过标准化处理的省份 a 在 t 年人工智能领域专利申请被引总次数。

　　根据收集到的人工智能专利申请数据绘制图 4-1，由图 4-1 可知，从 1985 年国内开始实行专利制度到 2009 年之前，国内人工智能专利申请活动相对处于沉寂状态，自 2012 年开始，国内人工智能专利申请与引用进入高速发展时期。

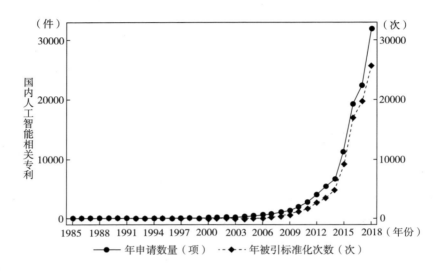

图 4-1　国内人工智能相关专利申请趋势

资料来源：根据收集到的专利申请数据绘制。

　　根据收集的各省份人工智能申请信息设置人工智能申请指标与人工智能被引用指标，为比较不同省份的人工智能水平，设置指标 apply_ nq3 与 cited_ nq3。当某省份的当年人工智能相关专利申请量处于当年所有省份申请量的前 1/3，则 apply_ nq3 赋值为 1，否则赋值为 0；当某省份的当年人工智能相关专利被引用量处于当年所有省份被引用量的前 1/3，则 cited_ nq3 赋值为 1，否则赋值为 0。

　　在公式（4-17）至公式（4-19）中加入年份虚拟变量 μ，ε 为随机干扰项，控制变量 X 包括经济发展水平、对外开放程度、政府支出水平、城乡差距、工业化水平、服务业水平，β_0 是常数项，β_1、γ 为回归系数。变量详细定义见表 4-1。

表 4-1　指标名称与含义解释

变量名称	变量标识	变量含义解释
版权产业价值	lncrincome	国内规模以上文化制造业企业、文化批发和零售业企业及文化服务业企业的主营业务收入之和（取对数值）
版权保护指数	protect_nq3	数据来源于国家知识产权局知识产权发展研究中心发表的《中国知识产权发展状况评价报告》。该报告从司法保护、行政保护和保护效果三个方面衡量各省份知识产权保护情况。当某省份的当年保护水平处于当年所有省份的前 1/3 时，则 protect_nq3 赋值为 1，否则赋值为 0
人工智能专利申请水平	apply_nq3	当某省份当年申请与人工智能相关的发明专利与实用新型专利数量处于当年所有省份申请量的前 1/3 时，则 apply_nq3 赋值为 1，否则赋值为 0
人工智能专利被引水平	cited_nq3	经过标准化处理的某省份当年申请的与人工智能相关的发明专利与实用新型专利的被引总次数处于当年所有省份被引总次数的前 1/3 时，则 cited_nq3 赋值为 1，否则赋值为 0
经济发展水平	lngdp	GDP（亿元）的对数值
对外开放程度	foreign	进出口总额（美元）占 GDP 的比重
政府支出水平	gov	政府支出占 GDP 的比重
城乡差距	gap	用城市居民人均可支配收入和农村居民人均可支配收入的比值来表示，比值越大，城乡收入差距越大
工业化水平	ind2	第二产业产值占 GDP 的比重（%）
服务业水平	ind3	第三产业产值占 GDP 的比重（%）

最终收集到的面板数据包含 31 个省、自治区、直辖市，不包含港澳台地区，年份为 2013~2018 年①，其中版权保护指数的年份为 2014~2018 年，描述性统计结果如表 4-2 所示。

表 4-2　描述性统计

变量名称	变量标识	观测值	均值	标准差	最小值	最大值
版权产业价值	lncrincome	186	15.9414	1.8129	10.6525	19.0205
版权保护指数	protect_nq3	155	0.3226	0.4690	0	1
人工智能专利申请水平	apply_nq3	186	0.3226	0.4687	0	1

---

①　2019 年出现的新冠疫情导致实体经济停产停工，与此同时，与版权产业密切相关的线下影院、歌舞厅等娱乐场所也受到疫情影响。新冠疫情的出现同时影响着文化制造业、文化服务业等领域，因此本部分仅收集了 2013~2018 年与版权产业价值相关的数据，以此考察人工智能高速发展阶段人工智能技术对版权产业的影响。

续表

变量名称	变量标识	观测值	均值	标准差	最小值	最大值
人工智能专利被引水平	cited_nq3	186	0.3226	0.4687	0	1
经济发展水平	lngdp	186	9.7564	0.9621	6.7040	11.4853
对外开放程度	foreign	186	0.0397	0.0442	0.0025	0.2167
政府支出水平	gov	186	0.2855	0.2129	0.1208	1.3791
城乡差距	gap	186	2.6000	0.3691	1.8451	3.5559
工业化水平	ind2	186	43.0328	8.044	18.6	57.3
服务业水平	ind3	186	47.3538	9.0073	32	81

三、实证分析结果

(一) 人工智能技术对版权产业价值的影响

由图 4-1 可知, 2013~2018 年是人工智能技术快速发展阶段, 本部分回归分析使用的数据年份为 2013~2018 年。表 4-3 列 1 与列 2 是借助固定效应模型所得的结果, 观察回归结果可知, 人工智能技术指标显著为正, 人工智能技术的发展对版权产业价值有促进效果。

表 4-3　人工智能技术对版权产业价值的影响

变量	(1)	(2)	(3)	(4)	(5)	(6)	(7)	(8)
	fe	fe	pool	fe	pool	fe	GMM	GMM
L. lncrincome			0.982 *** (0.0290)	0.359 *** (0.0723)	0.978 *** (0.0295)	0.361 *** (0.0714)	0.655 *** (0.0823)	0.693 *** (0.0828)
cited_nq3	0.441 *** (0.116)		0.104 *** (0.0397)	0.0283 (0.0579)			0.0849 (0.0702)	
apply_nq3		0.527 *** (0.117)			0.112 *** (0.0407)	0.0910 * (0.0473)		0.146 *** (0.0543)
foreign	13.17 *** (2.231)	13.11 *** (2.227)	0.707 (0.642)	1.201 (1.296)	0.803 (0.639)	0.887 (1.333)	3.652 *** (0.939)	3.709 *** (0.873)
ind2	0.0120 (0.0151)	0.00840 (0.0148)	−0.00564 (0.00412)	0.0501 (0.0307)	−0.00612 (0.00414)	0.0493 (0.0312)	0.0357 *** (0.00890)	0.0393 *** (0.00918)
ind3	−0.00579 (0.0173)	−0.0107 (0.0173)	−0.00638 (0.00455)	0.0302 (0.0284)	−0.00728 (0.00460)	0.0290 (0.0288)	0.0163 (0.0102)	0.0192 * (0.0102)

续表

变量	(1)	(2)	(3)	(4)	(5)	(6)	(7)	(8)
	fe	fe	pool	fe	pool	fe	GMM	GMM
gov	−0.776***	−0.818***	0.0654	−0.222	0.0578	−0.518	−0.0830	−0.572
	(0.281)	(0.272)	(0.110)	(1.176)	(0.110)	(1.228)	(1.601)	(1.681)
gap	−0.199	−0.132	0.0177	−0.466	0.0409	−0.429	0.113	0.190
	(0.146)	(0.145)	(0.0430)	(0.677)	(0.0426)	(0.659)	(0.320)	(0.293)
lngdp	1.122***	1.113***	0.00469	0.886	0.0121	0.757	0.287	0.118
	(0.119)	(0.114)	(0.0600)	(0.551)	(0.0588)	(0.558)	(0.401)	(0.437)
常数项	4.825**	5.116***	0.811	−0.886	0.802	0.438	0.0187	0.721
	(1.939)	(1.911)	(0.507)	(5.711)	(0.506)	(5.918)	(3.280)	(3.509)
AR(1)	—	—	—	—	—	—	0.0584	0.0279
AR(2)	—	—	—	—	—	—	0.9508	0.9747
Sargan	—	—	—	—	—	—	0.5145	0.5306
观测值	186	186	155	155	155	155	155	155
R−squared	0.885	0.887	0.991	0.608	0.991	0.613		

注：*、**、***分别表示双尾检验中 10%、5%、1% 的显著性水平，下同。

事实上，当期版权产业价值会受上期版权产业价值影响，表 4-3 列 3 至列 6 是在表 4-3 前两列回归结果的基础上加入滞后一期的版权产业价值作为自变量得到的回归结果。其中，列 3、列 5 是借助混合 OLS 回归得到的结果，列 4、列 6 是借助固定效应模型回归得到的结果。从表 4-3 列 3 至列 6 的回归结果可知，滞后一期的版权产业价值对当期版权产业价值影响显著。

鉴于此，本部分需进一步引入被解释变量的滞后值构建动态面板以进行统计分析。由于模型中存在滞后变量，应用普通面板数据回归模型所得到的估计参数是非一致的与有偏的。此时，广义矩估计方法（GMM）成为首选。动态面板数据模型可以选择更高阶的被解释变量和解释变量作为工具变量，有效地克服了寻找模型以外的合适工具变量的难题，但由于在解释变量集合中加入了滞后的被解释变量，因此计量模型会出现自相关问题。因而，本部分选取广义矩估计方法（GMM）对计量模型再次进行回归分析。

广义矩估计方法（GMM）主要分成两大类：一类是差分 GMM，另一类是系统 GMM。Arellano 和 Bond（1991）提出一阶差分 GMM，将变量的滞后项作为工具变量，引入差分方程，通过差分消除固定效应。Arellano 和 Bover（1995）、Blundell 和 Bond（1998）进一步提出引入差分变量的滞后项作为水平方程的工具变量，此时水平方程与差分方程相结合的矩条件便构成了系统矩估计（SYS-GMM），能够很好地解决滞后变量的内生性问题，其估计结果也更准确，故本部分采用系统矩估计方法进行回归。

表4-3列7、列8是系统矩估计的回归结果，由回归结果可知，人工智能指标的回归估计系数均为正，其中列8回归估计系数显著为正，这说明人工智能技术的发展对版权产业发展有着显著的促进作用。在表4-3中，AR（1）和AR（2）的检验值说明模型不存在二阶序列相关问题。Sargan检验结果显示，所有回归模型都没有拒绝"选择的工具变量有效"这一原假设，说明工具变量是合理有效的。此外，由于不可观测的个体效应的存在，混合OLS估计会导致被解释变量的滞后项系数偏高，而固定效应模型估计会导致被解释变量的滞后项系数偏低；只有当GMM估计的被解释变量的滞后项系数介于上述两种方法得到的被解释变量系数估计量之间时，才是合理的。比较表4-3可知，滞后一期的版权产业价值系数符合上述要求。

（二）版权保护对版权产业价值的影响

表4-4是考察版权保护对版权产业价值影响的回归结果。表4-4列1是固定效应模型的回归结果。列2、列3在列1的基础上引入滞后一期的版权产业价值，分别为混合OLS模型和固定效应模型的回归结果。列4是借助系统GMM得到的回归结果。从列1、列2、列3、列4的回归结果可知，版权保护的回归系数为正，且在列1、列2、列3中通过了显著性检验，版权保护可以在一定程度上促进版权产业的发展。

另外，在表4-4列4中，AR（1）和AR（2）的检验值说明模型不存在二阶序列相关问题。Sargan检验结果显示，所有回归模型都没有拒绝"选择的工具变量有效"这一原假设，说明工具变量是合理有效的。此外，与表4-4列2、列3的滞后一期版权产业价值系数相比，列4的滞后一期版权产业价值系数符合要求，这说明表4-4列4的系统GMM模型设定合理。

表4-4　版权保护对版权产业价值的影响

变量	(1)	(2)	(3)	(4)
	fe	pool	fe	GMM
L. lncrincome		0.976***	0.355***	0.611***
		(0.0295)	(0.0704)	(0.0761)

续表

变量	（1）	（2）	（3）	（4）
	fe	pool	fe	GMM
protect_nq3	0.643*** (0.126)	0.119*** (0.0418)	0.135* (0.0664)	0.0770 (0.0905)
foreign	12.63*** (2.359)	0.603 (0.646)	1.179 (1.267)	3.828*** (0.877)
ind2	0.0126 (0.0162)	−0.00483 (0.00415)	0.0545* (0.0299)	0.0364*** (0.00961)
ind3	−0.00245 (0.0179)	−0.00530 (0.00451)	0.0325 (0.0272)	0.0142 (0.0111)
gov	−0.876*** (0.299)	0.0418 (0.113)	−0.0998 (1.115)	0.465 (1.411)
gap	−0.109 (0.162)	0.0371 (0.0437)	−0.506 (0.679)	0.0391 (0.304)
lngdp	1.064*** (0.126)	0.00857 (0.0596)	0.864* (0.487)	0.486 (0.353)
常数项	5.008** (1.984)	0.740 (0.488)	−0.866 (4.946)	−1.132 (2.863)
AR（1）	—	—	—	0.0446
AR（2）	—	—	—	0.7048
Sargan	—	—	—	0.4962
观测值	155	155	155	155
R-squared	0.893	0.991	0.616	

（三）人工智能与版权保护对版权产业价值的影响

表4-5与表4-6考察版权保护与人工智能在版权产业发展中的互动效果，将版权保护指标、人工智能指标及版权保护与人工智能交互项指标放入回归公式中，表4-5中的人工智能指标为apply_nq3，表4-6中的人工智能指标为cited_nq3。表4-5与表4-6的列1是固定效应模型的回归结果。列2、列3在列1的基础上引入滞后一期的版权产业价值，分别为混合OLS模型和固定效应模型得到的回归结果。列4是借助系统GMM得到的回归结果。从AR（1）、AR（2）、Sargan检验值及因变量滞后项系数来看，表4-5与表4-6中的GMM通过了检验，回归结果具有可信性。

表 4-5　人工智能专利申请水平与版权保护对版权产业价值的影响

变量	（1）	（2）	（3）	（4）
	fe	pool	fe	GMM
L. lncrincome		0.970 ***	0.359 ***	0.629 ***
		（0.0302）	（0.0716）	（0.0795）
protect_ nq3	0.674 ***	0.113 ***	0.155 **	0.117 *
	（0.137）	（0.0382）	（0.0589）	（0.0616）
apply_ nq3	0.587 ***	0.100 *	0.104 *	0.127 *
	（0.205）	（0.0558）	（0.0602）	（0.0773）
p_ ap_ nq3	-0.486 **	-0.0634	-0.0353	-0.0253
	（0.235）	（0.0628）	（0.0732）	（0.0791）
foreign	12.54 ***	0.654	0.822	3.598 ***
	（2.294）	（0.644）	（1.324）	（0.864）
ind2	0.00636	-0.00582	0.0545 *	0.0382 ***
	（0.0159）	（0.00423）	（0.0306）	（0.00969）
ind3	-0.00861	-0.00649	0.0323	0.0171
	（0.0178）	（0.00462）	（0.0277）	（0.0112）
gov	-0.930 ***	0.0231	-0.517	0.00107
	（0.299）	（0.115）	（1.276）	（1.629）
gap	-0.0439	0.0465	-0.475	0.192
	（0.161）	（0.0435）	（0.675）	（0.296）
lngdp	1.037 ***	0.00832	0.693	0.354
	（0.131）	（0.0607）	（0.554）	（0.413）
常数项	5.626 ***	0.891 *	0.807	-0.638
	（2.027）	（0.515）	（5.709）	（3.208）
AR （1）	—	—	—	0.0342
AR （2）	—	—	—	0.5506
Sargan	—	—	—	0.5305
观测值	155	155	155	155
R-squared	0.897	0.991	0.622	

参照表 4-5 与表 4-6 的回归结果，人工智能指标及版权保护指标为正，且基本保持显著。p_ ap_ nq3 是 protect_ nq3 与 apply_ nq3 的交互项，p_ ci_ nq3 是 protect_ nq3 与 cited_ nq3 的交互项，回归结果均为负。这说明人工智能技术与版权保护对版权产业价值有促进效应，且在版权产业发展中，版权保护与人工智能技

术并未形成良性互动，版权保护对版权产业的促进效应要受到人工智能发展的抑制，而人工智能对版权产业的促进效应受版权保护水平的抑制，这与人工智能发展初期相关法规制度不完善有关。

表 4-6　人工智能专利被引水平与版权保护对版权产业价值的影响

变量	（1）	（2）	（3）	（4）
	fe	pool	fe	GMM
L. lncrincome		0.974***	0.358***	0.566***
		（0.0297）	（0.0719）	（0.0825）
protect_nq3	0.638***	0.136***	0.192***	0.181**
	（0.132）	（0.0421）	（0.0630）	（0.0838）
cited_nq3	0.232	0.119*	0.0818	0.156**
	（0.198）	（0.0668）	（0.0560）	（0.0639）
p_ci_nq3	-0.187	-0.121	-0.0990	-0.138
	（0.233）	（0.0800）	（0.0774）	（0.0864）
foreign	12.55***	0.586	1.267	3.454***
	（2.323）	（0.637）	（1.313）	（0.909）
ind2	0.0111	-0.00555	0.0568*	0.0367***
	（0.0165）	（0.00419）	（0.0306）	（0.00922）
ind3	-0.00327	-0.00553	0.0349	0.0187*
	（0.0180）	（0.00456）	（0.0278）	（0.0107）
gov	-0.887***	0.0396	-0.269	0.278
	（0.306）	（0.116）	（1.173）	（1.509）
gap	-0.136	0.0237	-0.532	0.162
	（0.169）	（0.0445）	（0.692）	（0.304）
lngdp	1.047***	0.00368	0.797	0.533
	（0.133）	（0.0606）	（0.558）	（0.383）
常数项	5.332**	0.874*	-0.362	-1.409
	（2.091）	（0.515）	（5.604）	（3.038）
AR（1）	—	—	—	0.0806
AR（2）	—	—	—	0.5387
Sargan	—	—	—	0.5559
观测值	155	155	155	155
R-squared	0.893	0.991	0.619	

四、研究结论

总结上述回归结果可知，现阶段人工智能技术的发展与版权保护可以有效推动版权产业发展，同时根据人工智能指标与版权保护指标的交互项可知，现阶段人工智能与版权保护还没有形成良性互动格局，主要原因可能是人工智能技术仍处于快速发展阶段，还没有与版权保护形成深度融合发展局面，版权等相关领域的立法相对滞后。国内著作权法尚未完全适应数字网络时代版权产业发展的特征，人工智能技术又给数字网络时代的版权产业带来了复杂的冲击，这既体现为人工智能创作对现有版权制度的挑战，也体现为人工智能传播对现有版权制度的挑战。

当版权制度边界无法完全覆盖技术边界，版权产业发展就必然充满不确定性，更无法实现版权保护与人工智能技术的良性互动，甚至会产生负面影响，如将人工智能应用于"洗稿""智能小说生成"等存在侵犯版权可能性的领域，这将破坏版权制度的创作激励效果。此外，著作权集体管理组织未能适应当前技术形式，既不能有效管理新技术背景下的版权产业，也不能有效利用新技术管理版权产业。再如，当前司法保护与行政保护、司法保护与反垄断规制尚未形成有效合作机制，无法有效治理版权产业的新乱象。为解决人工智能与版权保护无法形成良性互动这一问题，必须进行一系列制度改革。

第三节　人工智能促进版权产业发展的实证分析：以电影市场为例

随着改革开放进程的加快，中国经济正由快速增长阶段转向高质量发展阶段。在全球经济形势低迷的背景下，不断释放国内居民消费潜力，促进消费升级，扩大内需增长，已成为中国经济向高质量转变的基本动力。近年来，国家反复强调要适应消费需求变化，增加高质量产品与服务的供给渠道。产业要突破现有瓶颈，解决深层问题，关键出路在于创新。《"十三五"国家战略性新兴产业发展规划》中提出要形成技术先进、文化引领、产业链完整的数字创意产业发展模式。这不仅标志着版权产业经济地位的进一步提升，也强调了文化和科技融合在高质量版权产业发展中的重要性。

文化和科技融合可以促进版权产业的数字化发展，实现以文化内容为核心，凭借数字技术进行生产、创作、服务与传播的新兴产业快速发展，使跨界创意融合的促进效果日益明显（李凤亮、宗祖盼，2016）。互联网平台建设与网络信息技术进步使全球优质文化资源和有效信息得以汇聚，推进版权产业内部结构重组整合，实现版权产业跨越式发展。此外，互联网还为文化生产者与消费者提供互动平台，人工智能技术与大数据的结合可以细分消费群体，根据不同群体的消费需求，开发相应的服务与业态，实现按需定制，推进差异化版权产业发展。

作为我国版权产业的主要代表之一，中国电影产业潜力巨大。虽然我国影视产业的市场规模已经达到世界领先水平，但能被称为精品且具有代表性的影视作品仍然较少，中国电影产业发展仍有较大进步空间。随着互联网和人工智能技术的发展，数字信息的存储呈现爆炸式增长，国内互联网企业在影视领域扮演着越来越重要的角色。

百度、腾讯、阿里巴巴等互联网企业均开始在电影产业布局，借助互联网巨大的共享效应与平台效应，电影产业链上的相关企业接入互联网平台，电影产业的组织结构开始以互联网巨头为基础，通过核心企业的业务布局和资源整合，重塑电影产业生态与组织形态（刘星，2019）。互联网企业推出的影视作品更注重内容类型与题材的多元化，擅长在多个内容门类中做垂直深耕，很多作品赢得了良好口碑（刘汉文、陆佳佳，2020）。

在当下"讲好中国故事，共塑中国形象"的前提下，如何引导电影产业"扩容"与"提质"，满足人民群众对优质版权作品的需要是值得关注的问题。进军影视行业的互联网企业是文化和科技融合的代表，互联网企业对多元化且大规模的数据进行分析，凭借人工智能等技术驱动版权产业变革，展现大数据的巨大价值。互联网企业的参与将对电影制作与宣传等流程产生巨大影响，研究互联网企业对电影市场的影响对实现我国版权产业消费升级具有重要启示意义。

一、内容制作及其传播的互联网化

收视率反映版权作品的消费次数，消费次数越多版权作品就越有价值。随着科技的发展，人们越来越重视版权作品所附带的共享推荐和社区互动功能。相应地，企业想要在版权产业中取得成绩，就要善于利用科技，重视大众文化。

（一）大数据时代的大众文化与电影制作

版权产业的成败主要取决于内容的质量和价值，取决于观众的满意度。由于电影产业的投资风险大，观众偏好难以预测，因此电影产业从未停止对生产模式及生产规律的探索。以往版权产业选题的确定要先构建目标群体，然后进行市场信息的收集。但是这一过程不仅消耗大量的成本，而且收集的信息在有效性和真实性上也是有缺失的，很难体现观众的个性化和多样化需求。

大数据技术可以对受众产生的大量数据进行及时、准确、低成本的分类分析，了解受众需求的变化趋势，增强选题的针对性，克服版权产业选题过程中的不足。受众数据分析助力电影内容生产主要体现在两个环节：一是电影题材的选择，大数据可以分析总结当下热门话题，分析项目的改编潜力、题材发展趋势与受众转化等信息，辅助策划选题；二是情节内容设计，观众数据有助于分析观众喜爱的电影内容，通过分析类似视频的评论及其关键词，可以更清晰地了解观众偏好，也为背景设置、情节内容设定、角色描写等提供参考（崔岩，2019）。

用数据统计来判断观众喜爱的主题和情节的案例有很多。比如，影视数据企业艾漫科技通过分析发现"北京"和"爱情"是受观众喜爱与关切的关键词，这为电影《北京爱情故事》的剧情提供了素材。美剧边拍边播的拍摄制作方法也体现出观众呼声对影视创作的决定性影响。根据观众的呼声，《生活大爆炸》摄制组将男主角的角色性格重新设计，《越狱》摄制组让女主角复活（刘德群，2019）。再如，Netflix 在 2012 年就开始分析用户每日播放记录，包括用户在何时、何地，用什么设备观看何种节目，给用户添加个性标签，记录用户暂停、快进、搜索等播放行为，尝试分析用户对画面颜色、场景元素的偏好。基于此，Netflix 制作的《纸牌屋》取得了巨大的市场成功（唐忠敏，2021）。

依据上述分析可知，大数据技术使电影内容制作的标准化、系统化达到新高度，实现了一种新的观众互动模式，提升了相关版权作品的符号价值。互联网企业可以对其社区用户流量形成的大数据进行电影选题等分析，与现有的电影企业展开跨界合作，推出更符合大众文化的电影作品。

据此，提出如下研究假设：

H4：有互联网企业参与制作的电影票房更高。

（二）人工智能时代的信息传播与电影营销

迄今为止，人类信息分发主要经历了三个发展阶段：①依靠人工编辑的媒体分发；②依托社会关系链进行的信息分发；③基于智能算法的信息与用户匹配算法分发（喻国明、韩婷，2018）。在传统的新闻传播中，编辑权是媒体精英的职业权力，媒体人依靠这一权力为公众选择适当的内容并赋予不同的权重，最后给出一系列带有结构和秩序的信息集，公众只是一个被动的接收者。在人工智能时代，你关心的就是头条，算法逻辑提高了用户的地位（赵瑜，2018）。个人移动终端的普及与信息分享平台的扩张打破了大众媒体对信息资源的垄断，个人信息系统是由个人在社交关系中的点赞与评论来"编辑"，或者根据个人过去的阅读轨迹与阅读习惯来"编辑"，编辑的权力开始让渡给社交关系与平台算法。

信息分享平台不属于传统的新闻传播范畴，互联网企业往往也不承认自己的"媒体"属性，倾向于将自己描述为信息传输和数据交换的基础设施。信息平台认为自身没有新闻立场，算法的主要目的是提高受众黏性。当人们的交互活动和商务活动越来越向网络平台集中时，互联网信息平台企业的作用变化也越来越明显。在社交媒体时代，信息推荐和信息过滤等智能系统实际上具有议程设置的功能，可以取代传统媒体引导公众舆论。

人工智能时代的信息传播阵地向网络平台转移这一变化也对电影营销产生了影响。电影营销主要通过口碑引导与组织互动等方式，使电影的推广能够覆盖观众，挖掘潜在的观影群体，激发观众的观影消费行为，从而提升票房。目前，版权产业的营销工具已经扩展到微博等诸多基于互联网的新媒体。新媒体主要是指具有互动性的媒体，它是在新技术支持下出现的媒体形式（姜扬、宋雅琪，2019）。与传统营销方式相比，新媒体一对多或多对多的多元传播形式，使营销素材能够在短时间内迅速覆盖广大受众。

除覆盖面广这一优点外，新媒体还有宣传精准化的优点。一些网络平台已收集大量用户消费偏好与消费行为相关数据。在此基础上，大数据技术对收集数据进行分析整理，基于受众的年龄、性别与偏好等数据更准确地显示用户画像，实现兴趣标签与用户偏好相匹配，进而提供精准的个性化营销服务和产品推送。

电影《一条狗的使命》是一个很典型的精准营销案例：阿里影业运用大数据技术分析目标受众，锁定年轻女性、爱宠人士和亲子人群三类受众，针对不同类型的观众开发营销方案（方捷新等，2019）。百度与传奇影业在2016年开展推广合作，使用"百度大脑"的用户画像技术对观影人群进行分类精准营销，使电影《魔兽》票房提升了200%（宣晓晏，2019）。

此外，互联网双向互动的特点打破了传统电影单向营销方式，片方能够实时掌握市场营销反馈，并及时调整营销素材和宣传策略。通过分析电影发布前媒体传播数据、搜索关键词热度、预告片播放反馈可以了解营销方案的效果，对影片口碑及热度有更理性的认识，总结出更准确、科学的受众需求规律，对营销策略进行必要的修正，扩大电影的知名度，实现电影营销效率的最大化。提供跨平台测量方法的 ComScore 公司对电影《头号玩家》进行分析发现，女性粉丝占比为34%。根据这一反馈，片方发行人的营销目标是，在保持现有粉丝的基础上挖掘潜在消费者，对女性群体进行病毒式口碑营销，最终使女性受众占比显著提高（余吉安等，2019）。

随着新媒体用户数据的增长与信息推送权的增强，新媒体完全可以依据用户使用习惯形成的用户画像来判断用户观影喜好，进行相关信息推送，依据相应反馈来优化营销方式，以此来影响电影市场表现。

据此，提出如下研究假设：

H5：借助新媒体宣传的电影票房更高。

二、电影票房影响因素的研究设计

选择电影消费市场作为研究对象是因为电影产业是版权产业的典型代表，消费量巨大。相较于电子书、电子游戏、音乐等版权产业，电影产业的微观数据非常细致翔实，且电影评价的衡量有着较为丰富的数据，为研究电影市场消费行为提供了宝贵的资源。接下来，本部分将通过检验影响电影票房的因素，分析新媒体宣传行为与互联网企业参与电影制作对电影票房的影响。

（一）计量模型与指标选取

$$box_i = \gamma netmaker_i + \theta aiads_i + \delta control_i + D_i + \varepsilon_i \qquad (4-21)$$

i 表示样本个体（即电影产品），box_i 表示电影票房，$netmaker_i$ 表示影片制片方是否含有互联网企业，$aiads_i$ 表示影片借助新媒体宣传次数，$control_i$ 是一系列影响电影票房的控制变量，D_i 表示固定效应，ε_i 是误差项，γ、θ、δ 为回归系数。

本部分依照国家电影事业发展专项资金管理委员会办公室公布的影片上映信息，筛选出上映年份在 2014～2018 年的影片，考虑到故事片为主流电影类型，保留影片类型为故事片的样本；结合艺恩票房、猫眼电影、豆瓣电影与百度等信息源，收集电影总票房、周票房、发行方、制片方、影片类型等数据；删除电影发行方、制片方、演员、导演数量为 0，以及缺失剧情类型、放映类型、电影时长、电影票房信息的电影样本，对离群值变量进行 1% 水平的缩尾处理，变量描述性统计如表 4-7 所示。

表 4-7 变量描述性统计

变量	含义	观测值	均值	标准差	最小值	最大值
Panal A 总票房						
box	总票房（亿元）	1391	1.2647	3.0091	0	16.141
dbrate	豆瓣评分（十分制）	1119	5.3385	1.7752	2.1	9.3
dbrp	豆瓣评论人数	1119	84500	172000	44	1665770
festv	上映周节日数	1391	0.3242	0.5329	0	2
deliver	发行方数	1391	2.0338	1.5095	1	8
maker	制片方数	1391	3.7038	2.7511	1	13
actor	演员人数	1391	18.5629	18.1265	1	96
direct	导演人数	1391	1.2394	0.5673	1	4
movminite	电影时长（分钟）	1391	101.9303	15.1158	75	179
chinafile	中国电影	1391	0.6751	0.4685	0	1
netmaker	互联网企业参与制作	1391	0.0647	0.2461	0	1
aiads	新媒体宣传次数	1391	0.4975	1.6173	0	10
Panal B 周票房						
weekbox	周票房（亿元）	3546	0.5147	1.099	0.0013	6.3605
weekboxadd	累计票房（不含当周，亿元）	3546	2.512	4.9196	0	26.607
weeknum	上映周数	3546	2.9346	2.0183	1	14
weekseat	场均观影人次	3546	15.3878	19.7429	1	124
weekday	当周天数	3546	6.0651	1.6829	1	7
weekday	当周天数（首周）	1005	3.7015	1.4818	1	7
weekfestv	当周法定节日天数	3546	0.5795	1.2578	0	7
deliver	发行方数	3546	2.4614	1.845	1	9
maker	制片方数	3546	4.4055	3.2841	1	16
actor	演员人数	3546	27.9941	24.7703	3	140
direct	导演人数	3546	1.3387	0.6752	1	4
aiads	新媒体宣传次数	3546	1.1387	3.3806	0	23
netmaker	互联网企业参与制作	3546	0.1227	0.3281	0	1
movminite	电影时长（分钟）	3369	109.8988	16.9245	76	179
dbrate	豆瓣评分（十分制）	3437	5.9875	1.6319	2.1	9.3
dbrp	豆瓣评论人数	3437	172000	244000	59	1665770
chinafile	中国电影	3546	0.5262	0.4994	0	1

（二）变量处理说明

（1）被解释变量：电影票房。票房数据分为电影总票房与电影每周票房，从总票房及更细化的周票房两个角度研究解释变量对电影市场表现的影响，以增加研究结论的稳健性。

（2）核心解释变量：互联网企业参与制作与新媒体宣传次数。通过汇总收集电影制片方样本，从参与制作电影大于或等于两次的制片方中筛选出互联网企业，最终将筛选出有优酷、爱奇艺、阿里巴巴、腾讯、格瓦拉等互联网企业参与制作的电影标记为 1，其他标记为 0，构造 $netmaker_i$ 统计量。

新媒体宣传次数 $aiads_i$ 是电影官方在电影上映前通过新浪微博、今日头条、一点资讯三家媒体进行影片宣传的次数。选取这三家媒体进行统计的原因是，这些媒体区别于传统电影门户网站，能根据用户的阅读兴趣在适当时机将电影相关资讯推荐到用户个人的信息流中，以达到更加精准和适当的宣传效果。

（3）控制变量。表 4-7 中的 Panel A 部分是总票房数据变量，Panel B 部分是周票房数据变量。总票房数据变量包括上映周节日数、发行方数、制片方数、演员人数、导演人数、电影时长、中国电影、剧情类型、放映类型。其中，中国电影是哑变量，当电影来自中国时该变量赋值为 1，否则赋值为 0。上映周节日数是指电影上映日前一周与后一周含有元旦、春节、清明节、劳动节、端午节、中秋节及国庆节的次数。电影剧情类型包含爱情、科幻、战争等。放映类型分为 2D、3D、IMAX。周票房数据变量还包括不含当周的累计票房、上映周数、场均观影人次、当周天数、当周法定节日天数。

豆瓣电影是国内电影覆盖面较广的知名电影分享评论社区网站，用户量大，评论活动活跃，信息共享频繁，数据质量较高。豆瓣电影评分人数可以反映电影的网络热度，这与电影票房密切相关，因此本部分选取电影评分人次作为电影票房的替代变量进行稳健性检验。同时，用豆瓣电影评分来区分电影口碑。需要说明的是，并非样本中的每一部电影都有豆瓣评分，主要原因是该电影豆瓣没有收录，或者该电影评分人数不足，无法得到电影评分，亦无法得到评分人数。因此，本部分定义评分大于或等于 6 分的电影为高评价电影，将没有评分或评分小于 6 分的电影定义为低评价电影，然后进行分组回归。

依据总票房数据的描述性统计结果（见表 4-7），从均值来看，大多数电影的发行公司与制作公司不止一家，而导演人数大多为一人。从媒体宣传的角度来看，电影官方借助新媒体进行宣传的次数均值为 0.4975，说明借助新媒体进行宣传的电影占比不到一半。由互联网企业担任制片方的电影占比更少，仅为 6%。依据周票房数据的描述性统计结果（见表 4-7），从均值来看，电影官方借助新媒体进行宣传的次数均值为 1.1387，由互联网企业担任制片方的电影占比为 12%，相对于总票房数据来说，占比都有所增加。

三、电影票房影响因素的回归结果

（一）基本回归结果

表 4-8 是以总票房为因变量得到的回归结果。由表 4-8 前三列可知，在法定节假日期间上映的电影票房表现更好。制片方数量与发行方数量对电影票房均有正向影响，但相对于制片方数量，发行方数量对电影票房的影响更加显著。此外，电影时长、演员人数、导演人数对电影票房均有显著的正向影响，且中国电影的市场表现更好。核心自变量 netmaker、aiads 的回归结果均显著为正，证实了提出的研究假设 H1、H2，即有互联网企业参与制作的电影票房更高，借助新媒体宣传的电影票房更高。

表 4-8 列 4 与列 5 是分样本讨论，列 4 是以高评价电影为样本进行的回归分析；列 5 是以低评价电影为样本进行的回归分析。比较列 4 与列 5 的回归结果可以发现核心自变量 netmaker、aiads 的回归系数均为正，但相较于低评价电影样本，互联网企业担任制片方对高评价电影票房的正向影响更为显著。

表 4-8 总票房回归结果

变量	（1）	（2）	（3）	（4）	（5）
	box	box	box	high	low
festv	0.485 ***	0.494 ***	0.474 ***	0.680 ***	0.295 **
	(0.126)	(0.127)	(0.127)	(0.244)	(0.130)
deliver	0.195 ***	0.196 ***	0.186 ***	0.265 **	0.121 ***
	(0.0470)	(0.0498)	(0.0482)	(0.100)	(0.0412)
maker	0.0153	0.0389	0.0106	0.0411	0.00730
	(0.0285)	(0.0322)	(0.0286)	(0.0782)	(0.0314)
actor	0.0235 ***	0.0234 ***	0.0240 ***	0.0241 **	0.0207 **
	(0.00655)	(0.00654)	(0.00648)	(0.00914)	(0.00880)
direct	0.348 **	0.358 **	0.349 **	1.018 ***	−0.0485
	(0.150)	(0.152)	(0.151)	(0.351)	(0.0976)
movminite	0.0443 ***	0.0437 ***	0.0419 ***	0.0417 ***	0.0400 ***
	(0.00739)	(0.00741)	(0.00738)	(0.0116)	(0.00795)

续表

变量	(1)	(2)	(3)	(4)	(5)
	box	box	box	high	low
chinafile	0.610*** (0.158)	0.658*** (0.155)	0.592*** (0.158)	1.173*** (0.411)	0.126 (0.188)
netmaker	1.238*** (0.408)		1.067** (0.422)	1.471** (0.689)	0.477 (0.420)
aiads		0.193** (0.0761)	0.167** (0.0756)	0.188 (0.117)	0.141 (0.101)
常数项	−5.214*** (0.675)	−5.308*** (0.708)	−5.003*** (0.691)	−5.659*** (1.229)	−4.046*** (0.810)
观测值	1372	1372	1372	460	911
R-squared	0.509	0.510	0.516	0.521	0.457

注：＊、＊＊、＊＊＊分别表示双尾检验中10%、5%、1%的显著性水平，回归时控制影片上映月份、上映年份、剧情类型及放映类型的固定效应，以总票房指标为因变量的标准误聚类到电影上映日所属年月，以周票房指标为因变量的标准误聚类到电影票房对应周，下同。

表4-9是对应表4-8的稳健性检验，前三列是以总票房对数值①为因变量得到的回归结果，后三列是以豆瓣评分人数对数值为因变量得到的回归结果。表4-9列1与列4是对所有样本进行的回归分析；表4-9列2与列5是以高评价影片为样本进行的回归分析；表4-9列3与列6是以低评价影片为样本进行的回归分析。由表4-9可知，核心自变量 netmaker、aiads 的回归结果为正，除列2外，均较为显著，与表4-8回归结果基本保持一致。

表4-9 总票房稳健性检验

变量	(1)	(2)	(3)	(4)	(5)	(6)
	lnbox	high	low	lndbrp	high	low
netmaker	1.181*** (0.243)	0.399 (0.319)	1.408*** (0.290)	1.167*** (0.196)	0.563** (0.242)	1.238*** (0.210)
aiads	0.223*** (0.0365)	0.129*** (0.0370)	0.249*** (0.0526)	0.144*** (0.0307)	0.0857** (0.0387)	0.172*** (0.0444)
控制变量	是	是	是	是	是	是

---

① 对总票房数据进行对数化处理时，总票房以万元为单位，下同。

续表

变量	（1）	（2）	（3）	（4）	（5）	（6）
	lnbox	high	low	lndbrp	high	low
观测值	1372	460	911	1106	460	644
R-squared	0.634	0.583	0.572	0.612	0.437	0.603

注：回归时控制固定效应，不再展示，常数项亦不再汇报，下同。

表 4-10～表 4-14 是以周票房指标为因变量得到的回归结果，表 4-10 对所有样本进行回归，表 4-11 以高评价电影为研究样本，表 4-12 以低评价电影为研究样本。表 4-10～表 4-14 前 4 列以周票房为因变量进行回归，后 4 列以周票房对数值①为因变量进行回归。表 4-10～表 4-14 中列 1 与列 5 以全部上映周的数据为样本进行回归；列 2 与列 6 以电影上映第一周的数据为样本进行回归；列 3 与列 7 以电影上映非第一周的数据为样本进行回归；列 4 与列 8 以电影上映非第一周与非最后一周的数据为样本进行回归。

以周票房数据为因变量时，控制变量中额外加入不含当周的累计票房（weekboxadd）、上映周数（weeknum）、当周场均观影人次（weekseat）、当周上映天数（weekday）、当周法定节日天数（weekfestv）。其中，控制当周上映天数的意义在于，除第一周与最后一周外，其他周的当周上映天数均为 7 日，而第一周的上映天数是用上映首周星期日的日期减去上映日日期得到的天数加 1 计算得出的。由于电影停止放映日期的缺失，最后一周的当周上映天数统一赋值为 7。相比于列 3 与列 7，列 4 与列 8 删掉最后一周的票房数据能避免最后一周的上映天数不为 7 时对回归结果的影响（见表 4-10）。

表 4-10 中核心自变量 aiads 的回归结果均显著为正。除表 4-10 列 2 以外，核心自变量 netmaker 的回归结果均显著为正。这一结果从周票房数据层面证实了提出的研究假设 H1、H2。

表 4-10　电影周票房

变量	（1）	（2）	（3）	（4）	（5）	（6）	（7）	（8）
	weekbox	1st	n1st	n1st_last	lnweekbox	1st	n1st	n1st_last
netmaker	0.192 ***	0.0854	0.193 ***	0.225 ***	0.372 ***	0.347 *	0.356 ***	0.354 ***
	（0.0631）	（0.139）	（0.0629）	（0.0857）	（0.105）	（0.184）	（0.107）	（0.115）

① 对周票房数据进行对数化处理时，周票房以万元为单位，下同。

续表

变量	（1）	（2）	（3）	（4）	（5）	（6）	（7）	（8）
	weekbox	1st	n1st	n1st_last	lnweekbox	1st	n1st	n1st_last
aiads	0.0258***	0.0576***	0.0192***	0.0184**	0.0602***	0.0986***	0.0533***	0.0390***
	（0.00685）	（0.0214）	（0.00570）	（0.00796）	（0.0106）	（0.0183）	（0.0109）	（0.0118）
控制变量	是	是	是	是	是	是	是	是
观测值	3366	948	2406	1590	3366	948	2406	1590
R-squared	0.362	0.555	0.422	0.463	0.432	0.590	0.511	0.509

在表 4-11 中，互联网企业参与制作及新媒体宣传对电影票房有正向作用，但 netmaker 在列 2 与列 6 中未通过显著性检验。这说明对于高评价电影来说，互联网企业参与制作电影的非首周票房比其他电影的非首周票房更高。

表 4-11 高评价电影周票房

变量	（1）	（2）	（3）	（4）	（5）	（6）	（7）	（8）
	weekbox	1st	n1st	n1st_last	lnweekbox	1st	n1st	n1st_last
netmaker	0.247**	0.0564	0.297***	0.334***	0.263*	0.153	0.304*	0.381**
	（0.0975）	（0.230）	（0.0953）	（0.114）	（0.150）	（0.285）	（0.155）	（0.148）
aiads	0.0206**	0.0314	0.0209**	0.0190	0.0357**	0.0473**	0.0367**	0.0243
	（0.00984）	（0.0340）	（0.00900）	（0.0126）	（0.0140）	（0.0226）	（0.0155）	（0.0157）
控制变量	是	是	是	是	是	是	是	是
观测值	1893	424	1464	1064	1893	424	1464	1064
R-squared	0.387	0.572	0.471	0.507	0.434	0.594	0.528	0.531

从表 4-12 整体回归结果可知，netmaker 始终未通过显著性检验，aiads 对电影票房有正向作用，且具有较高显著性。这说明互联网企业参与电影制作对电影票房的提升作用取决于电影自身的质量，评价高的电影才能在受众中形成宣传效果并引起发酵，刺激受众消费。

表 4-12 低评价电影的周票房

变量	（1）	（2）	（3）	（4）	（5）	（6）	（7）	（8）
	weekbox	1st	n1st	n1st_last	lnweekbox	1st	n1st	n1st_last
netmaker	0.0539	0.0702	0.00719	-0.00328	0.241	0.398	0.105	-0.00574
	（0.0863）	（0.196）	（0.0875）	（0.134）	（0.157）	（0.256）	（0.170）	（0.218）

续表

变量	（1）	（2）	（3）	（4）	（5）	（6）	（7）	（8）
	weekbox	1st	n1st	n1st_last	lnweekbox	1st	n1st	n1st_last
aiads	0.0296***	0.0870***	0.0142	0.0155	0.0589***	0.138***	0.0382**	0.0320*
	（0.0113）	（0.0258）	（0.00891）	（0.0120）	（0.0166）	（0.0248）	（0.0157）	（0.0191）
控制变量	是	是	是	是	是	是	是	是
观测值	1473	522	942	525	1473	522	942	525
R-squared	0.336	0.541	0.389	0.449	0.430	0.541	0.531	0.562

（二）稳健性检验与机制检验

首先，通过引入竞争机制的方式展开稳健性检验。为控制电影上映当周同期电影竞争的情况，依据收集的周票房数据，计算出本周其他电影豆瓣评分总值及本周其他电影周票房总值，将这两个数据加 1 取对数，并进行 1% 水平缩尾处理，生成指标本周期其他电影豆瓣评分绝对值 lnpeerrate 与本周期电影票房对数值 lnpeerbox。将这两个指标分别纳入控制变量中进行回归，得到的回归结果如表 4-13 与表 4-14 所示。由回归结果可知，在控制同期影片竞争的前提下，互联网企业担任制片方及新媒体宣传对电影票房有正向影响。此外，lnpeerrate 与 lnpeerbox 系数为负，说明同期电影市场竞争会降低票房收入。

表 4-13　控制同期其他电影评分值

变量	（1）	（2）	（3）	（4）	（5）	（6）	（7）	（8）
	weekbox	1st	n1st	n1st_last	lnweekbox	1st	n1st	n1st_last
lnpeerrate	-0.119**	-0.0776	-0.117*	-0.259***	-0.146	-0.242	-0.0944	-0.331**
	（0.0519）	（0.104）	（0.0654）	（0.0917）	（0.0988）	（0.155）	（0.112）	（0.146）
netmaker	0.193***	0.0853	0.195***	0.233***	0.374***	0.347*	0.357***	0.364***
	（0.0630）	（0.140）	（0.0628）	（0.0856）	（0.105）	（0.183）	（0.107）	（0.114）
aiads	0.0262***	0.0578***	0.0196***	0.0193**	0.0606***	0.0992***	0.0536***	0.0402***
	（0.00685）	（0.0214）	（0.00572）	（0.00797）	（0.0107）	（0.0180）	（0.0109）	（0.0120）
控制变量	是	是	是	是	是	是	是	是
观测值	3366	948	2406	1590	3366	948	2406	1590
R-squared	0.362	0.556	0.423	0.466	0.432	0.591	0.511	0.511

表 4-14　控制同期其他电影票房值

变量	（1）	（2）	（3）	（4）	（5）	（6）	（7）	（8）
	weekbox	1st	n1st	n1st_last	lnweekbox	1st	n1st	n1st_last
lnpeerbox	−0.264 ***	−0.197 ***	−0.235 ***	−0.330 ***	−0.486 ***	−0.308 ***	−0.463 ***	−0.435 ***
	（0.0499）	（0.0721）	（0.0436）	（0.0511）	（0.0772）	（0.0997）	（0.0675）	（0.0628）
netmaker	0.208 ***	0.116	0.202 ***	0.246 ***	0.402 ***	0.395 **	0.374 ***	0.382 ***
	（0.0614）	（0.143）	（0.0619）	（0.0832）	（0.103）	（0.185）	（0.106）	（0.112）
aiads	0.0266 ***	0.0576 ***	0.0200 ***	0.0190 **	0.0615 ***	0.0984 ***	0.0548 ***	0.0397 ***
	（0.00691）	（0.0208）	（0.00573）	（0.00798）	（0.0107）	（0.0180）	（0.0111）	（0.0122）
控制变量	是	是	是	是	是	是	是	是
观测值	3366	948	2406	1590	3366	948	2406	1590
R−squared	0.380	0.563	0.439	0.488	0.449	0.597	0.527	0.530

其次，借助中介效应展开机制检验。通过实证检验发现，互联网企业担任制片方及新媒体宣传对电影票房具有显著的促进作用。为进一步检验传导机制，本部分参照温忠麟和叶宝娟（2014）的方法，借助中介效应实证检验。已知互联网企业担任制片方及新媒体宣传对电影票房具有显著的促进作用，则需再检验互联网企业担任制片方及新媒体宣传对电影口碑的作用，并在此基础上检验互联网制片方、新媒体宣传及电影口碑对电影票房的影响。

表 4-15　中介机制效应

变量	（1）	（2）	（3）	（4）
	dbrate	dbrate	box	lnbox
dbrate			0.255 ***	0.423 ***
			（0.0610）	（0.0557）
aiads		0.0204	0.157 **	0.181 ***
		（0.0207）	（0.0766）	（0.0320）
netmaker	0.455 ***	0.434 **	0.970 **	0.814 ***
	（0.168）	（0.172）	（0.430）	（0.225）
控制变量	是	是	是	是
观测值	1106	1106	1106	1106
R−squared	0.571	0.571	0.513	0.629

表 4-15 以总票房数据为研究样本，用豆瓣评分表示影片口碑，并将其作为

中介变量。表 4-15 前两列以豆瓣评分为因变量，从列 1 与列 2 的回归结果可以发现，相对于新媒体宣传，互联网企业参与电影制作对影片口碑的促进效果通过了显著性检验。这说明互联网企业参与电影制作提升了影片口碑。表 4-15 列 3 与列 4 分别以总票房和总票房对数值为因变量，回归结果显示，互联网企业参与电影制作及影片口碑对电影票房均具有显著的促进效果，呈现出部分中介效应。

四、人工智能及网络技术对电影票房的影响

通过本章数理模型推导发现传播是放大版权价值的关键，原因在于版权作品的价值并非在一次创作后形成，在得到受众认可后，作品在其传播过程中还会进一步形成价值。算法推荐及聚合平台能够加快作品传播速度并降低搜索成本，使人们能方便快捷地获取所需作品，这将促进作品传播及提升版权作品价值。从回归结果可知，互联网企业参与电影宣传可以提升电影票房，回归结果进一步验证了数理模型在电影市场中的适用性。

虽然在大数据智能时代，人们可以享受算法对问题进行主动诊断并给出相应解决方案的功能，但算法程序并不完全按照数据分析结果进行匹配，第三方的利益和价值也包含在算法中（戚聿东等，2021）。以低评价电影为样本的研究发现，新媒体宣传对电影票房有显著正向作用，这说明新媒体在一定程度上引导着观众做出观影选择。从以周票房指标为因变量的总体回归结果来看，互联网企业参与电影制作对电影票房的提升作用更多体现在高评价电影样本上。这说明虽然新媒体对电影宣传的精确度与适时性都有所提升，且互联网企业可以依托大数据预测和迎合观众口味，但是中国电影市场仍然保持着一定理性，即观众只有在电影评价好的前提下，才会对相关电影给予支持。

进一步研究发现，互联网企业参与电影制作可以提升电影的网络口碑，进而提升电影票房。这说明好口碑是一种票房号召力，互联网企业参与制作的电影凭借着其广泛的用户数据与不断优化的算法技术，在一定程度上适配了大众文化需求，满足了观众对优秀作品的期待，提升了电影经济收益。

在文化和科技融合背景下，如何实现电影经济收益与艺术水平的同步提升，仍值得不断思考与完善。

一方面，在当前的经济背景下，版权产业迫切需要新的刺激来推动新一轮增长。日益成熟的人工智能技术可以将文化创作这类高技能需求的任务转化为使用机器复制的生产，使智能生产在文化内容创作领域的应用拥有方便、成本低的优势，提高版权作品的生产效率。新技术的运用在电影创作中将丰富其内涵并创新

版权作品形式，刺激新的文化需求，带动文化消费。人工智能对生产端的冲击为版权产业的突破发展提供了契机，合理利用人工智能技术将打破产业发展桎梏，为版权产业发展提供极好的舞台。从实证结果来看，在电影领域互联网企业的参与及人工智能等技术的运用提升了电影市场表现，完成了版权产业消费升级中的"扩容"任务。

另一方面，每个版权作品都需要独创性，这体现着创作者的审美。版权作品需要个性化创作来构成自己的附加值，使版权作品既具有经济价值又具有文化传播价值。版权作品要实现高附加值就要具有科学、健康、丰富的内容，以此获得消费者的青睐。从消费者的角度来看，版权作品的创造是为了满足消费者对审美、精神及情感诉求的个性化需求。

在"流量为王"的背景下，最终决定一项技术能否在竞争中存留的决定因素仍然是其受众。各个平台为了在激烈竞争中存活都会推出满足用户一时感官刺激的内容，这些内容往往过度注重表现形式，而忽视内在审美价值，个别内容为博眼球甚至会突破道德伦理底线。优秀的版权作品可以激发受众的审美情感，而刻意迎合"爆点"的版权作品的主要目的是满足用户需求，两者脱节的原因在于技术对人类情感的抹杀（李旭，2021）。

与人工智能相比，人脑基于文化内涵创作，而人工智能则将审美程序化，依靠机械逻辑进行创作，其本质是对数据的归纳整理，创作不具备情感与意向，缺乏审美价值。算法推荐受众可能欣赏的内容，但通过媒介技术生成的模式化、程序化、工具化影像产品的审美价值会大打折扣。

艺术作品的创作需要考虑其对社会意识与人类内心的影响，如果人工智能分析大数据仅是为了迎合大众，那么电影艺术将成为没有活力的工业复制品，机器创作必然导致作品同质化，艺术创作的源泉也会枯竭。过度依赖人工智能创作，忽视对传统文化创意产业的尊重，会打击创作者的积极性，注定无法满足人们不断发展的精神文化需求，而网络传播的促进效应也将成为无源之水，无本之木，难以为中国影视产业创造新价值。

从实证结果来看，互联网企业参与制作电影可以提升电影口碑，进而提升电影票房。但是，电影网络口碑并不完全等同于电影质量，一部电影的审美价值亦难以衡量。要实现电影产业乃至整个版权产业的"提质"任务，仍需各方不断努力。这也再次说明了人工智能技术的引入对版权产业发展影响的复杂性，新技术手段的纳入使电影等有了更加丰富的表现形式、更加精准的市场投放，但形式的复杂和绚丽依然要服务于思想与内容，更要防止在利益的驱动下形成"技术依赖症"。

第五章　版权保护的再平衡：
几个典型事实

1991 年，中华人民共和国第一部著作权法颁布，肯定了文学、艺术与科学作品的商业属性，作品权利的确定保障了版权生产由市场需求决定（向光富、卫绪华，2019）。财产权是著作权的核心权利，没有商业传播就没有商业利益，没有商业利益就没有权利界定的必要（孙昊亮，2017）。著作权通常包括信息网络传播权、广播权、表演权、展览权、出租权与发行权。版权的本质属性是商业利益权，在网络通信技术迅速发展的当下，这一点越来越成为人们的共识。

传播技术的发展既为创作者拓展市场提供了工具，也为提升作品利用效率提供技术支持，更是为消费者获取作品提供了新途径。任何传播技术的发展都会在版权制度上留下印记，在不同传播技术的主导下，版权作品的市场范围也会发生改变，版权制度要相应变革才能体现制度的生命力。

数字技术在降低版权作品制作传输成本的同时也引发了盗版问题。大数据、人工智能等技术的发展将给社会带来巨大变化，这将是迄今为止版权制度面临的最为深刻的冲击，改革版权制度可以为数字时代的权利保护提供一些可鉴之路。

现阶段，版权作品的生产与传播渠道已经与信息技术高度绑定，数字时代的版权本质是信息，因此具有特殊经济属性：①信息传播成本往往低于生产成本。②信息消费有低竞争性，它被消费后不会有损耗。③信息有正外部性，不完全归属于信息所有者，其供给可能会不足。④信息不易定价，在信息未被知晓前难以判断其价值，在信息被知晓后接收者不愿再为已知信息付费。⑤信息价值随使用次数的增加而增加。

版权经济有区别于实体经济的特殊经济属性，因此版权也是最先受到冲击的权利体系。生产领域出现的 AI 创作这对作品形态规范及作品保护规则提出了挑战，传播领域出现的"数字媒介为王"现象改变了版权作品的传播范围与方式。

在传统版权法时代的功利主义平衡版权人与社会公众之间的利益以促进社会

文化发展，网络时代的版权法平衡版权人、社会公众与网络中介服务提供者这三者的利益，既推动了文化发展，也促进了网络产业发展。可见，只有对知识的生产者、传播者、使用者重新进行利益均衡才能形成良性的知识再生产循环，版权配置不均衡会导致循环不畅，而版权配置均衡则将促进知识可及性，进而促进文化繁荣。版权保护是版权配置后的维护措施，有效的保护措施能够规范行为人的作品利用行为。

第一节　版权制度中的利益平衡

一、著作权人的权益诉求

（一）接触控制措施的诞生

在技术发展初期，以手工抄写为代表的私人复制有分散性和隐蔽性，其形成的有限的复制品远离市场，因而权利人会选择忽视这类行为。当手工抄写转变为机械复制时，机械复制品与商业性复制品的差异较小，投入市场与个人使用的界限不再明晰，因此著作权法要进行回应，打击盗版行为。在数字网络时代，任何人都可对数字作品进行无限制、高质量及低成本的复制，并借助数字网络分享。很多免费文件分享网站创造了便利版权作品传播的地下经济。尽管版权诉讼不断被提起，但文件交换网络的流量却一直有增无减。

面对上述困境，有两种保护著作权人权益的方案：一种是以法律制裁为代表的"事后救济"；另一种是借助技术手段进行的"事前预防"，具体可分为接触控制措施与著作权保护措施，分别控制接触使用作品行为与复制发行等传播行为。尽管各国的版权法都赋予版权人信息网络传播权、复制权、发行权等排他性权利，但如果法律只能依靠司法程序来惩罚侵权行为，那么法律救济就会不及时。数字化的作品内容可以在极短的时间内完成复制与传输，作品非法传播往往涉及多个个人用户，寻找这些并不一定具有赔偿能力的个人是不切实际的（王迁，2003）。因此，在网络时代，仅依靠司法程序制裁侵权行为难以充分保护作者利益。

"事前保护"是一种著作权法之外的私力规则，通过许可合同等形式使使用人承担额外义务来加强对原创者作品的保护。根据《信息网络传播权保护条例》第26条，技术措施是用于限制未经权利人许可接触作品，以及通过信息网络向公众传播作品的技术手段。较常见的接触控制措施包括 DVD 加密、网站浏览控制等。作品利用与传播方式的改变是著作权法保护接触控制措施的原因。自技术保护措施诞生之日起，各种破坏工具与破坏行为随之而来。因此，为了保护著作权，法律有必要保护著作权技术保护措施。

在著作权技术保护措施获得法律保护之前，影业公司曾指责索尼公司生产的录像机是一种剽窃用的机器。美国最高法院认为索尼公司无法控制消费者如何使用其生产的录像机，录像机可以用于正当途径也可用于制作盗版，但不能为保护电影业利益而牺牲索尼公司及其用户的利益。同时，美国最高法院也指出绝大多数用户购买机器是为了在其他时间观看固定时间播放的电视节目，构成合理使用。这一案件说明技术进步将带来负面影响，但消费者权益仍要得到保护。

虽然判决结果维护了公共利益，但这一判决结果让电影行业十分不满，当时的电影行业以影院放映为主，即使是影院都少有电影的副本。唱片行业对副本已习以为常，早早放弃对作品的绝对控制。受此影响，电影行业深入参与到 DVD 行业中，几乎所有 DVD 都有了内容加密技术，这些技术可以限制快进、保存、录制等行为。电影行业又重新夺回在索尼录像机案件中失去的控制权，制片厂重新控制消费者的行为（赞普诺斯基、舒尔茨，2022）。

有了限制，自然就有准备突破限制的人；有了第一个突破限制的人，自然就将出现一群突破限制的人。1996 年推广应用的 DVD 加密技术在 1999 年被破解。1998 年，美国推出《数字千年版权法》，该法案的两个核心内容分别是避风港规则与保护技术措施。技术措施是数字版权保护措施，《数字千年版权法》规定任何破坏、规避技术措施的行为都是违法行为。自此，权利的天平重新向版权人倾斜，消费者对作品的支配能力进一步下降（赞普诺斯基、舒尔茨，2022）。确认技术措施的有效性已经成为世界各国的普遍做法。

（二）受限的权利用尽规则

现今的版权市场同时提供数字产品与实体产品，两者存在一定差别。数字产品带来方便的同时也让相关权利人失去了一些权利。受用户协议与数字管理技术的影响，数字产品消费者并不完全享有所有权，与实体产品相比，数字产品消费者大多不可转让产品，不能出租产品，不能修改产品，仅可在限定的设备上使用产品。当消费者在无意间违反某些用户协议时，还会被禁用数字产品。权利人拥有实体产品时也不可以任意使用，需要在法律允许的范围内使用，而且数字网络技术带来便利的同时也限制了使用的自由，技术集团逐渐掌握了部分作品的控制权（赞普诺斯基、舒尔茨，2022）。

权利用尽是指作者将作品销售给消费者后即丧失对产品的部分控制权。其典型的规则代表是首次销售规则，即法律规定作品复制件拥有者有权出租、赠送、出售自己手中的复制件。权利用尽规则是要平衡作者与消费者之间的利益，避免作者过度控制作品流通，同时权利用尽并不允许消费者有私自印刷并销售等越界行为。权利用尽规则的益处是打开了二手转让市场，使作品的价格降低进而可以被更多的人负担得起，让更多的人有机会以可负担的成本接触游戏、图书、唱片、电影等版权作品，并促进文化传播。该规则表明，消费者在购买书籍、电影光盘、游戏软件后无需花费大量成本研究自己有哪些权利，需受何种约束。

然而，电子游戏产业中的主流游戏硬件生产商都反对权利用尽规则。日本游戏公司任天堂（Nintendo）起诉从事二手游戏销售的公司。索尼公司开发了一项限制二手游戏光盘交易的技术，该技术可将游戏光盘与游戏主机绑定，绑定后的游戏光盘无法在其他游戏主机使用。微软在发布游戏机时也公布了限制二手游戏的计划，但因玩家反对而作罢。事实上，如果没有二手市场，大多数人不会购买游戏或者只购买较少的游戏，而游戏厂商希望玩家购买而非租用游戏。

任何厂商都想消除竞争，汽车公司希望消费者买新车而非去二手车平台选购，服装厂商也希望取消二手交易市场。消费者需要保护个人财产的制度安排，而版权人始终反对权利用尽规则，数字网络发展让他们得到了扼杀此规则的机会。版权法保持著作权人与公众的平衡，当私人借助代码等技术保护版权时会有这种考虑吗？事实是不会，版权人不会预留合理使用的空间。书店允许顾客先看后买，但代码将优先保护作者权益。《信息网络传播权保护条例》规定著作权人可以采取技术措施保护作品，他人不可有意破坏技术措施，这从法律角度承认了技术手段对消费者合理使用空间的压缩。代码等加密技术手段更好地保护了著作权，但对公共利益的影响未得到回应（莱斯格，2009）。

（三）公共利益和私人利益的再平衡

在网络普及前，消费者对作品的接触受著作权人的控制。因为当时只有接触实体介质才能接触作品内容，所以只要控制作品的物理介质提供环节就基本控制了作品接触行为。随着网络时代的到来，大众能以较低的成本制作接近完美的拷贝文件，进而通过网络传输作品。于是，版权所有者面临着"数字困境"：网络降低了发行制作成本，但这为消费者随心所欲地复制传播作品敞开了大门（Troupson，2015）。有学者认为数字网络技术给版权产业带来了史无前例的挑战，进而影响版权产业的经济效益与商业模式（Leaffer，2001）。大众对作品的使用已经从间接获取物质载体转变为直接欣赏作品，公众不需占用载体就能接触作品，从而实现作品的使用价值。网络与数字作品的出现使控制作品复制失去可能性，版权企业因而将保护作品利益的重心放在作品与服务的接触控制环节上。内容的数字化决定了著作权法应保护接触控制措施，只有控制对作品的接触才能有效维护著作权方的利益。

在作品数字化的背景下，接触控制措施能弥补版权保护的不足，使著作权人能够更有效地控制他人接触自己的作品，保证其经济利益。与此同时，著作权人也可利用该技术措施达成价格区域划分、捆绑销售、垄断市场等目的。在产业集团的推动下，此种措施扩展至传统版权并不包含个人使用领域。比如，软件安装与运行并非传播，但软件版权人可以依据复制权主张用户行为侵权。另一个例子是，用户从互联网下载未经授权的影音作品在个人电脑上欣赏，著作权人可主张侵犯其复制权，甚至在线浏览过程中发生的暂时存储行为也存在侵权的争议。在印刷时代版权法是"为了控制传播而规制复制"，在数字技术时代则有了"为了控制复制而规制复制"的情形（胡波，2016）。复制权异化的结果是著作权挤压知识共享空间，侵权责任从传播者延及个人。知识产权的实施应有助于促进技术与文化的进步与传播，有助于以利于社会福利的方式促进生产者与使用者的权利与义务平衡。版权法因技术进步而发展，著作权人的权利不断拓展，这是版权法鼓励创新与知识传播的目的体现，但一些限制措施也挤压了消费者的作品接触空间。

著作权法保护接触控制措施的目的是在新技术条件下保障版权人利益，这是一种类似专有权利的私权保护。如果版权人滥用这一私权，则可以通过反垄断法等其他法律进行规制。事实上，法律并不因可能存在不当利用而拒绝授予这些权利，而是通过其他法律对私权利用行为加以规范（王先林，2001）。私法的授权与公法对知识产权滥用行为的规制并行不悖。

公共利益和私人利益是相互交错的，如何进行区分是著作权制度的核心问题。从印刷机到数字点播，每次新技术出现立法者都要面临两难选择：扩张著作权使作者和出版商获取作品在市场上的新价值，或者抑制著作权让公众免费使用作品复制件（戈斯汀，2008）[①]。这是出版商、作者、社会公众之间的博弈，双方诉求难以同时得到满足。在数字网络技术冲击下，传统著作权遭受严峻挑战。

---

① 保罗·戈斯汀. 著作权之道从谷登堡到数字点播机 [M]. 金海军，译. 北京：北京大学出版社，2008.

在传统的模拟复制环境下，高复制成本与低保真性使载体商品成为版权市场上的主流。但是，在网络环境下低成本且高保真的传播使作品以非商业的形式广泛传播，传统著作权制度显然不能适应这种商业模式。因此，必须从理论上构建数字网络环境下的著作权边界。

版权法是利益平衡的结果，技术变迁改变版权产业商业模式，其中的利益格局因而发生改变。技术不确定性使法律制度无法及时响应技术变化，新的作品内容传播与使用方式常挑战版权法律，这导致著作权人与作品使用者发生利益冲突（Depoorter，2008）。频繁的创作和传播必然会发生创作者在无意中闯入他人版权领地的现象，这就是数字网络时代遗留的版权问题。在数字网络普及各种知识，方便消费者、创造者、传播者的同时，我们也要重视其对版权保护的挑战。

二、保护公众使用权的必要性

知识是有逻辑、有系统地组织起来、具有一定价值的信息。信息自由和知识共享这两个命题在一定程度上是可以通约的。知识共享与信息自由在法理、伦理与文化渊源上都有正当性。罗尔斯的制度伦理观可为知识共享及信息自由提供论据支撑。罗尔斯（1988）提出"基本善"（basic goods）的概念，认为信息是一种基本善。基本善是各种各样的社会条件及适合于各种目的的手段。这些基本善对于大众全面发展、充分运用自己的道德能力、追求自己善的观念都是必需的（龚群，2006）。每个人都是生活规划者，而信息对生活规划来说是必不可少的。当信息匮乏时，个体可能无法达成合理的规划，错误的信息甚至会导致偏见与歧视。

从另一个角度来看，知识是一种思想载体。思想表达是人性的一部分，抑制表达就是抑制人性。无论是原创式表达还是复制式表达，都是公众的表达形式之一。公众参与创作传播的动力来源不单单是获取经济收益，也是为了参与社会活动，进行自我表达，这是一种非经济诉求（Benkler，2004）。如果复制式表达不涉及对商业利益的追求，在不影响他人商业利益的情况下就不应归入侵犯著作权的范畴。

（一）从创作参与看公众使用权

《数字化生存》指出，互联网将导致广播式的电子媒体衰落，细分网络媒体的时代已到来（尼葛洛庞帝，1996）。移动网络、移动终端的普及与升级让大众积极主动地获取个性化信息。数字网络突破了口口相传的熟人网络，也瓦解了少数人控制的文化传播手段，扩大了信息传播范围。虽然网络传播与口头传播都是双向交流，但互联网形成的媒体传播创造了新媒体时代。

新媒体的"新"体现在哪里？首先，传播结构发生变化。传播技术的变革体现在内容再现与记忆方式等内容的变化上。新媒体可以促进不同空间和地点之间的交流，连接不同的时间点。其次，新媒体的互动性更立体。新媒体让传播中的双方有多种共存的可能性。在这一基础上，新媒体使信息的传播及接受发生在同一时点上。新媒体保证了信息的多维性和共时性，受众可以参与到信息的传播制作中，即与传统媒体相比，新媒体将利益天平向需求面及受众倾斜。这种精神上的指向对实现完全互动非常重要（Van Dijk and De Vos，2001）。由此可见，新媒体的一大特点是互动性，消费者在这一阶段比以往任何时候都更主动。消费者通过欣赏与学习作品可以认识和感受作品的艺术、文学或科学价值，从而对作品及作者产生认同，作者在获得经济收益的同时也收获了认同、赞赏等精神收益（刘银良，2020）。

在"作者—读者"的传播链条中，作品是媒介，作者创作发表后的作品成为社会文化的独立存在，读者的阅读使作品得以在文化中传承。读者不是简单地接受作品，而是对作品进行理解与诠释。读者不是被动的，只有通过读者阅读，文本的解读才最终被确定，作品才能真正存在（王秋月，2019）。即使在作品创作中，读者也可扮演创作指导的角色。作者在创作作品时均会意识到其构思与表达将如何被读者接受或理解。作者寻求受众认同的过程可以促使他们关注读者对作品的接受程度，这将使创造者选择能够促进与受众交流的模式进行创作。这种创作心理也有助于作品扩展市场，实现市场价值。在作品的创作与传播中，作者与受众相互依存。

这种读者与作者之间的精神交流可能比单纯的经济效益更重要。读者对作者作品的认同是一种精神激励，更为珍贵。许多无价值的作品在文化传承中没有地位，其版权价值更难以体现。读者在精神层面上对作品的认可将促使其对作品所蕴含的信息与思想进行学习研究，推动作品的传播和传承，从而实现作品的社会价值。消费者对作品的欣赏和研究还可以提升其个人的知识与素养，整个社会的创新能力与文化素养也会因此提升。

由此可见，在读者与作者的关系中，曾经处于被动地位的消费者开始掌握主动性，读者的认同决定着作品内容的经济价值与文化价值，进而影响着整个版权产业的良性发展。虽然著作权法赋予作品创作者一定的专有权，但创作者的影响不是唯一的，其著作权也应有一定限制。

可以进一步依据是否发生二次创作行为将公众划分为积极消费者与被动消费者。后者是传统意义上的纯粹消费者；前者不仅是文化消费者，还会借助作品进行传播、演绎等行为，是积极利用作品进行再创作者。与一般消费者相比主要是获取作品思想不同，再创作者同时利用作品的表达与思想，因此必然会涉及版权问题。受众对作品思想与表达的批评与评论可以使作品的优缺点更加突出，这对科学文化事业建设有益，能影响作品的传播广度与深度。无论是在学术领域还是在文化娱乐领域，没有批评就没有交流，也就没有理性的文化传承与发展。因此，保证公众对作品的评论权有益于实现著作权法的基本目标。

（二）从创作动机看公众使用权

前网络时代的作品传播以有形载体为前提，作品传播是商业行为。在该阶段，个体的自由表达得以实现的前提是得到出版商或公权力的支持。在网络时代，低成本的自由表达成为可能，与此同时，作品传播不再依附有形载体，而是以电子信息的形式传播。

激励作品创作是著作权的一个功能，但事实上，这是著作权激励创作的一面。著作权制度已有三百多年历史，而人类作品创作已有数千年历史，其中优秀作品无数。除财产权激励外，作者的创作动力还有两点：自由表达需要及代表国家利益创作（孙昊亮，2017）。

从创作者群体角度来看，在其头部与尾部，创作者的创作动机有很大差异。头部创作者的创作激励多源自经济激励，尾部创作者的创作激励多来自非经济激励，头尾之间则是两类创作者的混合体。头部创作者的产品成本高昂但收入不菲，商业考量占据主导地位。头部创作者领域是专业者的领地，其流通成本与生产成本均不低，创造力的发挥与经济效益之间关系密切。尾部创作者的流通成本及生产成本均较低，这主要得益于数字技术的普及，商业因素往往排在第二位。

在作品创作这个领域有一种吸引力不亚于金钱：声誉。声誉依靠作品的传播来衡量，其可以转化为其他有价值的东西，如粉丝、头衔、工作及潜在的商业机会。如今诸多作者逐渐发现向消费者提供作品不必通过著作权控制市场，作者不必为了发表作品而与出版社接洽，音乐人可以独立完成歌曲创作与传播的全流程。在网络时代，作品传播是提高作者知名度与影响力的重要途径，前作积累的名气必然对下一部作品的市场价值有提升效果。因此，作者，尤其是名不见经传的小作者，对未经允许的传播行为会持默许乃至欢迎的态度，毕竟传播是一种免费的宣传，是获取声誉的重要渠道。以短视频平台的推送算法为例，观赏者对作品的赞赏会使作品得到更多的曝光度，作者会因作品传播而为自己的账号积累大量关注，使自己的账号与作品具有更大的商业价值。

综观当今版权市场，仍在强调未经授权不得接触作品的主体主要是著作权运营公司，但这种迫使人们以授权许可的方式接触作品的做法实际上仅增加了邻接权人的利益（莱斯格，2009）。消费者强调信息与版权产品的公共属性以维护其表达权，而著作权持有方则试图强化著作权体系以维护表达的私有化。两者的冲突也成为影响社会公共文化实践的重要问题（郑涵、沈荟，2014）。但是，并非每个历史时期都可以将表达私有化，表达是否构成私权取决于特定的社会与法律习惯，也取决于各方力量的对比和当时的社会结构（李雨峰，2012）。数字网络技术的发展和普及进一步降低了作品的再创作与再利用成本（倪朱亮，2019），公众认为"文化再利用"是一个不可动摇的传统，作者在其作品发表并供大众消费后，应默许他人以"合理"方式使用其作品。

由此可见，创作者的动机和地位不同，其对版权的态度也不尽相同。迪士尼在整合和扩展版权方面花费巨大，但也有许多"草根"艺术家与创作者把免费的作品传播交流机会当作低成本的营销方法。例如，独立制作人将作品免费传播视为一份自动流传的简历，学者也认为其他人免费下载他们的论文可以扩大学术影响力。

（三）从反公地悲剧看公众使用权

免费使用并不一定带来损失，因为使用的前提是接触，如果无法接触，那么使用者会寻找其他替代物（李杨，2014）。将免费使用视作版权人的损失是武断的，因为未经授权的使用者并不一定是潜在的购买者，特别是那种没有购买能力的使用者，在这种情形下，著作权人没有任何收入损失（兰德斯、波斯纳，2016）。知识产权所有者会出于某种考虑拒绝与其他创作者分享版权资源，造成反公地悲剧，人为地推高社会交往成本（余俊、张潇，2020）。

在创新引领社会发展的环境中，加强对著作权的保护好像是一个无法辩驳的说辞。但是，Lerner（2002）对专利创新的研究发现强知识产权保护政策对创新有负面作用。然而，在版权领域，自创作完成 55~75 年后仍有商业价值的文学作品比重仅为 2%，大量作品在创作完成的两至三年后就鲜有人过问了（梁志文，2017）。极力保护知识产权能否增进人类福祉尚无定论，当前尚无法证明知识产权制度可以促进社会整体利益（宁立志，2021）。可见，保护产权力度与创新动力不一定是显著正相关的，但强产权保护可能在一定程度上增加了已有作品的流转交易成本。当下，我国知识产权存量丰富且增长迅速，这将大大增加知识产权的运营管理成本，而激增的知识产权可能成为阻碍创新的知识产权"丛林"。

上述例证不是否定著作权乃至知识产权制度，但过度强调强著作权保护力度可能会打破激励创新与促进自由表达的平衡。随着信息网络技术的发展，著作权体系下的创作者、传播者及使用者要形成三者平衡的格局。在著作权制度框架下，作品的创作与传播形成了著作权与邻接权，而公众使用权是著作权制度的第三基础。根据著作权法，任何社会成员都可同时具备创作者与消费者双重身份，著作权法赋予大众使用权能够促进作品与思想传播，形成一种利益平衡（刘银良，2020）。

在数字网络时代，每个人每时每刻都在接触作品，他们是版权法中的使用者，版权法不能忽视使用者的合法权益。数字网络技术把使用者从版权法的边缘拉进中心，成为与作者一样重要的法律主体（朱理，2011）。使用者是版权产业的消费主力，是实现文化繁荣的关键推动者。公众作为作品的主要使用者，成为著作权法义务主体的同时也应享有相应权利，这已成为数字网络时代的一个趋势。著作权法基本目标的实现离不开使用者的支持参与，公众使用权是消费者对作品使用的保障，可以促进作品的再创作和传播，有利于文化创新与传承，从而实现文化繁荣。著作权人借助权利赋予可以拥有强势地位，借助技术措施可扩张权利，这限制了公众使用作品的权益，损害了公共利益。公众使用权成为抵御著作权过度扩张的防御机制，促进了著作权基本目标的实现。有时使用者会因担心侵犯著作权而放弃合理使用，这增加了创作与传播的成本，限制了信息传播。设立公众使用权可以激励大众使用作品，使用者无需再申请使用许可。

三、版权相关网络平台的著作权纠纷

数字网络时代的作品发行方式发生了转变。以往的实体介质需要出版商制作，创作者要与出版商合作，接受出版商的筛选。在数字网络时代，出版商等中介的存在不再如往常一般重要。艺术家、作者乃至消费者都可通过网络传播自己的作品，作品的创作与传播门槛都降低了，作品从实体介质转变为一串数字信息，版权相关网络平台成为版权作品与服务的重要提供者（赞普诺斯基、舒尔茨，2022）。

（一）网络平台与著作权人的纠纷及其规制方案

过去，除了极少数作者能成为文化产业中享有利益的一份子外，绝大多数创作者的利益都被版权企业攫取。同时，公众的版权消费由版权企业控制，版权企

业决定着哪些作品可以面世，作品传播完全被版权寡头掌握。网络通信技术的不断创新和互联网的普及使信息交流渠道不再由少数机构控制，私人间的信息交流成为主流，得益于便捷的信息检索功能及大幅下降的信息传输成本，著作权产品变得丰富多元且廉价。数字技术使信息从有形载体中分离出来，网络服务提供者开始提供内容服务、信息交流服务等多元服务，不必兼具作者身份。整个版权格局发生了根本性变化，由"作者—版权企业—受众"转变为"作者—平台—受众"，著作权纠纷也发生了变化。

第一，传统的版权集团依然要维护其地位。网络打破了传播垄断，但版权寡头依然想利用著作权制度来阻碍作品的自由传播，使作者与受众重新回到其所掌控的"作者—版权企业—受众"轨道上来（孙昊亮，2017）。网络搭建了全新的"作者—受众"传播模式，这种模式抛弃了版权企业这个利益集团。在新传播技术拓展的新业务阶段，网络平台常常要仰人鼻息，但在新技术成为主流作品的使用方式后，其有可能取得优势地位，甚至碾压权利人的地位。在版权使用者的网络搜索服务刚起步时，一场版权纠纷就足以使其破产，但当其形成一定气候以后，版权集团就开始要求与其合作，以维护利益。

第二，平台成为新的版权巨头。在传统的著作权体系中，作者、传播者、使用者的地位是依次下降的，但随着平台经济的发展，三方的实力地位再次发生了转变。以短视频产业为例，在短视频产业以 UGC 为主体的权利人在平台的用户协议中处于弱势地位，著作权的大部分权能及诉讼权利被许可给平台。作为著作权的实质拥有者，平台与传统著作权法下的传播者有着本质的区别。短视频平台是短视频的管理者，其处理平台侵权行为的能力要强于平台创作者。受限于发现侵权与处理侵权的高昂成本，创作者对侵权行为泛滥现象也无可奈何。如此一来，平台成为强势一方，源源不断地获取着短视频的版权和流量资源，平台取代传统的版权集团成为新的版权巨头。然而，对于广大的社会公众来说，作为平台的受众，虽然未与平台发生直接利益冲突，但其利益状态必然会受到前两者利益格局变化的影响。这些变化导致传统著作权人和互联网平台公司在版权传播利益分配上产生了分歧（熊琦，2013）。

第三，网络平台成为版权侵权行为多发地。在数字网络时代，控制作品传播即控制作品收益，私人上传与网络服务平台的结合往往会产生较大的传播效应，从而形成对著作权人的过度竞争。只有限制私人上传与网络平台的结合，著作权人才有机会赢得消费者。延迟收益是网络服务提供者的主要收入来源，延迟收益是指网络服务提供者通过广告等第三方支付与补贴的方式来获取收益（Picker，

2011）。网络用户是影响平台收益与竞争优势的重要因素，作品内容丰富度成为招揽用户的重要手段。因此，为了有更多优质内容以吸引客户，网络平台对用户上传侵权内容的行为会持放任或默许态度。

面对网络服务平台上出现的著作权侵权问题，既要打击侵权行为，还要保障公众利用网络平台进行交流的权益，立法要平衡各方利益。由此，全世界主要经济体都推出了"通知—删除"规则。"通知—删除"规则亦称避风港规则，基本内容是要求网络服务提供者明知或应该知道自己平台存在的著作权侵权行为，承担共同侵权责任。从理论角度来讲，网络服务提供者提供的技术产品与信息服务是网络侵权行为发生的前提，上传者必须通过信息平台才能实现侵权，因此追究网络服务提供者间接侵权责任具有必要性和合理性（姚志伟，2019）。追究网络服务提供者的责任也能够起到威慑作用，迫使其监督、预防和制止侵权行为，从源头上遏制网络侵权现象（徐伟，2016）。虽然"避风港"的存在使网络服务提供者无需承担全部责任，但由于司法判决额度较低，甚至出现了"买不如赔"的现象。避风港规则存在的意义就在于对用户上传侵权内容这类商业模式的否定，司法与舆论压力使行政机关介入网络平台侵权问题治理中。2010 年 11 月，国家广播电视总局印发《广播影视知识产权战略实施意见》，加强对网络服务提供者提供作品行为的监督工作，重点打击影视作品的盗版侵权行为。该文件的出台使网络服务提供者纷纷开始购买正版作品（雷逸舟，2020），无论其是否自愿，这都在客观上构建了尊重版权的网络文化。

（二）网络平台的订阅模式及其利害

事实上，避风港规则更多用于处理网络平台与著作权人的纠纷，这并不意味着版权相关网络平台与平台用户是相安无事的，版权相关网络平台已经成为重要的版权内容服务供应商，在平台与消费者的交往中也产生了矛盾。

要接触数字作品就必须签署用户协议或者许可协议。许可就是让原来不被允许的行为变得可行，许可可以来自政府也可来自私人主体。版权相关网络平台推出的面向用户的版权许可协议冗长且难懂，其中核心意图在于重新包装定义"销售"这一概念（赞普诺斯基、舒尔茨，2022）。不只软件、游戏、视听作品等，所有数字内容的版权许可协议都强调产品是被许可而非出售，消费者的"所有权"被限制，消费者将无权出租、出借、分发购买的数字产品，作品的合理使用范围进一步被缩小。

数字时代的一大特点是接触作品不一定需要购买，或者说接触作品的前提是获得许可，由此诞生了一种新的版权消费方式：订阅。网飞（Netflix）在 2007

年推出视频订阅服务，音乐、电子书、电子游戏等领域也有类似订阅模式。

事实上，网飞提供的服务与电视台服务类似，但网飞这类流媒体服务受欢迎的原因之一是消费者获得了控制力。以往的电视台观众会购买带有电视节目播放安排表的报纸，为想看的节目预留时间，但网飞允许平台用户随时随地想看就看。不仅消费者喜欢，网络平台与内容制作者也喜欢订阅模式。网络平台凭借算法与数据优势在网络空间中挤走了传统出版商，打造出了适应流媒体生长的生态环境。内容制作者省去中间环节，有机会直接将作品呈现给消费者，同时还能收到消费者形式多样且及时的反馈。订阅服务另一特点是打击了网络盗版产业。订阅服务让接触作品的成本足够低，让需要花费搜索成本的盗版不再具有吸引力。不可忽视的是，这让平台消费者失去了转让二手作品的机会。订阅服务的消费者没有得到任何复制件，也就没有新复印件与二手复印件的竞争。在网络空间中二手市场将不复存在。

在版权产业数字网络化的过程中，有三个意味深长的案例。一是曾经开发录像机帮助消费者录制影视内容的索尼公司，后来却开发了限制二手游戏光盘交易的技术。二是提供订阅服务的网飞，最初是受权利用尽规则保护的 DVD 邮寄公司，主营业务是租赁二手 DVD 影碟。三是微软曾经想以限制二手游戏租售的方式逼迫消费者全款购买游戏，如今也推出了订阅服务 Xbox Game Pass，该服务允许消费者在订阅期间免费体验大量游戏，不需要单独全款购买某一游戏。受利益的驱使，在网络数据化的大潮下，索尼、网飞、微软等以提供版权作品或服务为主营业务的企业都走向了曾经的对立面。

订阅模式的存在说明不是所有消费者都想拥有作品，或者说，不是所有作品都值得拥有。订阅模式让人们多了一种选择机会，选择体现了受众的偏好。但是，订阅模式并非完美，一些消费者发现，自己享受的仅是限期服务，不另外支付费用的话无法得到任何作品的所有权。

四、合理使用制度与内容创作利益平衡

当市场规模小时，消费者无需通过某一标志来确认生产者，但随着产品及其生产者的增多，产品的种类与复杂性增加，更加专门化，产品与服务的质量信息成本提升，消费者难以评价产品，人们开始基于信任进行消费，版权产品的消费也是如此。著作权侵权人与剽窃者都是仿制者，两者的区别是剽窃者将他人作品当作自己作品，侵权人则是侵占他人财产价值。欺骗性是剽窃的本质，而复制者则是在承认作者的前提下复制内容。剽窃者是为了得到不属于自己的声誉，而复

制则为原始作品作者做了宣传（兰德斯、波斯纳，2016）。是否完全抄袭是不需要经过太多讨论就可判断的，难的是如何判断一些基于原创作品进行的再次创作作品是否侵权。

（一）演绎权与二次创作的关系

任何创作行为都离不开对现有作品的借鉴，借鉴是对作品思想的传承，是创作中无法避开的一环。对部分创作者来说，其创作动机并非仅为自用，而是通过向其他使用者授权来获取收益（熊琦，2018）。创作者从来不是天生的，创作者首先是使用者。如果使用的过程受限，则创作者也难以成长。因此，创作可以分为原创和二次创作，二次创作是针对原创作品的再创作，可简称为"二创"。演绎权是调整二创与原创的制度安排，体现为权利人是否许可他人使用自己的作品进行二创（唐艳，2022）。

演绎作品是对原作的翻译或者是对不同载体作品的改编与转换。从定义上看，演绎作品算不完全替代品，不能完全取代原作。比如，一本外文书翻译成中文后，大部分国内的读者会选择读中文版本书籍，但如果国内某些读者不懂该外文，即使没有中文版本书籍，该读者也不会去购买外文版本书籍。可以肯定的是，如果原作者无法从演绎作品中获取收益，则一些作品将不会被创作，如一本为改编电影所作的小说（兰德斯、波斯纳，2016）。演绎权的存在使作者可以将自己的作品更加及时地公开和传播，因为演绎权限制未经允许的改编行为，所以小说家在写完小说后就可将其公开，不必等到该小说的所有衍生作品都创作完成后再公开。

同时，演绎权也受到不少批判。第一，演绎权的激励有限。作者创作时往往仅关注自己作品的第一市场，对于原创作品的衍生作品形成的第二市场没有太多打算，第一市场给予了作者绝大部分创作激励。相比于他人的二创作品，消费者更喜欢原作者的二创作品，且原作者在进行二创时有先发优势。第二，交易成本的存在抑制演绎权的行使，限制社会表达。能否获得许可、在何种条件下获得许可等问题可能会抑制二创。第三，演绎权会降低竞争，使原作者无动力进行二创或者拖延二创。在职业创作者与业余创作者共存的时代，自由的竞争环境更能激励作品创作。

数字网络技术使大众参与创作成为现实，相关内容的创作者、传播者及使用者之间的界限不再清晰，各主体身份经常互换，甚至出现一人兼任多职的现象，演绎权更是得到了更大的发挥空间。人类创作有着明显的"承前启后"特征，任何作品都应允许后人学习研究，这一点在新媒体中尤为明显。任何人均可同时成为作者、传播者与使用者。任何人都可因创作作品而享有著作权，因传播作品而享有邻接权，也可以因使用他人作品而成为使用者。著作权法下各种主体的转换性意味着作品的使用者、创作者、传播者之间没有绝对的边界，而且演绎权和合理使用的边界产生了更多重叠。在数字网络时代，公众很容易成为内容的评论者，可以对原作进行批评与评论，也可以创作新作品，使表达更加多样化，为文化的发展与传承提供素材。在数字网络等技术的支持下，人们使用他人作品进行再创作的形式更加丰富，这既有助于实现作品的市场价值，也能激励公众创作、消费作品。但是，再创作者过度使用他人表达方式会超越合理范畴，引发侵权的争议。

（二）合理使用制度对演绎权的限制

著作权法是对著作权的初始分配，著作权再分配由权利人协商形成。合理利用作品产生的社会福利增长来源于原作者及后续使用者，双方都不应独占收益，应按贡献比例分享。如果交易成本很低，则双方无需合理使用制度就能进行收益分割，然而现实情况是交易成本可能大过创作收益，后续创作者获取授权的动力不足，如果是对原作的讽刺与批评，则会进一步降低其获取授权的可能性。美国法官把合理使用描述为"难以使用的麻烦问题"（倪朱亮，2019），这反映出了交易成本对公众表达与司法判决的困扰。

著作权制度赋予著作权人垄断权，但这一权利不能无限扩张，他人表达自由与版权利益的冲突催生出合理使用制度来限制著作权人的垄断权。合理使用制度在司法案件中不断被更新。合理使用的判断要素包括使用目的与性质、作品性质、使用作品的量与质，以及使用行为对原作品利益与价值的影响。除这四个核心要素外，行业习惯、被告行为能否促进公共福祉、被告行为人是否具有主观恶意等因素也会被纳入判断分析。由此可以认为，即使合理使用相关原则被成文法吸纳，作品利用行为能否构成合理使用仍依赖个案判断。法国、德国等国的立法为了预先调和著作权与社会公益间的冲突，尽可能翔实、精确地区分了合理使用情形。这虽然提高了著作权法的稳定性，但也限制了司法自由裁量空间。随着数字信息技术的不断发展，封闭列举式的合理使用制度暴露出了无法适应时代发展的问题。

在美国合理使用制度中，适用合理使用的理由是市场失灵与公共利益补贴。"市场失灵论"强调当创作的交易成本过高而无法以市场许可方式解决著作权纠纷时，使用行为可以视作合理使用（Gordon，1982）。"公共利益补贴论"强调著作权人应在公共利益有需要时放弃部分利益以补贴公共利益。补贴与市场失灵是可以交叉出现的，如搜索引擎技术会因相关信息繁杂而无法保证在使用信息时可从每个著作权人处获得许可，这符合市场失灵理论，构成合理使用。此外，搜索引擎的信息提供行为仍然可以因方便公众获得信息而符合补贴理论，构成合理使用。因此，在合理使用判断四要素中，使用作品数量与质量和作品性质是两项辅助要素，司法实践中的关键要素是使用目的与性质和使用行为对原作品利益与价值的影响。

20 世纪 80 年代，市场损害说主导合理使用判断。Gordon（1982）指出当交易成本过高导致市场失灵时，合理使用才有可行性，因此合理使用的核心判断要素是分析使用行为对原作品市场价值的潜在损害。1990 年，Leval 首次提出转换性使用理论，使使用性质与目的成为关键判断因素。转换性使用将原作品作为素材使用，侧重于考察新作品是否为公众与文化增添了更优的社会价值。这一理论受欢迎的一个原因是市场影响是一个难以确定的因素，市场损害标准难以适用（李杨，2020），而使用性质与目的判断标准的核心是看被告行为是否有足够的"转换性"，即在利用原作品的过程中是否加入新信息、新表达与新意义。从司法适用角度来看，转换性使用对合理使用判断有超越其他因素的影响力。

当然，转换性使用标准并不排斥其他要素在合理使用中的判断作用，转换性具有弹性解释功能，是一种开放式规则。这让法官在分析市场损害的同时重视使用者与原著作权人的利益平衡。转换性标准的适用性增强是因为新技术加剧了著作权人与公共利益间的紧张关系，"转换性使用"成为新的"平衡器"（袁锋，2017）。

转换性使用是美国版权法合理使用制度的一部分，可以看作二次创作的法律支撑，当二创被认定为转换性使用时就无需承担侵权责任。可将构成转换性使用的作品称为转换作品，事实上，所有转换作品都是演绎作品，只是有些演绎作品缺乏转换性。转换作品的典型案例是滑稽模仿作品，这类作品为实现讽刺目的必须模仿原作。与转换性使用制度类似，德国推出自由使用制度。自由使用是指利用原作创作出独立于原作的新作品，这种自由使用作品不需要获得原作者许可。自由使用的判断关键是自由使用作品有独创性，与借鉴的原作有很大的差距，体现出了文化进步意义（易磊，2019；雷炳德，2005）。我国演绎行为包含摄制、改编、翻译、汇编四项，是一个较宽泛的范围。我国尚未有转换性使用或自由使用等正式法律制度为二次创作预留空间，这没能更加有力地激励有价值的二次创作。

在国内，转换性使用与介绍评论作品时的适当引用相关联。界定转换性要明晰"评论作品或说明问题"的概念。这一概念一般是指创作时以他人作品为根据来说明新观点或产出新作品。对转换性使用行为不应做扩大解释，否则将损害原作者正常使用产生的经济利益，无法激励作品创作与传播（熊琦，2019），这就有必要明晰改编权与转换性使用的区别。

改编权是作者获取演绎作品收益的权利，是鼓励丰富作品类型行为的制度安排。例如，部分文字作品的经济价值会因改编成电影而显著增加。可见，改编权使权利人不局限于单一市场，可从多重市场中获取收益（Goldstein，1982）。以往对作品市场利益影响的分析建立在区分直接复制和转换使用上，转换程度越高越难以损害原作市场价值。为避免二次创作者借助转换性使用越过改编授权制度，有必要将改编等演绎行为的收益视作可预期的作品潜在市场收益，且该潜在市场收益不存在市场失灵的领域。由此可以认为，戏仿等以说明问题为主要目的的转换性行为不会影响原作的相关市场，可以视为合理使用（熊琦，2019）。相比之下，网络百科全书的编辑行为存在与原作品市场发生冲突的可能性，能否构成合理使用应严格依照质与量的标准来判断新作对原作的引用比例是否适当。

五、网络版权保护方式比较分析

在创新体系中，著作权法既要激励内容创作，又要保障技术创新，技术进步需要宽松的著作权环境，版权作品与服务的创新需要完善的著作权保护。在以往的著作权实践中，解决这一冲突的最终做法通常是，在不损害创作激励的前提下为新兴技术提供较为宽松的制度环境，如美国《数字千年版权法》的避风港规则，极大地促进了信息技术及其相关产业的发展。与此同时，算法技术、加密技术等技术的发展让私人保护方式成为可行且便捷的版权保护方案，但这个过程并不是一帆风顺的，往往要经历曲折的利益博弈过程。

（一）数字网络时代著作权保护方式的形成

产权是关于财产的一组权利，包含使用权、支配权、占有权等，可以归一个主体所有，亦可分归不同主体。经济学研究产权是为了认识产权与经济增长、分配的关系，法学则从界定与处理产权纠纷出发，对可操作性有较高要求。产权是影响经济增长的关键因素，无效产权制度会阻碍经济增长，高效产权制度能够有效激励经济增长。

"囚徒困境"是个体理性导致集体不理性的典型案例，类似的例子还有很多，如金融危机时银行面临的挤兑问题，没有交通管制路口的车辆堵塞问题。解决"囚徒困境"需要构建新的制度，这就是制度起源问题。肖特（2003）[①] 认为社会制度的创生是为了帮助人们解决反复面对的问题，社会制度的功能是用最少的社会资源解决问题，这种制度成为社会惯例后就发挥着规范重复博弈参与者行为的功能。

Demsetz（1974）认为出现新产权后，当内部化收益大于内部化成本时，产权就可将外部性内部化。内部化增加源自经济价值变化，新技术及新市场将产生这种变化，旧的产权难以适应此种变化，此时，产权需要创新以适应新变化，这一过程也被称为制度创新。当前的数字网络中侵犯著作权行为频发，甚至进入一种集体不理性的状态，此时的版权保护制度急需制度创新。有两种方法可以解决"囚徒困境"导致的集体非理性问题：一是建立双方合作机制，二是让双方通过无限次重复博弈走出"囚徒困境"。

第一种方法需要一个制度产生者，其往往是政府。亚当·斯密指出国家有三项义务，分别是公共物品和外部性、安全及司法公正。在理想状态下，"无形的手"可以实现资源最优配置，外部性就是无法被内化到价格的成本，此时就需要政府把负外部性内化（郑戈，2019）。政府构建合作机制，并惩罚不合作者，调和集体理性与个体理性的矛盾。制度是一种公共产品，创造与产生由制度需求决定，但制度产生的前提条件是，有一个有为政府且制度生产成本较低。避风港规则就是由国家立法机关设定，用来解决网络平台著作权侵权问题的制度。

第二种方法是一种演化思路，让博弈双方在不断地重复博弈中衡量自己的成本与收益，在不断试错中达成有利于双方的制度。这一方案有很大的吸引力，但也有诸多阻碍。首先，试错的成本会高于制定制度的成本，如让汽车自行形成交通规则不如直接规定"红灯停，绿灯行"。其次，个体不一定具备无限次重复博弈的现实条件，时间成本是限制无限重复博弈的重要因素之一。目前，二次创作相关著作权纠纷正处于这一状态，过于模糊、封闭的合理使用制度让各市场主体通过不断试错寻找最优的私人解决方案。

（二）司法保护与私人保护的比较

巴泽尔（2017）认为产权由经济权利与法律权利组成。经济权利是个体的最终目标，法律权利是达到目标的途径与手段。在自然状态下，每个人都进行生产、保护与盗窃。保护是自我执行的，取决于个人的暴力水平，个人对暴力的投

① 安德鲁·肖特. 社会制度的经济理论［M］. 陆铭，陈钊，译. 上海：上海财经大学出版社，2003.

资在其边际成本与边际收益相等时停止。在暴力上具有比较优势的个体逐渐从生产活动中抽离出来，专门从事保护工作，专门暴力组织的出现提高了盗窃成本和保护效率，社会产出也随之提高。随着社会合作的加深，个体间的生产交换契约增多，起初契约依靠个体间的信任执行，长期契约关系及个体间的惩罚能保障个体间的互信，但短期契约与陌生人间的契约难以得到保障，引入有暴力优势的第三方来保障契约被执行，将促进分工、交易与产出。巴泽尔（2006）认为这个第三方执行机制就是国家。具体到版权领域，这种保护就是以司法保护为代表的由政府部门主导实施的保护方式。除司法保护外，个人也可自行处理产权。个人对商品拥有经济产权是指个人可以通过交易直接或间接消费商品，个人对易被限制交易或易遭受盗窃的商品拥有较小的权利。

各种商品都有多种属性，将各种属性统归一人所有并不具有效率，事实上人们会把商品的各个属性分配给不同个人，这就限制了所有者对所有权的运用（巴泽尔，2017）。以冰箱所有权为例，消费者购买了冰箱，消费者并未完全拥有所有权，冰箱制造者仍有保修等责任，冰箱制造者仍然是冰箱某些属性的所有者。当商品的属性所有权被分割给不同个体后，其中一些人就可能占别人的便宜，如将维修等属性划归冰箱制造者显然更有效率，但有些消费者在使用冰箱时可能会不那么爱惜。因此，有必要限制所有者的权利，如冰箱制造者会提前说明，让其承担保修责任的前提是消费者遵守说明书使用，并列举出不保修的情形。这就是对滥用者的惩罚和限制，但这种限制可降低浪费。

由此可见，获取资产收入流的权利是资产产权的组成部分，如果某人可以影响资产收入流而无需承担成本，则该资产价值将贬值。最大化资产净值需要有效约束无偿使用行为，他人对资产收入流的影响将形成对所有权的挑战。在巴泽尔（2017）看来，当交易双方都能够影响权利收入时，对资产的平均收入影响最大的人将获得更大的产权份额。

事实上，产权与交易费用密切相关，Barzel（1982）将交易费用定义为获取、保护、转让产权的相关成本。如果交易成本过高，则完全转让与保护产权的成本将非常高，这些权利将是不完全的，因为难以激发这些财产的潜力。资产所有者与有兴趣的交易者必须对资产有充分的认识，充分的产品信息是产权转让的前提。若资产的个别属性测量成本较高，未来的所有者不能完全确定，则资产转让就必须承担这些成本。商品的属性有多种，不同属性对商品的贡献不同，测量这些属性的贡献可能要付出很高的信息成本，这将提高交易成本。虽然产权难以得到充分界定，但人们可将产权界定到自己认为最好的程度，也可以认为产权总会得到最好的界定。很多服务被置于公共领域，虽然提供服务者可以以斤斤计较的方式收费，但这样往往得不偿失。比如，电影院按照座位与屏幕的距离进行收费，超市对空调的冷风进行收费，饭店额外向顾客收取多加的调味品费用。商品多样性与个人行为复杂性使所有权变得复杂，商品的一些属性归某个人所有会很有效率，但这不意味着某个人可有效使用商品的所有属性。将一个商品的所有权分给不同人可能会提高使用效率，但商品往往难以分割为几个部分，这会出现"盗窃"行为，争抢一些价值未定、缺少保护规定的属性（巴泽尔，2017）。

由此可见，当与确权相关的交易成本较高时，司法保护可能得不偿失，如果私人能够提供廉价且高效的资产收入流保障措施，则私人保护就是司法保护的有效替代。具体到版权领域，这种私人保护的典型案例就是著作权人的技术措施与网络平台的订阅服务。

（三）法律定价与合同定价的比较

理性选择理论是讨论个体如何进行选择的理论，法经济学是对理性选择理论应用与深化的过程。决策者拥有理性是主流经济学的基本假设，其中"理性"强调个体追求自身利益最大化。理性选择理论强调个体的成本收益分析，只有全部个体的自我收益实现最大化才能形成均衡。法律市场化就是将法律看作价格体系，法律为行为制定"法律定价"，如每种侵权行为有不同侵权责任，侵权责任就是"法律定价"。市场机制可以优化资源配置，法律市场化将法律体系看作"隐性市场机制"，法律可实现对个人行为的最佳控制（魏建，2007）。

市场制度的核心是自愿达成合作，实现资源流动与高效利用，推动社会个体间合作也是法律的目标。由"囚徒困境"的例子可知，人们按照自己的利益最大化进行选择会导致不合作的后果，但合作才能提高社会福利水平。法律可以提高不合作的成本以使大众选择合作，如提高对盗窃的法律惩罚将使人们选择以交易的方式获取他人财物。即使人们会自发地选择合作，但合作还要面临交易成本的阻碍。法律要尽可能地降低交易费用，如合同法可以提供一个合同框架降低交易双方的谈判签约成本。

法律权利将影响经济权利，个人财产的法律权利由政府界定并实施。法院确定权利有两种方式：一种是间接方式，当事人的行为受法院处理纠纷的思路影响；另一种是直接方式，法院实际处理纠纷。法律界定是不完全且成本高的，个人对财产的权利不是一成不变的，权利要受产权人保护、他人占用意图、法庭等因素的影响。法律权利是政府承认的权利，一般来说，法律权利将增加经济权利，但法律权利不是生成经济权利的充分必要条件，没有法律权利也可估计产权价值。在多数界定活动中，交易者通过合同进行界定，私人保护比司法保护更有优势（巴泽尔，2017）。合同是双方自愿达成的共同意思表示，并不要求有书面形式，默契或者口头也可形成合同。合同法则规范合同的成立、履行、调整、解释、救济等行为。

自愿交易使资源转移到最佳使用者手中，而达成合作的第一个前提是存在合作剩余，即交换双方在交易后实现帕累托改进。比如，甲拥有一台笔记本，甲认为其价值为 8000 元，而乙认为该笔记本价值为 12000 元，甲乙之间有 4000 元的合作剩余，但如果乙认为该笔记本价值为 7900 元，则甲乙之间有 -100 的合作剩余，合作剩余为负，甲乙之间不会合作。实现合作剩余的效率分配是合作的第二个前提，即如何分配合作剩余会影响合同的成立。比如，卖方要求平分合作剩余，而买方倾向于获取更多的合作剩余，此时无法达成合作。交易成本较低是合作的第三个前提。垄断、信息不对称、外部性、公共产品会导致市场失灵，交易对手寻找成本、合同谈判、合同执行会阻碍合作。

按照交易成本的有无与多寡，可以将保护权利的方式分为三类：①财产规则，即财产权利只能自愿放弃，这种情况在权利得到价格补偿时发生。②责任规则，即权利会非自愿地被他人占取，由第三方确定损失价值。③不可让渡规则，即该权利不能转让给他人（Calabresi and Melamed，1972）。财产规则适用于权利能够得到有效初始配置的情况或交易成本低的情况，这样可以保证最有效率的使用者掌握该项权利。当交易成本很高，法院难以预见谁是高效使用者时，就应适用责任规则，鼓励将财产转移到更高效的使用者手中，而后者则需支付由第三方确定的价格。不可让渡规则更多考虑与道德相关的交易，这种交易难以用交易成本理论来进行功利性分析，也与著作权领域无太多相关性。

魏建等（2019）实证研究发现在著作权诉讼的司法实践中，原告得到的赔偿较低。其中的客观原因是侵权案件"举证难"，调查成本太高（陈永伟，2019）。商业维权案件过多、保护地方经济发展等案外因素也会让法官降低判决额度（詹映，2020）。当法院判罚额度低于市场交易费用时，责任规则就优于财产规则。在传统环境下，作品的许可成本是能预知且可以实现的。在网络时代，"先授权后使用"的模式将因成本过高而难以执行（倪朱亮，2020）。

六、关于现行版权保护制度平衡性的小结

产权由经济权利和法律权利两部分组成，经济权利是个体的最终目标，法律权利是达到目标的途径与手段。版权的本质属性是商业利益权，个体拥有的版权汇聚在一起形成版权产业，结合版权产业的定义与发展可知，版权价值的实现依赖技术进步与版权保护。如何有效保护版权人利益并平衡版权产业参与主体各方利益，如何优化相关制度，是优化网络创作环境、促进版权产业繁荣发展的关键。因此，版权权利保护模式应顺应数字时代发展趋势。

首先，要确定版权权利边界，如在人工智能学习、创作与产出过程中，人工智能技术产物应受到何种保护，人工智能技术又应受到何种约束。再如，接触控制措施等技术手段的边界在哪里，如何保持大众消费者与版权权利人之间的利益平衡。

其次，在确定版权权利边界后，要考虑设置可以适应数字网络环境的有效率的版权使用方式。例如，创作型版权消费者如何利用合理使用制度保护自己的权益且不损害权利相关人的利益。再如，版权持有者应如何善用自己的权利以实现个人利益与社会福利的双赢。

最后，要考虑如何更好地保护版权。由于版权权利边界与版权使用方式都发生了变化，因此版权保护制度也应顺应技术发展进行改变，这样便可探讨现行版权保护制度效果如何，各方在版权保护中扮演了何种角色。基于上述分析提出版权保护方式改进建议。

第二节　合作以保护权利：避风港规则的司法实践

技术进步带来了新型的风险，同时也推动着权利实现与保护制度和方式的变革。历史上，当新技术把汽车、电器等工业产品带入大众消费市场时，这些新技术产业带来的责任分配与资源配置问题便成为社会热点问题。汽车、电器等导致的事故频频发生，造成了严重的人身和财产损失。但是，如果让生产商承担全部法律责任，则这些新技术产业将难以发展，也不利于社会进步。例如，20 世纪50 年代，美国公众要求政府解决汽车尾气与交通安全问题。政府的政策干预与管制受到汽车产业的联合抵制，卡拉布雷西通过观察司法判决发现法官并未彻底坚持严格责任原则，法官会从案件中寻找特殊因素以减轻厂商责任，这种"反常"的判决表明法官意识到了侵权责任分配规则对产业资源配置的影响（袁建刚，2021；赵海怡，2022；Calabresi，1960），权利保护的格局发生变化。

在数字网络时代，控制作品传播即控制作品收益，因为网络服务商提供的是版权作品的临时数据缓存，而不是有形载体，数字作品的无形性使其在网络环境中更易被侵权。私人上传是一种"软侵权"，其目的往往是扩大上传者的知名度和影响力，而非直接获利。但是，私人上传与网络服务平台的结合往往会产生较大的传播效应，从而形成对著作权人的严重侵权和挤压式竞争。只有限制私人上传与网络平台的结合，著作权人才能获得消费者的潜在空间。网络平台没有动力制止私人上传行为，因为吸引用户是影响平台收益与竞争优势的重要因素，作品内容丰富度是招揽用户的重要手段。因此，为了有更多优质的内容来吸引客户，网络平台对用户上传侵权内容的行为往往会持放任或默许态度。

面对网络服务平台上出现的著作权侵权新挑战，既要打击侵权行为保护著作权人权益，又要保障公众利用网络平台进行交流的权益，同时还要避免让网络平台处于过于苛刻的发展环境，因此立法要平衡各方利益，对版权的实现与保护方式进行变革。1998 年美国颁布《数字千年版权法》，其中与网络服务商版权侵权相关的规则简称为"通知—删除"规则或避风港规则，其基本内容是：①网络服务商明知或应知自己平台存在著作权侵权行为却仍不采取措施的，应承担共同侵权责任；②权利人发现自己作品被侵权后，有权利要求网络服务商下架侵权内容，但前提是要向网络服务商发出通知；③内容上传者认为自己未侵权可以要求网络服务商恢复下架内容，但前提是要向网络服务商发出反通知；④网络服务商收到通知或反通知，对侵权内容采取下架或恢复措施后，就可以进入"避风港"，对平台用户的上传行为免责[①]。2000 年欧盟通过的《电子商务指令》采纳了避风港规则，2006 年我国颁布《信息网络传播权保护条例》也采纳了避风港规则。

Coose（1960）指出利益损害是有交互性的，是否允许工厂污染河流取决于鱼获与工厂产品价值的高低。由上述避风港规则基本内容可知，网络服务商基本上无需负担发现用户侵权行为的责任，并让著作权人承担发现侵权行为的责任，立法者希望借此为网络服务商提供稳定的发展环境，以促进互联网的发展。事实上，设立避风港规则的一个重要目的就是，为著作权人和网络服务商之间建立一个预防与制止网络侵权的沟通合作机制（王利明，2014）。

该规则免除了网络服务商主动审查平台可能存在侵权事实的义务，而是要求著作权人承担这一义务。免除网络服务商的事先审查义务，就消除了抑制信息服务行业发展的一个重要障碍，为网络服务的迅速发展提供了强力的法律支持。面对网络上可能存在的侵权行为，权利人要保护自身权利，要向网络服务商发出存在侵权行为的通知，接到通知后网络服务商应及时删除侵权内容，以防止侵权行为损害的扩大。从汉德公式的角度来讲，当接到著作权人通知后，此时 $B<PL$

---

① 其中，第 1 条可简称为"知晓规则"，第 2 至第 4 条可简称为"通知规则"。

（郑永宽，2013）①，即该损害有合理的可避免性，网络服务商若不采取相应措施，就将因不作为而担责。权利人通知成为认定网络服务商主观上知晓侵权行为存在的重要前提（杨明，2010），同时也是权利人维权的前置义务，若不向网络服务商发出通知将带来不利后果。网络服务是网络侵权得以存在的前提，网络服务商在接到适格通知后，无需获得公权力机关的侵权判定，便可以对可能的侵权信息进行限制性操作，从而有效地保障权利人的合法权益（刘家瑞，2009），也节省了司法成本。

这样权利的保护就从原来的由权利人直接追究侵权人责任，转变为权利人与网络服务商先行合作终止侵权的继续，然后再追究侵权人责任。与传统著作权侵权案件相比，避风港案件中的责任主体由著作权人、侵权人两方变为著作权人、侵权人（上传者）及网络服务商三方，网络服务商对侵权内容的存在是否知晓，以及著作权人是否向网络服务商发出合作打击侵权内容的通知成为影响责任负担与判定结果的关键。依照避风港规则，权利保护的方式发生了重大变化，由被侵权人单独维护权利转变为被侵权人要与网络服务商合作维权。

一、避风港规则的责任配置与版权保护：理论框架

（一）避风港规则的版权保护模式："自我保护+合作维权"

避风港规则中有著作权人、网络服务以及上传者三方，可以从汉德公式与最小防范成本原则②两个角度讨论著作权人与上传者、著作权人与网络服务商的责任负担。

就著作权人与上传者而言，从汉德公式的角度来看，上传人有 B<PL，依照最小防范成本原则，谁可以以较低成本防范意外谁就应承担责任，因此在著作权

---

① 客观化过错判定的关键是先明确在与行为人实施行为相同的情况下，合理人会实施什么行为，这构成合理行为标准，然后将行为人的"现实行为"与之比较。如果认定行为人的行为低于该注意标准，即认定其具有过错。"当为行为"的确认要结合可合理预见性和可合理避免性来判断。不应指望合理人为规避不能合理预见的损害采取防范措施。在预见损害后，合理人应该采取相应的合理行为，主要通过拟制的合理人借由法官的心理机制的运作来判断合理行为，实践中以汉德公式为典型，并被英、美、法大量采用。汉德公式中的 B 表示行为人避免损害的负担，P 表示损害发生可能性，L 表示可能发生损害的严重性。当满足 B<PL 时，则该损害预防成本小于损失成本，该损害有合理的可避免性，若侵权人不采取相应措施，就将因不作为而担责。

② 最小防范成本原则强调不管行为人是否有过错，都要将责任划归给某一时间能以最小成本阻止危险的人。社会事故损失包括事故预防成本和事故损失，从风险预防的角度来讲，法庭可以通过最小防范成本原则调整损失分担比例，使当事人的实际预防水平与社会最优预防水平相一致，以实现社会福利最大化的目标。

人与上传者两者中应由上传者承担责任。

在避风港规则之下，在著作权人未向网络平台发出通知前，只要侵权行为涉及的作品无较大知名度、网络热度不存在置顶、网络平台不存在编辑等行为，此时的网络平台就处于"不知晓"状态，无一般审查义务的网络平台不必为上传者的侵权行为负责，网络平台因符合 $B>PL$ 条件不需要承担责任。当著作权人在发现某一特定侵权行为后，避风港规则要求著作权人通知网络平台下架、删除侵权内容，此时著作权人处于 $B<PL$ 的状态，其应主动通知网络平台以保护自己的权益。不过，难以认定不向网络平台发出通知的被侵权人就有过错，如果侵权事实确实存在，司法裁判就会要求停止侵权行为。如果此时著作权人与网络平台均无过错，就难以通过汉德公式来分配两者责任。

依照最小防范成本原则，可将避风港案件中的侵犯著作权相关行为分成三个阶段的三个主体的行为。第一阶段，上传人上传侵权内容，其阻止侵权的成本为 $c1$。第二阶段，著作权人发现该侵权行为，其阻止侵权的成本为 $c2$。第三阶段，若著作权人通知处于"不知晓"状态的网络平台，网络平台阻止侵权的成本为 $c31$；若著作权人不通知处于"不知晓"状态的网络平台，网络平台阻止侵权的成本为 $c32$。在上述三个阶段中 $c1<c31<c2<c32$，与用汉德公式分析著作权人与上传者的责任负担类似，可以发现 $c1<c2$。需要进一步确定 $c31$、$c2$、$c32$ 间的关系。处于"不知晓"状态的网络平台在未接到著作权人通知前，有 $c2<c32$，因为网络平台无一般审查义务，但一旦接到著作权人通知，网络平台处理侵权内容的能力与效率将强于著作权人，有 $c2>c31$。

具体到责任分配上，在上传者与著作权人中，上传人承担责任。当著作权人通知处于"不知晓"状态的网络平台后，有 $c1<c31<c2$，若网络平台不删除侵权内容，则要与上传人共同承担责任。当著作权人不通知处于"不知晓"状态的网络平台有 $c1<c2<c32$，著作权人的责任负担要大于网络平台。对于在未接到著作权人通知前就处于"知晓"状态的网络平台，其制止侵权的成本为 $c33$，始终有 $c1<c33<c2$，网络平台要与上传人共同承担责任。

由此可见，依避风港规则，著作权人的权利保护模式可归纳为"自我保护+合作维权"，即著作权人自行承担发现并制止侵权行为的责任，在制止侵权的环节中应与网络服务商合作。当版权权利人发现侵权行为而不向网络服务商发出通知，即不与网络服务商合作时，其实际预防水平将低于社会最优预防水平，法院会减少原告获得的赔偿，以激励原告遵循避风港规则，与网络服务商合作打击侵权行为。

据此，提出如下研究假设：

H1：原告遵循避风港规则与网络服务商合作发出存在侵权事实的通知可以使其获得更多赔偿。

H2：被告对侵权事实的存在不知情可以减轻其赔偿责任。

（二）上传者的责任影响因素

从因果关系的角度来看，版权权利人的损失客观上是上传者的积极行为与网络服务商的不作为行为共同作用的结果。但是，不作为者不必为他人的损害行为承担责任，只有承担作为义务的不作为才能成为归责的合理依据（杨根红，2014）。若造成他人损害是可合理避免的，行为人就有义务制止损害发生。因此，网络服务商明知或应知自己平台用户有著作权侵权行为仍不采取措施的，应承担共同侵权责任。当网络服务商处于"不知晓"状态，侵权责任由上传者承担。

《中华人民共和国著作权法》规定，侵权赔偿计算应参考实际损失、侵权人获利等因素[①]。参考《北京市高级人民法院关于侵害知识产权及不正当竞争案件确定损害赔偿的指导意见及法定赔偿的裁判标准》的相关规定可知，损害赔偿坚持知识产权市场价值导向，形成以补偿为主、惩罚为辅的损害赔偿机制。在具体决定判决金额时，要综合考虑侵权行为的获利程度与侵权行为的影响程度。比如，在处理作品的法定赔偿标准方面，对于文字作品，可以参考下载量和阅读量，结合生活经验进行合理酌定，如果被诉行为影响较大，可以视为侵权情节严重，酌情提高赔偿额度；对于美术作品与摄影作品，构成商业化使用行为或广告使用行为的，将酌情提高赔偿额度；对于视频类作品，如果涉案内容用户关注度高，则属侵权情节严重，可酌情提高赔偿额度。

由此可见，对于上传者来说，影响其侵权赔偿责任的因素主要有两点：侵权行为的获利程度及侵权行为的影响程度。在数字网络时代，网络侵权的影响范围和损害程度并不完全由侵权行为本身来决定，还与网络信息传播有关。传媒企业可获得的主要经济回报来自"第二次售卖"，即将聚集在媒体上的受众注意力出售给广告商（马新彦、姜昕，2016）。最高人民法院发布的《关于审理侵害信息网络传播权

---

① 著作权法（2020年11月11日修正，2021年6月1日起施行）第五十四条指出应当按照权利人因此受到的实际损失或者侵权人的违法所得给予赔偿；权利人的实际损失或者侵权人的违法所得难以计算的，可以参照该权利使用费给予赔偿，如无法确定权利许可使用费，则可判决500元以上500万元以下赔偿。著作权法（2010）第四十九条指出侵权人应当按照权利人的实际损失给予赔偿；实际损失难以计算的，可以按照侵权人的违法所得给予赔偿。权利人的实际损失或者侵权人的违法所得不能确定的，由人民法院根据侵权行为的情节，判决给予五十万元以下的赔偿。

民事纠纷案件适用法律若干问题的规定》指出侵权信息明显程度是衡量被告责任负担的重要因素，即侵权行为造成的影响越大，被告因而承担更多赔偿责任。

据此，提出如下研究假设：

H3：被告方侵权行为影响越大，原告获得赔偿越多。

H4：被告方侵权行为产生盈利会使原告获得更多赔偿。

二、研究设计与数据统计

（一）数据来源与计量模型设计

在中国裁判文书网依照"案件类型：民事案件""审判程序：民事一审""文书类型：判决书""法律依据：信息网络传播权保护条例"规则收集 2014～2020 年的裁判文书①。需要说明的是，本部分研究所考察的是避风港规则相关因素对判决结果的影响，而避风港规则只是《信息网络传播权保护条例》中的部分内容，涉及《信息网络传播权保护条例》的案件并非全部都符合要求。因此，本部分在收集到的裁判文书的基础上进一步手工筛选，得到 1613 件判决案例②，然后对收集到的裁判文书进行整理，得出与案件相关的指标。

依照提出的假设，设置计量模型：

$$result = haven + X + \varepsilon + year + province$$

回归时控制案件年份 year 和法院所在省份 province 的固定效应，ε 是随机误差项。X 表示包含法院及原被告当事人因素在内的控制变量。因变量是判决结果 result，参考魏建等（2019）、龙小宁和李娜（2021）与田燕梅等（2021）的研究，设置的指标为判决金额及判决比。haven 是核心自变量，分别从裁判文书中被告辩解部分和法院判定部分中提取指标，其中法院判定是法定规则在案件中的体现和运用。本部分根据裁判文书中法院判定部分的内容形成法定规则指标，具体的变量含义如表 5-1 所示。

在收集的样本中，有两个被告的案件占比为 63.92%。在研究设计中，将网络服务商放在 1 号被告位置，若被告中有上传者，则将上传者放在 2 号被告位置。在回归时，若控制 2 号被告控制变量，则仅有单一被告的样本无法加入回归，因此仅在单独考察 2 号被告责任负担时加入 2 号被告控制变量。

① 网址：https：//wenshu. court. gov. cn，搜集时间：2021 年 9 月中旬。

② 其中，2014 年有 67 件案例，2015 年有 33 件案例，2016 年有 61 件案例，2017 年有 426 件案例，2018 年有 407 件案例，2019 年有 395 件案例，2020 年有 224 件案例。

表 5-1　变量分类、标识及含义

变量分类	变量标识	变量含义
因变量指标	sunpei	法院判决原告获得的损失赔偿额度，判决金额类因变量可简称为赔偿额度。回归时取对数处理，sunpei 对数化处理后的标识为 lnsp
	totalamount	法院判决原告获得的赔偿总额，包括损失赔偿额度、合理费用等。判决金额类因变量可简称为赔偿总额。回归时取对数处理，totalamount 对数化处理后的标识为 lnta
	sprate	法院判决原告获得的损失赔偿额度与原告提出的损失赔偿额度的比值，判决比类因变量可简称为赔偿额度判决比
	tarate	法院判决原告获得的赔偿总额与原告提出的赔偿总额的比值，判决比类因变量可简称为赔偿总额判决比
法定规则指标	c_unknown	零一变量，法院判定被告对侵权事实①不知情②赋值为 1，否则赋值为 0
	c_untold	零一变量，法院判定原告并未事前通知网络服务提供者著作权侵权行为存在赋值为 1，否则赋值为 0
	c_unearn	零一变量，法院判定被告不存在盈利行为赋值为 1，否则赋值为 0
	c_uninf	零一变量，法院判定被告行为影响小赋值为 1，否则赋值为 0
被告辩解指标	df_unknown	零一变量，被告辩称对侵权事实不知情赋值为 1，否则赋值为 0
	df_untold	零一变量，被告辩称原告并未事前通知网络服务提供者著作权侵权行为存在赋值为 1，否则赋值为 0
	df_unearn	零一变量，被告辩称不存在盈利行为赋值为 1，否则赋值为 0
	df_uninf	零一变量，被告辩称行为影响小赋值为 1，否则赋值为 0
原告控制变量	pt_firm	零一变量，原告是企业赋值为 1，否则赋值为 0
	pt_lawyer	零一变量，原告聘请律师赋值为 1，否则赋值为 0
	pt_place	零一变量，原告所处省份与法院省份一致赋值为 1，否则赋值为 0
	pt_sunpei	原告提出的损失赔偿额度。回归时取对数处理，pt_sunpei 对数化处理后的标识为 lnpt_sp

①　如果将原告获得的损失赔偿额度大于 0 元定义为原告胜诉，则在收集到的样本中，原告败诉的概率为 16.12%。因为在部分案件中被告行为并未构成著作权侵权，从法院判定的角度来说，"疑似侵权"的表述要比"侵权"的表述更加合理，但为表述简洁，统一将"疑似侵权"称为"侵权"，这一表述是从原告提起诉讼的角度进行的。

②　法院认定被告对侵权行为是否明知或应知是在不考虑原告是否通知的前提下作出的判断，法官主要根据以下因素判断：侵权行为的显著程度、网络平台是否有修改编辑等行为、相关作品在该网络平台中是否有被反复侵权的情形。

变量分类	变量标识	变量含义
法院控制变量	ordinary	零一变量，独任庭赋值为0，否则赋值为1
	smalltype	零一变量，被告上传图片或文章赋值为1，上传音乐或电影等其他作品赋值为0
1号被告控制变量	df1_lawyer	零一变量，1号被告聘请律师赋值为1，否则赋值为0
	df1_court	零一变量，1号被告出庭或者委派员工出庭赋值为1，否则赋值为0
	df1_place	零一变量，1号被告所处省份与法院省份一致赋值为1，否则赋值为0
2号被告控制变量	df2_firm	零一变量，2号被告是企业赋值为1，否则赋值为0
	df2_lawyer	零一变量，2号被告聘请律师赋值为1，否则赋值为0
	df2_court	零一变量，2号被告出庭或者委派员工出庭赋值为1，否则赋值为0
	df2_place	零一变量，2号被告所处省份与法院省份一致赋值为1，否则赋值为0

（二）描述性统计与避风港规则案件特征

1. 描述性统计

描述性统计部分如表5-2所示。第一，从原被告情况来看：①有约1/3的1号被告不聘请律师，且其出庭的比率不足1/2。这是因为在这一类案件中，虽然原告获得赔偿的概率很高，但是这一赔偿责任大都由2号被告承担[1]。1号被告往往只需向法院呈交答辩书，说明自己满足进入"避风港"的条件即可免责。相比于1号被告，2号被告的出庭率更高，且其身份多为企业，而非个人。②2号被告聘请律师的概率低于1号被告，这可能是因为上传者行为是否侵犯著作权是很容易判断的，聘请律师并无法改变侵权事实成立，同时法院在著作权案件中往往适用酌定处罚，判处赔偿额度较小，如此再聘请律师反而不划算。③从原告的身份来看，其为个人的比率高于被告方[2]，且聘请律师的概率极高。这说明原告对网络著作权维权知识的了解并不充分，需要律师提供专业指导来争取更高的利益。这也说明原告往往倾向于追究公司而非个人的责任，以保证自己更有可能获得被告的赔偿。④1号被告所在省份与法院省份一致的比率接近九成。这有"原告就被告"原因在，也因为网络服务商往往是大型网络平台公司，多聚集在

---

[1] 在由被告承担侵权责任的样本中，由1号被告承担侵权责任的比率为25.79%。

[2] 1号被告是网络服务商，其均具有企业身份。

北京等经济发达地区①。

表 5-2　变量描述性统计

变量标识	观测值	均值	标准差	最小值	最大值
sunpei	1613	15700	178000	0	6000000
totalamount	1613	16200	181000	0	6010000
sprate	1613	0.1476	0.1939	0	1
tarate	1613	0.139	0.1862	0	1
pt_sunpei	1613	86900	409000	0.01	10000000
c_unknown	1613	0.8686	0.338	0	1
df_unknown	1613	0.7712	0.4202	0	1
c_untold	1613	0.4941	0.5001	0	1
df_untold	1613	0.5945	0.4911	0	1
c_unearn	1613	0.8215	0.3831	0	1
df_unearn	1613	0.4966	0.5001	0	1
c_uninf	1613	0.9268	0.2605	0	1
df_uninf	1613	0.3707	0.4832	0	1
pt_firm	1613	0.4699	0.4992	0	1
pt_lawyer	1613	0.9857	0.1186	0	1
pt_place	1613	0.3249	0.4685	0	1
ordinary	1613	0.615	0.4867	0	1
smalltype	1613	0.7179	0.4502	0	1
df1_lawyer	1613	0.6665	0.4716	0	1
df1_court	1613	0.483	0.4999	0	1
df1_place	1613	0.8617	0.3453	0	1

---

①　有 1244 件案件在北京审理，占整体的比重为 77.12%，在北京审理的案件中有代表性的网络平台是北京微梦创科网络技术有限公司，与之相关的案件为 904 件。审理案件第二多的省份是广东，有 182 件案件，在广东审理的案件中有代表性的网络平台是广州阿里巴巴文学信息技术有限公司，与之相关的案件有 18 件。审理案件第三多的省份是天津，有 55 件案件，在天津审理的案件中有代表性的原告是中文在线（天津）文化发展有限公司，与之相关的案件有 27 件。

变量标识	观测值	均值	标准差	最小值	最大值
df2_firm	1075	0.9702	0.17	0	1
df2_lawyer	1075	0.4763	0.4997	0	1
df2_court	1075	0.7684	0.4221	0	1
df2_place	1075	0.2177	0.4129	0	1

第二，从审理过程来看：①大多数被告方辩解提出自己对侵权行为不知情，且原告并未提前通知网络服务商删除内容。②法院较少判定网络服务商对侵权行为知情，其中判定原告事先有效通知网络服务商的比例约为1/2。这说明大多数原告并未意识到提前通知网络服务商侵权行为存在的重要性，通过阅读相关裁判文书可以发现，原告为避免"打草惊蛇"，更倾向于提前进行公证等行为，以固定对自己有利的证据。这也反映出诸多原告还在凭着处理传统著作权纠纷的思路来保护信息网络传播权。③法院判定网络服务商对侵权事实不知情的比率高于1号被告提出自己对侵权行为不知情的比率。其中的原因可能在于，相当部分的网络服务商不会出庭，法院依照事实作出判断。比如，2号被告在1号被告的网络平台上发布一条包含疑似侵权图片的网络留言，考虑到网络信息的体量，法院难以判定1号被告对该疑似侵权内容是否知情。

第三，从赔偿额度来看，无论是从原告要求赔偿额度、法院判决赔偿额度还是判决比这几项指标的均值来看，原告很难从判决中得到理想的赔偿额度，法院判决额度不到诉求额度的1/6。

2. 案件特征

结合描述性统计及裁判文书，避风港案件的典型特征总结如下：

（1）原告方会阐述自己是著作权人有权发起诉讼，然后拿出证据证明确实有著作权侵权行为发生，这个证据往往是经过公证的。之后，原告方提出包括道歉、赔偿损失与合理费用等诉求。

（2）被告方中的网络服务商会以递交书面答辩状或者出庭的方式说明自己对侵权行为不知情。如果没收到原告通知，则说明原告并未通知；如果原告已经通知，则说明已经履行删除作品的义务。

（3）被告方中的上传者（若有）主要有三种辩解方式。一是说明自己有权使用，如称自己的使用行为是出于公益目的，构成合理使用。二是说明自己在使用相关作品时未发现署名信息①。三是承认自己构成侵权，但强调侵权行为没有产生盈利或者没有为自己赢得较大的关注。

（4）法院先确认侵权行为是否发生，然后再确认网络服务商在接到适格通知前能否知情、著作权人是否通知网络服务商，以及涉案作品是否已经删除②，之后再讨论上传者行为影响的大小及其是否盈利。在上述基础上，法院做出裁判。

三、避风港案件判决影响因素分析

（一）基准回归部分

表 5-3 与表 5-4 都是以判决比为因变量得到的回归结果，区别在于表 5-3 中的自变量包含法定规则指标，表 5-4 将法定规则指标替换为被告辩解指标。另外，表 5-3 与表 5-4 的结构一致，前 3 列以法院判决原告获得的损失赔偿额度与原告提出的损失赔偿额度的比值为因变量，后 3 列以法院判决原告获得的赔偿总额与原告提出的赔偿总额的比值为因变量。同时，列 3、列 6 为全部控制变量，列 2、列 5 剔除了控制变量中原告提出的损失赔偿额度对数值（lnpt_sp），列 1、列 4 进一步剔除了控制变量中的 ordinary 和 smalltype。

从表 5-3 的回归结果可知，在法院判定的前提下，原告事前不通知平台、被告对侵权行为不知情都能减少原告获得的赔偿，假说 H1、H2 得到验证。虽然 c_uninf、c_unearn 系数为负，但未通过显著性检验，则假说 H3、H4 未得到验证。这表明若版权权利人不发出通知，则其实际预防水平将低于社会最优预防水平，法院会减少原告获得的赔偿，以激励原告遵循避风港规则，与网络服务商合作打击侵权行为。法院判定平台对侵权行为不知情也可以减轻被告赔偿责任。

表 5-3　法定规则

变量标识	（1）	（2）	（3）	（4）	（5）	（6）
	sprate	sprate	sprate	tarate	tarate	tarate
c_untold	−0.0610***	−0.0598***	−0.0649***	−0.0554***	−0.0565***	−0.0605***
	(0.0109)	(0.0113)	(0.0119)	(0.0119)	(0.0120)	(0.0127)

---

① 依据收集到的裁判文书，被告在法庭中提出所使用作品并未发现署名信息的比例为 8.06%。
② 依据收集到的裁判文书，1 号被告（网络服务商）会因满足以下三种情形中的某一种或某几种情形而承担金钱赔偿责任：法院认定 1 号被告对相关作品进行编辑、修改等行为（有 120 件相关案件）；法院认定 1 号被告在接到适格通知前明知或应知侵权事实存在（有 205 件相关案件）；法院认定 1 号被告收到适格通知后并未删除侵权内容（有 51 件相关案件）。

续表

变量标识	（1）sprate	（2）sprate	（3）sprate	（4）tarate	（5）tarate	（6）tarate
c_unknown	−0.164 **	−0.166 **	−0.185 ***	−0.167 **	−0.161 **	−0.176 **
	（0.0700）	（0.0627）	（0.0612）	（0.0690）	（0.0622）	（0.0605）
c_uninf	−0.0104	−0.00854	−0.0274	−0.0109	−0.00852	−0.0235
	（0.0578）	（0.0620）	（0.0515）	（0.0580）	（0.0611）	（0.0523）
c_unearn	−0.0446	−0.0440	−0.0440	−0.0375	−0.0382	−0.0381
	（0.0331）	（0.0317）	（0.0323）	（0.0324）	（0.0311）	（0.0316）
df1_lawyer	0.00684	0.00683	0.00480	0.00854	0.00920	0.00759
	（0.0123）	（0.0129）	（0.0110）	（0.0137）	（0.0139）	（0.0124）
df1_court	−0.0629 ***	−0.0583 ***	−0.0661 ***	−0.0592 ***	−0.0622 ***	−0.0683 ***
	（0.0114）	（0.0128）	（0.0117）	（0.0118）	（0.0129）	（0.0126）
df1_place	−0.00793	−0.00935	−0.0143	−0.0166	−0.0145	−0.0184
	（0.0448）	（0.0438）	（0.0398）	（0.0481）	（0.0477）	（0.0445）
pt_firm	0.0932 **	0.0936 **	0.0678	0.0814 **	0.0738 *	0.0534
	（0.0326）	（0.0423）	（0.0461）	（0.0299）	（0.0393）	（0.0430）
pt_lawyer	−0.0772	−0.0705	−0.0512	−0.0875	−0.0851	−0.0698
	（0.0843）	（0.0807）	（0.0767）	（0.0841）	（0.0836）	（0.0798）
pt_place	0.0576 **	0.0541 *	0.0534 *	0.0506 *	0.0513 *	0.0507 *
	（0.0261）	（0.0269）	（0.0256）	（0.0254）	（0.0258）	（0.0249）
ordinary	—	0.0288	0.0336	—	0.0180	0.0218
	—	（0.0271）	（0.0283）	—	（0.0231）	（0.0242）
smalltype	—	0.0155	−0.0187	—	−0.0139	−0.0410
	—	（0.0215）	（0.0274）	—	（0.0206）	（0.0271）
lnpt_sp	—	—	−0.0283 ***	—	—	−0.0224 **
	—	—	（0.00901）	—	—	（0.00830）
常数项	0.413 ***	0.376 ***	0.730 ***	0.422 ***	0.414 ***	0.694 ***
	（0.0846）	（0.0868）	（0.0920）	（0.0827）	（0.0876）	（0.0920）
观测值	1611	1611	1611	1611	1611	1611
R-squared	0.438	0.442	0.463	0.426	0.428	0.442

注：括号内的值为法院所在省份的聚类标准误，＊、＊＊、＊＊＊分别表示10%、5%和1%的显著性水平。下同。

从表5-4被告辩解指标的显著性可知，仅被告提出原告未事先通知侵权行为存在时，可以减轻被告的赔偿责任。原告是否发出通知是一个可以得到验证的客观事实，这一事实在被告提出后基本上能被法院采纳认可，其免责能力很强。

表 5-4　被告辩解

变量标识	(1)	(2)	(3)	(4)	(5)	(6)
	sprate	sprate	sprate	tarate	tarate	tarate
df_untold	−0.0238**	−0.0236*	−0.0237*	−0.0293***	−0.0235	−0.0236
	(0.00965)	(0.0133)	(0.0129)	(0.00958)	(0.0140)	(0.0139)
df_unknown	0.0309	0.0273	0.0294	0.0336	0.0287	0.0301
	(0.0257)	(0.0228)	(0.0224)	(0.0266)	(0.0228)	(0.0229)
df_uninf	−0.00121	−0.000269	0.00104	−0.00128	0.00147	0.00234
	(0.0175)	(0.0151)	(0.0147)	(0.0162)	(0.0137)	(0.0132)
df_unearn	−0.0150	−0.0148	−0.0135	−0.0108	−0.0115	−0.0106
	(0.0131)	(0.0137)	(0.0122)	(0.0121)	(0.0129)	(0.0116)
df1_lawyer	0.00231	0.00378	0.00252	0.00476	0.00701	0.00617
	(0.0102)	(0.00730)	(0.00795)	(0.00913)	(0.00740)	(0.00742)
df1_court	−0.0474***	−0.0503***	−0.0536***	−0.0450***	−0.0547***	−0.0568***
	(0.00893)	(0.0106)	(0.0108)	(0.00929)	(0.0108)	(0.0116)
df1_place	−0.0519**	−0.0469*	−0.0510**	−0.0598**	−0.0500*	−0.0527**
	(0.0203)	(0.0231)	(0.0206)	(0.0216)	(0.0253)	(0.0233)
pt_firm	0.103***	0.0902**	0.0764	0.0912***	0.0710*	0.0618
	(0.0258)	(0.0409)	(0.0464)	(0.0243)	(0.0380)	(0.0434)
pt_lawyer	−0.0523	−0.0467	−0.0352	−0.0619	−0.0630	−0.0554
	(0.0818)	(0.0793)	(0.0796)	(0.0819)	(0.0822)	(0.0827)
pt_place	0.0637*	0.0630*	0.0631*	0.0571	0.0600	0.0601*
	(0.0330)	(0.0336)	(0.0330)	(0.0325)	(0.0319)	(0.0316)
ordinary	—	0.0416	0.0453	—	0.0304	0.0328
	—	(0.0323)	(0.0348)	—	(0.0265)	(0.0286)
smalltype	—	−0.0156	−0.0368	—	−0.0445	−0.0586
	—	(0.0424)	(0.0510)	—	(0.0396)	(0.0488)
lnpt_sp	—	—	−0.0146	—	—	−0.00974
	—	—	(0.00926)	—	—	(0.00887)
常数项	0.195*	0.179*	0.342***	0.206**	0.224**	0.332***
	(0.0944)	(0.0885)	(0.103)	(0.0955)	(0.0937)	(0.109)
观测值	1611	1611	1611	1611	1611	1611
R-squared	0.362	0.369	0.375	0.347	0.355	0.358

表 5-5 将因变量替换为法院判决原告获得的损失赔偿额度与法院判决原告获得的赔偿总额。列 1、列 3 以法院判决原告获得的损失赔偿额度对数值为因变量；

列 2、列 4 以法院判决原告获得的赔偿总额对数值为因变量。

表 5-5　法定规则与被告辩解

变量 标识	(1)	(2)	(3)	(4)
	lnsp	lnta	lnsp	lnta
c_untold	−0.802***	−0.792***	—	—
	(0.157)	(0.162)		
c_unknown	−4.858***	−4.894***	—	—
	(0.707)	(0.721)		
c_uninf	−0.593	−0.599	—	—
	(0.365)	(0.353)		
c_unearn	−1.117**	−1.118**	—	—
	(0.382)	(0.388)	—	—
df_untold	—	—	−0.0438	−0.0915
	—	—	(0.357)	(0.354)
df_unknown	—	—	−0.465	−0.472
	—	—	(0.331)	(0.329)
df_uninf	—	—	0.451**	0.458**
	—	—	(0.159)	(0.162)
df_unearn	—	—	0.0932	0.115
	—	—	(0.189)	(0.190)
控制变量	控制	控制	控制	控制
常数项	4.240*	4.369*	−4.471***	−4.400***
	(2.178)	(2.189)	(1.248)	(1.235)
观测值	1611	1611	1611	1611
R-squared	0.510	0.508	0.331	0.330

　　比较表 5-5 与表 5-3 的回归结果可以发现，从判决额度来看，法院判定被告行为未获利可以减少原告得到的赔偿额，其余主要自变量指标的回归结果与表5-3 保持一致。比较表 5-5 与表 5-4 的回归结果可以发现，被告辩称行为影响小有正显著性，被告辩称原告未事先通知侵权行为存在这一指标不再显著，这反映出与被告辩解指标相比，法院依照法定规则对事实进行判定对判决结果有更稳健的影响，更能得到一致的结论。

　　由表 5-3、表 5-5 中法院认定原告不通知指标系数为负可知，原告负有及时与网络服务商沟通合作，以制止侵权行为，避免影响扩大的责任。避风港规则将在网络空间中发现著作权侵权行为的义务界定给著作权人，著作权人是发现侵权行为、制止侵权行为的发起者，在此责任分配规则下版权权利人是自身权利的最佳保护者。另外，避风港规则设定了较低的著作权人制止侵权行为的成本，只要向网络服务商发出下架侵权作品通知即可。这一成本远低于维护实体作品著作权的成本。比如，购买盗版实体书籍需要付出相应的购买与运输等成本，而下载盗版电子书仅需付出信息搜索成本，下载往往是免费的，著作权人获取这些证据后向网络服务商发出通知即可。

（二）稳健性检验

（1）上传者赔偿责任的影响因素。在网络著作权侵权纠纷中，著作权人不会直接起诉上传者。其原因在于，网络空间中的直接侵权人具有身份匿名性和地域分散性，起诉分散的直接侵权人往往要付出巨大的诉讼成本。同时，直接侵权人不一定具备经济实力，对其发起的诉讼即使获胜也难以得到充分的赔偿。因此，在现实案件中，原告更倾向于起诉具有公司身份的上传者来保障自己获得赔偿，这种选择性诉讼行为导致了避风港案件中侵权责任多由上传者承担的现象。考虑到大多数案件的侵权责任都由 2 号被告承担，本部分在全样本的基础上仅保留由 2 号被告承担赔偿责任的案件，考察在免除网络服务商责任的前提下影响上传者责任负担的因素，对此子样本进行回归，回归结果如表 5-6 所示。

在表 5-6 中，列 1、列 2、列 5、列 6 考察法定规则对上传者责任承担的影响，列 3、列 4、列 7、列 8 考察被告辩解对上传者责任承担的影响。由于法院判定被告对侵权事实知情的样本较少，且不存在于子样本中，指标 c_unknown 不再适用，故将其删除[①]。此外，考虑到对侵权行为存在是否知情是判断网络服务商承担责任的指标，与上传者无关，故一并删除指标 df_unknown。

表 5-6 法定规则与被告辩解

变量标识	（1）	（2）	（3）	（4）	（5）	（6）	（7）	（8）
	sprate	tarate	sprate	tarate	lnsp	lnta	lnsp	lnta
c_untold	-0.0537*** (0.00521)	-0.0513*** (0.00413)	— —	— —	-0.133*** (0.0156)	-0.0863*** (0.0165)	— —	— —
c_uninf	-0.0481*** (0.00546)	-0.0488*** (0.0108)	— —	— —	-0.411*** (0.00431)	-0.429*** (0.00354)	— —	— —

① c_unknown 不存在于子样本中说明，一旦由上传者承担侵权责任，则 c_unknown 全为 1，即法院判定上传者承担责任的前提是法院判定网络服务商对侵权行为不知情。

续表

变量标识	（1）	（2）	（3）	（4）	（5）	（6）	（7）	（8）
	sprate	tarate	sprate	tarate	lnsp	lnta	lnsp	lnta
c_unearn	−0.0846***	−0.0808***	—	—	−0.388***	−0.375***	—	—
	(0.00392)	(0.00395)	—	—	(0.0241)	(0.0223)	—	—
df_untold	—	—	0.0152	0.0128	—	—	0.101	0.0243
	—	—	(0.0125)	(0.0114)	—	—	(0.0647)	(0.0558)
df_uninf	—	—	−0.000427	0.00232	—	—	−0.0430	−0.0379
	—	—	(0.00539)	(0.00425)	—	—	(0.0247)	(0.0247)
df_unearn	—	—	−0.00371	−0.00454	—	—	0.0262*	0.0338***
	—	—	(0.00254)	(0.00299)	—	—	(0.0107)	(0.00824)
控制变量	控制	控制	控制	控制	控制	控制	控制	控制
常数项	0.619***	0.538***	0.553***	0.472***	0.737	1.065	0.101	0.342
	(0.120)	(0.110)	(0.116)	(0.103)	(0.476)	(0.538)	(0.462)	(0.518)
观测值	1002	1002	1002	1002	1002	1002	1002	1002
R-squared	0.552	0.497	0.484	0.420	0.605	0.599	0.583	0.576

综合判决比与判决金额，从表5-6的回归结果可知，对于上传者来说，被告辩解指标对判决结果的影响要弱于法定规则指标，被告辩解指标基本未通过显著性检验，而法定规则指标均通过显著性检验。原告不告知、侵权行为影响小及被告未盈利均可以降低上传者的赔偿责任，此时假说 H3、H4 得到验证。这说明对于上传者来说，网络著作权侵权行为如果产生盈利或者产生很大的影响，则侵权人应该承担更大的责任。

（2）同时考虑法定规则与被告辩解对判决的影响。由表5-3~表5-6可知，法定规则指标的稳健性强于被告辩解指标。因此，表5-7同时考察法定规则指标与被告辩解指标对判决结果的影响。在表5-7中，前4列对全样本进行回归，后4列与表5-6相同对子样本进行回归。

表5-7　法定规则与被告辩解

变量标识	（1）	（2）	（3）	（4）	（5）	（6）	（7）	（8）
	全样本				子样本			
	sprate	tarate	lnsp	lnta	sprate	tarate	lnsp	lnta
c_untold	−0.0661***	−0.0621***	−0.832***	−0.823***	−0.0528***	−0.0506***	−0.130***	−0.0882***
	(0.0111)	(0.0122)	(0.138)	(0.143)	(0.00526)	(0.00416)	(0.0151)	(0.0166)

续表

变量 标识	（1）	（2）	（3）	（4）	（5）	（6）	（7）	（8）
	全样本				子样本			
	sprate	tarate	lnsp	lnta	sprate	tarate	lnsp	lnta
c_uninf	−0.0228 (0.0565)	−0.0194 (0.0577)	−0.721* (0.371)	−0.734* (0.365)	−0.0477*** (0.00440)	−0.0490*** (0.00974)	−0.409*** (0.00440)	−0.432*** (0.00411)
c_unearn	−0.0493* (0.0263)	−0.0431 (0.0256)	−1.069** (0.429)	−1.063** (0.435)	−0.0850*** (0.00423)	−0.0811*** (0.00429)	−0.388*** (0.0249)	−0.373*** (0.0224)
c_unknown	−0.189*** (0.0632)	−0.180** (0.0621)	−4.989*** (0.756)	−5.011*** (0.767)	— —	— —	— —	— —
df_untold	−0.00158 (0.0201)	−0.00283 (0.0202)	0.565* (0.290)	0.520* (0.293)	0.0141 (0.0107)	0.0117 (0.00976)	0.101 (0.0594)	0.0261 (0.0513)
df_uninf	0.00463 (0.0146)	0.00574 (0.0136)	0.537*** (0.108)	0.545*** (0.112)	0.00166 (0.00526)	0.00447 (0.00381)	−0.0278 (0.0228)	−0.0225 (0.0226)
df_unearn	−0.0103 (0.0106)	−0.00764 (0.0106)	0.0960 (0.131)	0.117 (0.129)	−0.00224 (0.00247)	−0.00294 (0.00268)	0.0293** (0.0104)	0.0345*** (0.00819)
df_unknown	0.0376 (0.0214)	0.0375 (0.0222)	−0.359 (0.207)	−0.367* (0.205)	— —	— —	— —	— —
控制变量	控制	控制	控制	控制	控制	控制	控制	控制
常数项	0.726*** (0.0965)	0.688*** (0.0970)	4.682* (2.245)	4.787* (2.241)	0.625*** (0.120)	0.544*** (0.110)	0.760 (0.474)	1.055 (0.534)
观测值	1611	1611	1611	1611	1002	1002	1002	1002
R−squared	0.469	0.448	0.520	0.518	0.554	0.498	0.606	0.600

从表 5-7 的回归结果来看，无论是全样本还是子样本，法定规则指标的回归结果基本与表 5-3、表 5-5、表 5-6 保持一致。而被告辩解指标的回归结果与表 5-4、表 5-5、表 5-6 的回归结果有差异。这说明依据法定规则作出的法院判定相较于被告辩解更具有一锤定音的效力。另外，由表 5-7 后 4 列及表 5-6 的回归结果可知，法院判定被告侵权行为影响较小及侵权人未从著作权侵权行为中盈利这两项指标在以上传者承担赔偿责任的子样本中更为显著。

（3）极端值对判决结果的影响。从表 5-2 可知，原告诉求金额 pt_sunpei 的最大值与最小值差别较大，为避免异常值的影响，进一步选取原告诉求金额在

500 元以上 50 万元以下①的样本进行回归，回归结果如表 5-8 所示。

表 5-8 　法定规则与被告辩解

变量 标识	（1）	（2）	（3）	（4）	（5）	（6）	（7）	（8）
	sprate	tarate	lnsp	lnta	sprate	tarate	lnsp	lnta
c_untold	−0.0659***	−0.0608***	−0.921***	−0.910***	−0.0673***	−0.0626***	−0.948***	−0.939***
	（0.0111）	（0.0116）	（0.209）	（0.215）	（0.0102）	（0.0110）	（0.190）	（0.195）
c_unknown	−0.190***	−0.179***	−4.872***	−4.906***	−0.194***	−0.183***	−4.992***	−5.012***
	（0.0586）	（0.0585）	（0.829）	（0.839）	（0.0602）	（0.0596）	（0.861）	（0.868）
c_uninf	−0.0231	−0.0178	−0.547	−0.556	−0.0202	−0.0155	−0.664*	−0.679*
	（0.0531）	（0.0543）	（0.330）	（0.320）	（0.0571）	（0.0587）	（0.335）	（0.330）
c_unearn	−0.0398	−0.0337	−1.062**	−1.064**	−0.0443	−0.0379	−1.017**	−1.011**
	（0.0343）	（0.0335）	（0.362）	（0.367）	（0.0291）	（0.0283）	（0.392）	（0.398）
被告辩解指标	不控制	不控制	不控制	不控制	控制	控制	控制	控制
控制变量	控制	控制	控制	控制	控制	控制	控制	控制
常数项	0.712***	0.658***	3.692	3.870	0.720***	0.666***	4.218	4.362
	（0.0726）	（0.0743）	（2.508）	（2.503）	（0.0772）	（0.0797）	（2.559）	（2.539）
观测值	1574	1574	1574	1574	1574	1574	1574	1574
R-squared	0.476	0.457	0.527	0.525	0.481	0.462	0.536	0.534

注：考虑到表 5-6 中被告辩解指标对判决结果的影响较弱，本表考虑将其当作控制变量放入回归中，以增强回归结果稳健性，不再单独汇报回归结果，下同。

表 5-8 回归结果与之前的回归结果基本一致，则在去掉极端诉求值的前提下，回归结果依然有稳健性。

（4）平台重复诉讼对判决的影响。通过观测样本发现，以北京微梦创科网络技术有限公司为 1 号被告的案件共计 904 件，占样本总数的一半以上。考虑到单一平台频繁诉讼可能会掩盖本类案件的真实结果，因而本部分用剔除以北京微梦创科网络技术有限公司为 1 号被告的案件的子样本②进行回归，得到的回归结果如表 5-9 所示。

①　500 元下限的设定参考《中华人民共和国著作权法》（2020）第五十四条规定；50 万元上限的设定参考《中华人民共和国著作权法》（2010）第四十九条规定。

②　发生诉讼第二多的网络平台的诉讼次数为 45 次，发生诉讼第三多的网络平台的诉讼次数为 29 次，相比 908 次要少很多。可以认为剔除以北京微梦创科网络技术有限公司为 1 号被告的案件的子样本在一定程度上消除了单一平台诉讼对回归结果的影响。

表 5-9　法定规则与被告辩解

变量标识	（1）	（2）	（3）	（4）	（5）	（6）	（7）	（8）
	sprate	tarate	lnsp	lnta	sprate	tarate	lnsp	lnta
c_untold	-0.0980***	-0.0971***	-1.566**	-1.597**	-0.102***	-0.102***	-1.533***	-1.570***
	（0.0266）	（0.0288）	（0.596）	（0.602）	（0.0289）	（0.0321）	（0.459）	（0.464）
c_unknown	-0.210***	-0.202***	-5.005***	-5.047***	-0.212***	-0.205***	-4.977***	-5.017***
	（0.0673）	（0.0665）	（0.676）	（0.698）	（0.0666）	（0.0655）	（0.628）	（0.643）
c_uninf	0.0223	0.0289	0.580	0.606	0.0221	0.0308	0.497	0.531
	（0.127）	（0.124）	（1.244）	（1.203）	（0.123）	（0.120）	（1.418）	（1.388）
c_unearn	-0.0139	-0.0104	-2.473***	-2.493***	-0.0130	-0.0104	-2.468***	-2.493***
	（0.0480）	（0.0456）	（0.287）	（0.287）	（0.0443）	（0.0415）	（0.507）	（0.512）
被告辩解指标	不控制	不控制	不控制	不控制	控制	控制	控制	控制
控制变量	控制	控制	控制	控制	控制	控制	控制	控制
常数项	0.818***	0.766***	6.855**	6.954**	0.806***	0.751***	7.397***	7.479***
	（0.108）	（0.106）	（2.394）	（2.371）	（0.0996）	（0.100）	（2.461）	（2.462）
观测值	703	703	703	703	703	703	703	703
R-squared	0.473	0.463	0.541	0.536	0.477	0.467	0.560	0.556

由表 5-9 的回归结果可知，在去掉多次发生诉讼的平台的相关样本的前提下，原告未通知网络服务商侵权行为存在和被告对侵权事实不知情都会减少原告获得的赔偿，回归结果具有一定的稳健性。

（5）道德因素的影响。"不可转让规则"是指一旦权利初始设定完毕，禁止当事人之间就该权利发生交易。在卡拉布雷西看来，犯罪、人体器官等涉及的法律问题不能适用成本效益分析，这是公平正义的问题，是"法律道德哲学的自留地"（徐爱国，2007）。事实上，许多案件的价值取向与人文关怀远远超过了胜诉所带来的经济赔偿。比如，涉及荣誉权与名誉权的官司，受害人只要一句道歉和象征性的赔偿，虽然看起来是小题大做，但它反映了权利意识的觉醒与社会文明的进步。仅从经济效率来看，这似乎是对司法资源的浪费，但维护了更高的社会价值追求。著作权可以分为人格权与财产权，著作权案件中与道德关系、最密切的因素是人格权，常常以原告要求被告道歉的形式出现。为避免道德因素对案件判决的影响，用删掉原告要求道歉的案件的子样本进行回归，得到的回归结果如表 5-10 所示。

表 5-10　法定规则与被告辩解

变量 标识	（1） sprate	（2） tarate	（3） lnsp	（4） lnta	（5） sprate	（6） tarate	（7） lnsp	（8） lnta
c_untold	−0.0896*** (0.0151)	−0.0835*** (0.0161)	−1.343*** (0.172)	−1.383*** (0.168)	−0.0881*** (0.0120)	−0.0830*** (0.0145)	−1.355*** (0.181)	−1.395*** (0.180)
c_unknown	−0.203** (0.0759)	−0.199** (0.0760)	−5.022*** (0.499)	−5.075*** (0.524)	−0.210** (0.0755)	−0.206** (0.0758)	−5.003*** (0.478)	−5.045*** (0.490)
c_uninf	0.0415 (0.142)	0.0509 (0.141)	0.690 (0.936)	0.724 (0.894)	0.0323 (0.120)	0.0431 (0.120)	0.914 (1.224)	0.954 (1.195)
c_unearn	−0.000680 (0.0454)	0.00331 (0.0454)	−1.544*** (0.184)	−1.558*** (0.194)	0.00684 (0.0509)	0.00942 (0.0507)	−1.691*** (0.312)	−1.713*** (0.324)
被告辩解指标	不控制	不控制	不控制	不控制	控制	控制	控制	控制
控制变量	控制	控制	控制	控制	控制	控制	控制	控制
常数项	0.787*** (0.144)	0.741*** (0.139)	6.510*** (1.667)	6.619*** (1.685)	0.798*** (0.135)	0.753*** (0.134)	6.800*** (2.090)	6.910*** (2.140)
观测值	677	677	677	677	677	677	677	677
R-squared	0.497	0.475	0.568	0.562	0.503	0.483	0.592	0.587

由表 5-10 的回归结果可知，在不考虑对著作人格权侵犯的前提下，原告未通知网络服务商侵权行为存在和被告对侵权事实不知情都会减少原告获得的赔偿，回归结果具有一定的稳健性。

（6）著作权人与网络服务商的责任分配。进一步地，为考察影响著作权人与网络服务商责任分配的因素，本部分将由上传人承担责任的样本删除后构建新的子样本进行回归。同表 5-6 一样，本部分删掉与 2 号被告承担责任的相关指标：df_uninf、df_unearn、c_uninf、c_unearn①。回归结果如表 5-11 所示。

表 5-11　法定规则与被告辩解

变量 标识	（1） sprate	（2） tarate	（3） lnsp	（4） lnta	（5） sprate	（6） tarate	（7） lnsp	（8） lnta
c_untold	−0.0963*** (0.0283)	−0.0988*** (0.0298)	−1.574* (0.801)	−1.610* (0.807)	−0.105*** (0.0339)	−0.110*** (0.0362)	−1.310 (0.756)	−1.352* (0.765)

---

① 在由网络服务商或著作权人承担责任的案例中，含有 2 号被告的案例占该子样本的比重不到 4%，因此不再考虑上传者责任负担的指标。

续表

变量标识	(1)	(2)	(3)	(4)	(5)	(6)	(7)	(8)
	sprate	tarate	lnsp	lnta	sprate	tarate	lnsp	lnta
c_unknown	-0.235*** (0.0467)	-0.228*** (0.0497)	-6.333*** (0.734)	-6.380*** (0.752)	-0.240*** (0.0447)	-0.234*** (0.0459)	-6.251*** (0.614)	-6.296*** (0.627)
被告辩解指标①	不控制	不控制	不控制	不控制	控制	控制	控制	控制
控制变量	控制	控制	控制	控制	控制	控制	控制	控制
常数项	0.800*** (0.137)	0.761*** (0.135)	7.528** (2.535)	7.617** (2.560)	0.803*** (0.128)	0.764*** (0.124)	7.457*** (2.385)	7.548*** (2.415)
观测值	604	604	604	604	604	604	604	604
R-squared	0.524	0.509	0.595	0.591	0.527	0.514	0.603	0.598

从回归结果可知，c_unknown 均显著为负，除表 5-11 列 7 中的 c_untold 未通过显著性检验外，其他列中的 c_untold 显著为负。这说明法院判定原告未通知网络服务商侵权行为存在和被告对侵权事实不知情都会在一定程度上减少原告获得的赔偿，回归结果具有一定的稳健性。

四、从原告合作积极性角度分析避风港规则的合理性

（一）原告不合作现象的一种可能解释

从构建促进新技术产业发展的环境角度来讲，避风港规则体现的是技术中立原则。技术中立原则强调技术自身，并无善恶之分，它只是被用户应用于合法行为或非法行为中，这不是技术开发者所能控制的。技术中立原则体现的是利益平衡思想，既要保护现有权利人利益不受技术进步的过分损害，又要保护公共利益，促进社会技术发展。版权领域的技术中立原则早在索尼录像机案中就有所体现，从索尼录像机案到避风港规则，司法秉持的原则是保护技术中立者。这里的"技术中立者"是指创新和运用促进产业发展技术的主体，该主体在发展、运用相关技术过程中保持中立，不主动借助技术优势为自己谋取不当利益。尽管相关技术的发展与运用将改变版权产业的利益分配格局，使原有格局中的既得利益者因新竞争形势而损失部分收益，但只要技术中立者并未教唆、诱导他人或者自己

---

① 表 5-11 中的被告辩解指标只含有 c_untold 与 c_unknown，相比表 5-8、表 5-9、表 5-10 的被告辩解指标缺少 df_unearn 和 df_uninf。

主动侵害相关权利人的利益，该主体便无需为权利人的利益减损负责。正如最高人民法院的司法解释所述，只要网络服务商未对相关侵权内容进行编辑、推荐等操作，网络服务商就可因技术中立者身份而受避风港规则保护[①]。但是，技术中立原则是否平衡了各方利益也不断受到质疑。从美国颁布《数字千年版权法》确定避风港规则至今已有 20 多年，网络服务商不断发展并展示出新的特性，网络服务商已经成为版权产业的关键环节，但版权权利人依然饱受海量侵权行为的困扰。美国与欧洲等版权产业发达的地区都在尝试修改避风港规则，以重新平衡版权产业各方参与主体的责任。

美国版权局在 2020 年针对《数字千年版权法》的避风港规则颁布《第 512 条报告》[②]。《第 512 条报告》指出，网络技术的发展极大地改变了版权产业生态。网络服务商凭借算法技术与用户数据优势成为版权产业的关键一环：用户需要通过网络平台获取所需的作品内容，而大型版权资源持有者与自由创作者也要通过网络平台展示作品。这改变了版权内容的分发方式与版权产业的利益分配格局。与此同时，现有避风港规则阻止侵权行为的效力被版权权利人质疑，在海量内容被上传的网络平台上，网络平台收到的侵权通知数以百万计，这是制定避风港规则时无法想象的。《第 512 条报告》指出，网络服务商普遍认为避风港规则是成功的，但版权权利人则普遍认为避风港规则未能保护他们的版权，版权权利人为了打击网络版权侵权，陷入了"打地鼠"难题中。版权权利人认为是避风港规则让网络服务商获得了发展机遇，其应承担更高的责任以解决侵权问题。网络服务商认为避风港规则让版权权利人获得了高效的线上侵权纠纷解决方案，无需花费高昂费用进行诉讼，版权权利人承担解决线上侵权的成本是适当的。

《第 512 条报告》指出美国版权部门通过组织听证会与收集相关建议发现，避风港规则并未形成预想中的平衡，除网络服务商外的相关权利人都对数量庞大的网络侵权行为，以及难以有效解决侵权行为的"通知—删除"规则感到担忧，并且版权权利人未与网络服务商达成有效的合作关系。

通过对现行国内避风港规则的研究发现，法院要检查著作权人是否主动通知网络服务商侵权事实的存在，但只有在收到通知而不删除嫌疑侵权作品的情况下，网络服务商才承担侵权责任。表 5-12 是根据 1613 件案件的判决结果进行的

①　详见 2012 年 11 月最高人民法院发布的《关于审理侵害信息网络传播权民事纠纷案件适用法律若干问题的规定》。

②　Section 512 Report ［R］．（2020－05－21）．https：//www.copyright.gov/policy/section512/section-512-full-report.pdf.

分类统计，由表 5-12 可更直观地发现从判决比平均值角度来看，有通知行为的原告的判决比约是无通知行为的原告的 1.5 倍。面对汹涌的网络版权侵权问题，避风港规则实际上要求著作权人与网络服务商合力应对，并清晰地设定了双方的行为规范。然而，在所研究的案件中，半数原告回避了避风港规则中的通知环节，选择直接发起诉讼。

表 5-12　著作权人通知行为对判决结果的影响

原告通知与否[①] 判决结果	原告不通知网络服务提供者	原告通知网络服务提供者
赔偿额度判决比（sprate）均值	0.119	0.175
赔偿额度（sunpei）均值	12992.35 元	18325.56 元
赔偿总额判决比（tarate）均值	0.111	0.166
赔偿总额（totalamount）均值	13305.45 元	19097.21 元

有学者指出考虑到知识产权的信息属性，与法律相比，未来知识产权保护将更依赖技术与道德（Barlow，2019）。避风港规则是为著作权人设置的与网络服务商沟通合作的机制，但由案件统计信息可知，半数原告回避了避风港规则中的通知环节，选择直接发起诉讼，但这种方式阻止侵权行为的效率较低。选择进入诉讼环节的著作权人关注的重点可能并不仅是制止侵权行为，更多的是想借助司法程序实现"法律定价"。根据《2019 年中国网络版权监测报告（摘要）》[②]，在 2019 年仅短视频领域就发现了 754 万条侵权链接，但在 2014～2020 年仅有数千件避风港案件裁判文书，由这个案件数量可知著作权人通过法院解决的网络平台版权侵权纠纷尚属少数。

事实上，进入诉讼程序的避风港案件都有很强的目的性，这类案件发挥着"法律定价"的效果。一类避风港案件是大型平台之间的诉讼，平台之间的诉讼往往能成为决定网络平台产业发展的潜规则，各个平台在之后的商业决策中都会以这些案例为参考，但此类案件属于少数。另一类避风港案件是数量最多的一类，就是以谋取经济利益为目标的案件。

对绝大多数原告来说，发起著作权诉讼是为了获得经济利益。在司法判决

---

①　以法院结合法定规则认定为准。

②　12426 版权监测中心.2019 年中国网络版权监测报告（摘要）［EB/OL］.（2020-04-20）. https：//web.eqain.com/report.html.

中，多由上传者而非网络服务商承担侵权赔偿责任。这是因为在实际司法判决中，原告更倾向于向具有赔偿能力的上传者发起诉讼。一方面，网络服务商对侵权事实的应知或明知状态难以被证实，网络服务商往往被免于承担赔偿责任，因此原告要从上传者处获得赔偿。另一方面，由于原告承担发现侵权行为及提起诉讼的成本，为保证维权收益，原告会有选择性地向有一定经济实力的上传者（如公司）发起侵权诉讼，以保证判决结果可以被执行。从判决结果来看，原告这一策略是成功的，只要起诉上传者，原告基本都可以获得一定金额的赔偿，但当仅起诉网络平台时，原告获得金钱赔偿的概率就会降低[①]。

从这一角度可以解释为何约半数原告不向网络平台发出通知。原告发起诉讼是为了获取经济收益，若要实现经济收益为正就要保证获得赔偿额度可以覆盖因发起诉讼而支付的成本。原告获得赔偿的期望值等于原告胜诉概率与涉案损失赔偿金额的乘积。原告要准备两件事：一是选择合适的被告对象，以公司等具备经济实力的上传者为主；二是积极固定存在侵权行为的证据以提高胜诉率，如进行公证。此时，避风港规则的应用可能会对原告固定证据造成阻碍，如当原告在进行公证前通知网络平台删除侵权行为涉及的作品后，就将面临缺少证据证明侵权行为存在的窘境。当原告进行公证后，如果侵权行为不会对原告产生太大的不良影响[②]，原告便无动力专门向网络平台发出删除侵权行为涉及的作品的通知。因为当网络平台作为被告收到起诉状时，法院认为此时网络平台收到适格通知，应知晓侵权行为存在，网络平台为避免承担共同侵权责任会主动删除相关内容。

（二）限制版权权利的合理性分析

诉讼中的当事人往往从自己的利益出发，提出彼此对立的法律原则，最终在现实环境中彼此妥协（徐聪颖，2022）。由相关数据分析可知，大部分原告以上传人为重点维权对象，也未能在现行避风港规则下采取社会最优预防措施：向网络服务商发出通知。但是，不可忽视的是，原告将上传人视作重点维权对象是因为避风港规则保护网络服务商让其免于承担责任，且著作权人这一群体在维权时不与网络服务商合作就会进一步受到法院的"惩罚"，被侵权人的维权结果将更加不理想。这种"惩罚"源自避风港规则的规定，它要求著作权人承担一定制

[①] 就收集到的案件样本而言，原告得到赔偿为 0 元的比例为 16.12%，网络平台承担金钱赔偿责任的比例为 21.63%，上传者承担金钱赔偿责任的比例为 62.25%。上传者被列为 2 号被告出现在避风港案件中的比例为 63.92%。由此可见，当上传者出现在诉讼中时，基本由上传者承担金钱赔偿责任，原告获得金钱赔偿的概率很大，相比较而言，原告单独起诉网络平台时获得金钱赔偿的概率就较低。

[②] 例如，某公司在未经授权的前提下在社交媒体平台上传某画家已公开发表的漫画作品，借助这一作品说明、评论某一社会现象。这种行为通常不会引起广泛关注，不会对原作者有太大的影响。

止侵权的责任，而非网络服务商单边预防。这种减轻网络服务商责任负担而限制版权权利的规定是否有合理性，可以结合音乐产业提出的"价值差"概念来讨论这一问题。

音乐企业在欧盟准备修改著作权法期间开展游说活动，并创造了"价值差"概念。价值差是指网络平台利用音乐作品产生的收益大于网络平台返回给版权权利人的价值。音乐传播的最大收益被平台占有，因此音乐企业想要一个公平的交易环境（万勇，2021）。受此影响，欧盟倾向于让网络服务商承担更重的义务，如网络服务商应负担起过滤侵权内容的义务。那么，符合技术中立原则的网络服务商是否应为版权权利人提出的"价值差"承担责任？或者说音乐产业提出的"价值差"概念能否立住脚？这需结合与"价值差"相关的利益权衡展开分析。

第一，价值差本质上是大型版权企业从"版权保护优先"角度得出的结论。"版权保护优先"能否成立可以结合知识产权法理基础讨论。如果盲目追求回到财产权劳动理论，将保护知识产权视作最终目的，则不仅会阻碍后来者创新，也可能会消磨既得利益者的创新积极性（马忠法、谢迪扬，2022）。

当前，"价值差"是否存在还缺乏数据支持，"价值差"可能过分夸大了互联网对版权权利人的损害，而忽视了互联网给中小创作者带来的机遇。如果"价值差"得到立法部门承认，则网络服务商将背负过滤侵权内容的义务，除网络服务商自身发展受影响外，过滤侵权内容算法对用户言论的严格审查及合理使用行为的不当限制也不可避免。"价值差"将版权权利置于其他竞争性利益之前，但过度保护版权人利益将遏制互联网产业发展，妨碍公众信息的交流传播，阻碍文化的繁荣发展，这与设立版权制度初衷相悖（刘文杰，2020）。

第二，可将当前与版权产业相关的网络服务分为订阅模式的网络服务与以分享 UGC 为主的网络服务两类。相较于以分享 UGC 为主的网络服务，音乐企业更喜欢采取订阅模式的网络平台。音乐企业认为避风港规则让其在与以分享 UGC 为主的网络服务商的谈判中处于不利地位，未经授权的音乐可以通过 UGC 被上传到网络服务平台，网络服务商利用这一"漏洞"丰富自己平台的内容。以音乐订阅模式为主的网络服务商较少有用户上传内容，以分发正版音乐资源为主营业务。这些提供订阅服务的网络服务商为了获取音乐企业的版权，不惜出高价获取独家播放权，以留住优质客户。应看到的是，采取音乐订阅模式的网络服务商是一种封闭平台，它们基本上不需要避风港规则。以分享 UGC 为主的网络服务商是开放平台，其在利用避风港规则"漏洞"的同时也在承担平台用户侵权的法律风险。音乐企业在与网络服务商谈判中处于不利地位的问题应借助反垄断法而非版权法解决（万勇，2021）。

从社会福利增长的角度来看，"价值差"并不能完全推翻避风港规则，避风港规则的适用依然具有合理性，能够在一定程度上平衡著作权人的权益保护诉求与网络平台发展的现实要求。版权权利人不应片面强调网络技术与服务给其带来的负面影响，也应看到网络对作品分发的积极促进效果，以及避风港规则对其维权的帮助，版权权利人与网络服务商之间应形成良好合作关系。但是，随着网络平台发展壮大，避风港规则无法有效应对日益加剧的侵权行为，让版权权利人承担审查海量内容的成本也不公平。海量侵权行为出现的原因之一是上传者缺少与版权权利人合作的途径，上传者不知权利人的联系方式，也不知相关作品的使用价格。版权权利人集中向具备公司身份的上传者维权的原因在于，海量侵权行为让版权权利人损失大量授权作品收益，而进入司法程序的上传者支付的赔偿金额往往是作品市场授权费的多倍，版权权利人通过交易成本颇高的司法程序维权取得的收益可以在一定程度上弥补其他个人上传者未经授权使用作品带来的损失。由此可见，海量侵权问题仍要靠上传者、版权权利人与网络服务商的合作解决。

五、关于避风港规则案件的结论

结合现实背景、数据统计及实证分析结果可以得出关于现行避风港规则在国内适用情况的结论，具体如下：

第一，相较于被告的辩解，法定规则对判决的影响更稳健。其主要的原因在于，就侵权行为存在、侵权行为影响、侵权行为盈利这三个指标而言，被告往往从主观的角度进行说理，具有很强的偏向性，这对法庭来说是难以证实或证伪的，因而辩解效力有限。这也说明了通知规则的适用性为何比知晓规则更强，知晓规则为何会被通知规则架空。知晓规则在很大程度上依赖个人主观心理判断，法官依此规则判断网络平台是否知晓上传者侵权行为存在容易引起争议。借助通知规则，法官则可通过网络平台是否收到著作权人的适格通知来判断网络平台是否知晓上传者侵权行为存在，这种根据事实作出的判断更容易被原被告双方接受。除非能证明网络平台对侵权行为涉及的作品有编辑、置顶等行为，或者能证明侵权行为涉及的作品有较大知名度、网络热度，否则法院很少借助知晓规则认定网络平台知晓上传者存在侵权行为。

第二，从法定规则的角度来看，原告疏于通知、被告对侵权事实不知情、侵权行为影响较小及被告未从侵权行为中盈利都会减少原告获得的赔偿。其中，原告疏于通知这一指标基本保持负显著，这也反映出相较于侵权行为盈利情况与侵权行为影响，现阶段法定规则对著作权人的注意义务要求较高。其原因在于，对于法官来说，避风港规则为著作权人提供了与网络平台乃至上传者的沟通途径，提供了一个成本相对较低的制止侵权的安排。这与著作权人直接制止网络空间、非网络空间中的著作权侵权行为相比，显著降低了制止成本。在知晓规则基本被通知规则架空的前提下，法官认为未得到著作权人通知的处于"不知晓"状态的网络平台有 B>PL，无一般审查义务的网络平台不必为上传者的侵权行为负责。依照最小防范成本原则，当著作权人发现侵权行为时，损害了可合理预见性，著作权人应该采取相应的合理行为，即通过避风港规则向网络平台发出通知，及时消除侵权行为的不良影响。接到通知后的网络平台有 B<PL，若不删除侵权内容就要承担责任，而著作权人不通知网络平台会使著作权人实际预防水平低于社会最优预防水平，产生主动放任，甚至默认侵权行为的不良后果。法官减少疏于通知的原告获得的赔偿额度也能激励原告积极借助避风港规则解决网络空间中的侵权纠纷，不必仅通过司法裁判途径解决网络环境中的著作权纠纷，著作权人可以通过许可、调解等非司法途径以低交易成本的方式解决纠纷。

法律责任分配将影响产业发展，而产业发展前景也将影响法律责任分配规则的制定。在 20 世纪确立避风港规则时还没有海量侵权行为与海量通知行为，也没有盗版内容过滤算法。下一阶段如何改进现行避风港规则，要综合考虑各方面因素。

通过分析相关裁判文书可知，当前网络服务商承担侵权责任的情形可以分为两种：第一种是通过盗链等行为在自己的平台上提供相关作品，这构成直接侵权行为，但此种行为较不常见。第二种是网络服务商在他人侵权行为中承担间接责任。让网络服务商承担间接侵权责任的条件是，在明知或应知著作权侵权行为存在的前提下不移除相应作品，常见表现是对相关作品有置顶、推荐等行为，或者是在接到权利人通知后怠于删除相关作品。这种注意义务对一些网络服务商而言过轻，如一个以文档或者影音作品分享为主的网站，网站经营者只要做到自己不上传、不修改、推荐用户上传作品，在接到权利人通知后及时删除相关作品就可以免于承担责任。作为网站主要获益方式之一的广告往往并不是针对某一特定作品投放的，因而也不会构成对某一侵权行为的直接获利。网站经营者会借助积分、徽章、等级等游戏化设计引诱用户上传分享资源，网站借助这一模式获取用户流量及相关利益的同时也免除了侵权责任。

面对上述情形及信息技术发展趋势，避风港规则有三个可能的改进方向。首先，要求网络服务商优化其侵权内容投诉渠道，让相关权利人能以经济、高效、快捷的方式完成通知投诉，如搭建一个自动批量投诉渠道。其次，在平台发生针对某一类作品的多次投诉后，平台应相应强化对相关作品类别的注意义务，即在判断网络服务商是否承担侵权责任时，应考虑其平台发生的侵权行为次数。侵权次数越多，尤其是针对个别作品的侵权次数越多，平台越应承担更大的侵权责任，这可以让版权权利人免受反复侵权的困扰。最后，大型网络平台应优先应用侵权内容监测技术及时发现侵权行为。海量侵权行为的监测离不开人工智能等技术的帮助，在避风港规则下的侵权行为监测成本由著作权人承担，当相关技术成熟后，可以考虑由网络服务商承担侵权行为监测的义务。现阶段，由于自动化侵权监测技术还未被广泛推广，法院默认网络平台处于"不知晓"状态，其阻止侵权的成本高于发起诉讼的著作权人，因此从最小防范成本原则看著作权人的防范义务要大于网络平台。随着人工智能等技术的发展及版权登记交易制度的完善，网络服务商发现盗版侵权行为的成本将越来越低，从汉德公式角度来看，如果网络平台符合 $B<PL$ 的条件，那么就应由网络平台而非著作权人承担侵权内容过滤义务。

欧盟与美国在是否要求网络平台主动承担版权审查过滤义务方面已有分歧，欧盟积极强化网络平台的审查义务的原因之一是欧盟缺少大型网络平台，而中国与美国拥有多数世界排名领先的网络平台（万勇，2021）。欧盟版权相关法律强化网络服务商过滤义务将使处于初创期的中小型网络服务商难以生存，这与欧盟狙击、遏制美国大型网络服务商的初衷相悖，甚至可能加强美国大型网络平台在欧盟市场的垄断地位。由此可见，如何平衡著作权人的权益保护诉求与网络平台发展的现实要求仍需慎重考虑。

现阶段，至少应积极鼓励具备技术实力与用户规模达到一定水平的网络平台应用侵权内容过滤技术。当相关技术成熟时，从网络流量集中度和应用侵权内容监测技术成本负担角度来看，为降低网络平台相关市场准入门槛，大型网络平台应优先应用侵权内容监测技术。如果继续实施避风港规则，则可补充实施"通知—许可或删除"规则，允许大型网络服务商主动通知版权人发现存在侵权行为，要求版权人在许可使用与删除间进行选择。若改革避风港规则，则要求大型网络服务商承担发现侵权的责任，如果因技术原因导致版权侵权内容未被及时发现和清除，那么应由大型网络服务商先向著作权人赔偿，之后大型网络服务商再向上传人追偿。与此同时，无论网络平台规模大小，都应让有编辑、置顶、推荐侵权内容等违背技术中立原则行为的网络平台承担更高的侵权赔偿责任。

第三节　两类著作权批量维权组织的比较分析

当一个领域侵权现象频发时，如果存在从制止侵权中获利的可能，那么就会逐渐发育出维权获利的商业模式。消费者保护领域的职业打假现象就是一个典型案例，在版权领域也出现了具有类似性质的以权利维护获利的现象。

近年来，在版权领域出现了大量通过诉讼等手段进行著作权侵权维权，并以此获利的事件，此类诉讼被称为"策略性诉讼"（毛昊等，2017），发起此类诉讼的当事人被称为"策略性诉讼者"。与职业打假广受关注和备受争议不同，最初并没有得到多少关注也没有引起争议。

对于策略性诉讼者的争议，主要围绕诉讼获利是否具有正当性，客观上产生的维权威慑能否有助于改善侵权现象频发两大焦点展开。然而，在版权保护领域，我国还存在着专业官方的维权者，我国先后成立了五个著作权集体管理机构，如中国音像著作权集体管理协会（以下简称"中国音集协"）是保护会员音像作品权利的机构，其业务和职责是对会员及音像制品进行登记、管理，收取作品的使用费，并向著作权权利人分配著作权作品使用费，依法保护会员的合法权利。

当前，关于策略性诉讼者的研究主要从以下几方面展开：第一，策略性诉讼者产生的原因。原告同时向多名被告发起诉讼，可以形成规模经济效应，以最小化成本获得最高利润（Polonsky，2013）。我国的法定赔偿制度和允许版权案件合并诉讼，有助于形成诉讼的规模效应，这被认为是策略性诉讼者形成的重要原因（Sag，2015；Sag and Haskell，2018；易继明、蔡元臻，2018；李欣洋、张庆宇，2018）。第二，策略性诉讼者维权是否具有合理性。有文献强调策略性诉讼者的专业维权诉讼行为并没有违反诉讼规则，也没有违反著作权法，具有存在的合理性与正当性（孔祥俊，2013；邓昭君，2015；王好、曹柯，2020）。但是，也有文献指出策略性诉讼者的诉讼投机行为影响到了普通用户和创新者，容易引发恶意诉讼（Balganesh，2013）。同时，策略性诉讼者发起的大规模诉讼浪费了司法资源，因此要限制策略性诉讼者的发展（Boutsikaris，2012；Curran，2013）。第三，策略性诉讼者的治理。通过对法定赔偿的适用性加以限制来缩小策略性诉讼的空间（李欣洋、张庆宇，2018）；对于群体共同侵权，可对单件作品设定最高追偿额，解决策略性诉讼者多次追偿的问题（Greenberg，2014）。

综上所述，国内外对策略性诉讼者与法院判决的研究不太多，中国司法背景下策略性诉讼者问题的研究更需要进一步推进。本部分研究运用 2015~2020 年著作权侵权司法判决书数据信息，实证分析策略性诉讼活动，比较策略性诉讼者与其他主体的维权效率，旨在发现促进不同版权作品保护水平的路径，以提高整体版权保护水平。

一、两类批量诉讼发起者的比较

著作权集体管理组织与策略性诉讼者形成的商业平台都是具有丰富诉讼经验的组织，既在批量诉讼中积累了诉讼经验，又在批量诉讼中节约了成本，都是对版权保护产生积极影响的组织。比较两者的成因与差异有助于理解批量诉讼发起者在版权保护中的优势与不足。

（一）著作权集体管理组织

我国《著作权集体管理条例》规定，在接受权利人的授权后，著作权集体管理组织以自己的名义行使权利人有关权利。著作权集体管理组织是联结著作权人和使用者的法律主体，其诞生的目的是解决版权破碎问题。

版权破碎是指因著作权客体和著作权权利多样化导致权利转让、继受、合作时出现的分散破碎现象（Gervais，2015）。Drexl（2014）指出著作权集体管理组织为创作者使用他人作品进行再创作提供了清晰简洁的路径，降低了交易成本，理顺了版权市场。

从规模经济的角度来讲，集体管理组织的会员越多，其吸收的作品就越多，其管理作品的边际成本越低。授予集体管理组织一定的垄断地位有助于其集中更多会员，从长远来看可减少权利人需支付的管理费。此外，我国的著作权集体管理组织除提供"一站式服务"外，还负有"平衡权利主体与其他产业主体利益、平衡权利主体内部利益、促进作品传播及保持文化多样性"的多元功能（李陶，2016）。但是，在著作权集体管理组织的实际运行过程中也暴露出了不受著作权人信任、运行机制不透明、运作效率低等问题。

我国著作权集体管理制度是以信托关系为基础设立的。完整的信托关系有委托人、受托人和受益人三方主体，管理组织是受托人，权利人同时是委托人与受益人（林洹民，2013）。鉴于独立性原则，在信托关系中，权利人更多地拥有收益权，而集体管理组织将直接控制著作权。作为作品授权使用的中介人，信任关系是构建信托关系的重要影响因素（董海宁，2003）。然而，我国著作权集体管理组织面临着"信任困局"。

著作权人对集体管理组织的不信任体现在创作者参与度上。美国音乐著作权集体管理组织 ASCAP 与 BMI 的会员数分别超 65 万与 80 万，德国音乐集体管理组织 GEMA 的会员数超 7 万，而我国成立最早、运行最成熟的音乐著作权协会会员总数不足 2 万。影响作者群体对集体管理组织不信任的表面因素是，集体管理组织不能提供平等、便捷、可协商的交易服务，内在因素则是集体管理组织的运作机制并不透明，不透明就意味着易滋生委托代理问题。根据 Martimort 和 Laffont（2009）的委托代理模型可知，由于权利人与管理人的利益诉求不同，管理人在缺乏充足激励的前提下会偷懒，具体表现为著作权集体管理组织运作效率低、服务意识弱。

垄断属性和行政属性削弱了国内著作权集体管理组织作为的积极性。从沉没成本来看，组建集体管理组织投资巨大。正因如此，政府常在自然垄断行业施行审批制而非登记制（王先林，2014）。著作权集体管理组织凭借垄断优势可以形成规模经济，但垄断带来的管理效率低下、信息不对称等问题也制约着版权产业的发展。

（二）商业平台维权

在个别著作权集体管理组织作为不力的背景下，著作权人往往会借助商业维权途径保护自己的权益。随着市场经济的发展，以诉求财也成为一种可行路径。既然有著作权人群体的需求，同时国内著作权集体管理组织又存在一定缺陷，这就为商业平台维权留下了生存空间，也势必会影响国内著作权维权状况。

商业维权平台是指借助自身平台资源为自己或者他人代理版权并进行维权的主体。此类维权具有较强的专业性，平台企业一般聘请知识产权领域的专业律师进行调查、取证，然后发起大规模诉讼，获得收益后平台企业、律师与权利人按协议进行分成。著作权作品维权一般可以分为两种类型：一种是著作权人授权转让或者许可部分权利给专业机构，专业机构按照许可授权，以自身的名义进行维权，此种维权以著作权转让或许可制度为依据；另一种是著作权人直接或者委托律师向法院发起诉讼，此种维权以诉讼代理制度为依据。商业平台维权属于第一种类型，这种维权模式与集体管理组织维权发生了重叠及交叉，从本质上讲两种都是专业规模化的维权。商业平台维权与著作权集体管理组织维权并不冲突，可以共存且相互补充，更高效地维护著作权人的合法权益，提高著作权的保护水平。

根据财产规则和责任规则理论（Calabresi and Melamed，1972），当版权交易成本较低时，双方按照财产规则让渡权利进行自愿交换，此为事前版权交易；当版权交易成本较高时，版权市场交易存在障碍，双方按照责任规则以损害赔偿的方式进行定价以取代市场交易，此为事后版权交易。按照市场交易规律，权利人通过市场授权许可使用是正常的交易方式，当市场交易失败时会转向事后救济。商业平台诉讼者放弃事前版权交易直接转向事后版权交易，通过诉讼维权的方式取得收益，这种行为看起来有悖正常的市场交易规律，但从交易成本与收益及维权许可方式的角度考察，商业平台维权诉讼有其内在形成机制。

当版权交易成本较高，版权侵权行为盛行时，版权权利人更趋向于选择责任规则以取得更高收益。版权诉讼达到一定规模后，形成了版权维权市场和商业平台诉讼者。版权权利人发现侵权行为比搜寻买家更简单方便，事后救济比事前许可的成本要低。版权价值的不确定性加大了交易磋商的难度与成本，而版权侵权事后救济直接通过法院调解或者判决进行司法定价减少了交易磋商成本。事后救济更像是先使用后付费的模式，会加快版权作品的传播流通速度，加深社会公众对版权作品的认识，扩大版权使用市场，增加版权权利人的收益（邓昭君，2015）。在此市场中，法院确定司法定价（侵权赔偿额），为权利分配设定"具有强制力的契约"（韦伯，1998）。商业平台维权诉讼是司法实践顺应版权交易发展出来的合理现象，其存在具有合理性。

在我国版权侵权诉讼中，法院判决大多以法定赔偿为主，比例可达90%以上，而且原告胜诉率较高（易继明、蔡元臻，2018）。商业平台诉讼者只有确保高胜诉率才能实现累积收益，只要诉讼成本低于胜诉赔偿额，策略性诉讼者就有盈利空间，版权侵权诉讼就会发生。先前类似案件判决的高胜诉率对侵权人形成了一种有效威慑，商业平台维权者把和解或者索赔金额定在被告诉讼成本的平均值以下，或者运用类案判决金额进行索赔，以促使被告主动选择和解而不是花费大量的时间和成本进行应诉。基于诉讼将面临更高赔偿金额及声誉的考虑，侵权人更愿意和解了事（孙芸，2013）。同时，当版权市场存在大量侵权行为时，商业平台维权者聘请专业律师，在积极收集各类证据材料和批量取证后发起大量重复诉讼，在降低维权成本的同时也形成了规模经济效应。商业平台诉讼者通过发起多起诉讼累积收益，多次重复诉讼为后续的胜诉累积经验，产生了"干中学"效应。同时，先前的胜诉结果对后续的案件审判具有积极正面影响，有助于促进商业平台维权者获得更高的诉讼收益。从权利保护的角度而言，商业平台诉讼者通过私力保护形式更高效地完成了对版权的保护，有效遏制了侵权现象，这是政府公力保护无法实现的情况下市场私力保护的结果（周林彬、李胜兰，2003）。

（三）两种维权模式的比较

（1）商业平台维权与著作权集体管理组织维权有共性。第一，无论是商业平台维权还是著作权集体管理组织维权，都是发起大规模诉讼，进行批量专业化维权。从维权作品类型来看，商业平台维权以摄影图片作品为主，以音乐作品为辅；集体管理组织维权以音乐作品为主，涉及少量文字作品。规模成本与收益是两种维权模式形成的原因，民事信托为其专业维权奠定了法理依据。

规模成本与规模收益是商业平台与著作权集体管理组织维权的经济基础。根据 Galanter（1974）的当事人资源理论，商业平台、著作权集体管理组织比个人有更明显的诉讼资源优势，因此更容易取得胜诉，获得更好的判决结果。这一理论在国内诉讼案件中也同样适用（He and Su，2013；田燕梅等，2018）。著作权人通过商业平台、著作权集体管理组织进行规模化维权，以较低成本实现较高收益，加快了作品的流通与使用，这反映了著作权人借助专业力量维护自己权益的努力，这是另一种形式的版权交易。通过聚法案例数据库查阅著作侵权案件也可以看出，中国音集协发起的诉讼案件占 43%，商业平台发起的诉讼案件占 28%左右，其余为个体以自己名义发起的诉讼案件。

第二，民事信托为商业平台维权与著作权集体管理组织维权奠定了法理依据。《中华人民共和国著作权法》（2020）第八条规定著作权人可以授权著作权集体管理组织行使著作权相关权利，著作权作品被侵权后，著作权人可以委托著作权集体管理组织进行维权，因此集体管理组织具有民事信托的基本特征。著作权集体管理组织取得委托人的授权和部分实体权利后，成为民事诉讼的适格当事人。如果著作权人没有转让著作权实体权利，只是转让了诉讼实施权，集体管理组织也可以基于民事诉讼担当理论成为适格当事人。同样的理由，商业平台与著作权集体管理组织类似，是特殊形态的诉讼信托，民事信托关系也是商业平台维权组织根据著作权人的授权代表著作权人进行维权的理论支撑。另外，《中华人民共和国著作权法》（2020）第二十六条、第二十七条规定，著作权的财产权利可以转让或者许可他人使用。著作权人将著作权作品部分权利授权、许可转让给集体管理组织或者商业平台维权组织，集体管理组织或者商业平台维权组织按照许可授权可以以自身的名义管理著作权并进行维权，将产生的收益按一定比例交给著作权人。

（2）商业平台维权与著作权集体管理组织维权存在区别。第一，商业平台维权与著作权集体管理组织维权的许可方式不同。著作权作品许可可以分为一揽子许可和单项许可两种方式。一揽子许可是指被许可人在约定地点、时间内使用著作权集体管理组织许可授权的作品；单项许可是指每次使用作品进行许可并收取相应费用。著作权集体管理组织按照《著作权集体管理条例》的收费标准向作品使用者收取使用费，许可使用作品。商业平台维权组织采取单项许可的方式，对每次使用行为进行诉讼变相发放许可。

无论著作权集体管理组织的一揽子许可，还是商业平台维权组织的单项许可，均在维权市场上占有重要地位。集体管理组织维权的目的是制止侵权的源头，停止侵权行为；商业平台维权组织可能更在意所获得的侵权赔偿，两种许可方式决定了不同的维权目的。集体管理组织在行业内具有垄断性，著作权作品的使用者可以主动进行谈判，节约交易成本和搜寻费用。单项许可寻找著作权作品使用者的交易成本和搜寻费用较高，商业平台维权组织更注重维权市场所得，赔偿金是商业平台维权组织的主要收入来源，因此诉讼目的是获得更多的赔偿（王好、曹柯，2020）。

第二，商业平台维权与著作权集体管理组织维权的诉求不同。《中华人民共和国著作权法》的立法宗旨是保护著作权，平衡创作者、使用者、传播者及公众的利益，激励原创者创造更多的著作权作品，促进文化和科学事业的繁荣与发展。著作权集体管理组织按照《著作权集体管理条例》管理著作权作品，对所有作品一视同仁，平等对待所有著作权人、使用者。因此，一揽子许可的方式使知名作品难以得到合理定价。

商业平台维权组织可以根据作品知名度来增加维权收益。著作权作品分为音乐、摄影图片、文字、计算机软件、影视作品五种类型。音乐作品的流通传播速度较快，使用频率高，按照《著作权集体管理条例》《卡拉 OK 经营行业版权使用费标准》容易估算损害赔偿，因此音乐作品大多采用一揽子许可方式授权中国音集协、中国音乐著作权协会（以下简称"中国音著协"）进行集体管理。摄影图片作品与音乐作品相比使用频率较低，有些是经典佳作，可以通过单项许可方式授权商业平台进行维权，以更好体现作品价值。在著作权侵权案件的司法实践中，可以明显发现音乐作品批量维权以中国音集协、中国音著协为主，摄影图片作品以商业平台维权为主。这印证了集体管理组织维权与商业平台维权两种方式针对不同著作权作品类型在各自领域并存发展的事实。

二、策略性诉讼权利保护绩效的实证分析

（一）典型事实与理论假设

我国策略性诉讼的特征主要表现为以下方面：

（1）涉猎作品以摄影图片作品为主，以音乐作品为辅。中国策略性诉讼涉及作品以摄影图片作品为主，以音乐作品为辅，这与美国有较大不同。策略性诉讼者通过版权登记或者原权利人的授权获取图片等作品在一定期限内的版权。我国实行版权自作品创作完成即拥有的制度安排。为推进版权保护，我国也实行了版权登记制度，但程序相对简便且管理较为宽松。这为策略性诉讼者提供了操纵空间，他们收集大量图片，甚至将并不享有权利的图片进行版权登记，成为图片的权利人（刘畅，2020）。

（2）被诉对象主要为具有赔付能力的组织机构。策略性诉讼主要选择向企业、大型社团、行政机关等具备足够赔付能力的对象发起诉讼。策略性诉讼的目的在于获取赔偿，如果被告人不具备赔付能力或者能否赔付处于高度不确定状态，则会被排除在被告范围，因此在策略性诉讼的被告中个人较少。

（3）索赔金额标准化。策略性诉讼主要集中在北京、上海、广东、深圳等经济发达地区的法院。策略性诉讼的索赔金额尽量合理且标准化，一方面有利于法院进行司法定价，另一方面不会引起被告反驳。策略性诉讼即使败诉也不会选择上诉，他们都尽量"速战速决"，避免延长诉讼时间增加诉讼成本。黑洞照片版权事件发生前，策略性诉讼一般每张图片索赔 1 万元，法院判决金额在 3 千元左右，约占诉求金额的 30%[①]；事件发生以后，虽然策略性诉讼仍按原价进行索赔，但法院判决金额大幅下降[②]。

（4）索赔流程标准化。策略性诉讼者通过一定的技术手段追踪网络图片的使用情况，如视觉中国开发了鹰眼系统，从中发现侵权使用者。发现侵权行为后，策略性诉讼者一般会先寻找一个最有利于己方的法院发起诉讼，获胜后得到一个最为有利的判决。随后，向其他侵权主体发出律师函，一并附上先前案件的胜诉判决，要求被告赔偿。大部分被告看到先前的判决案件信息后，考虑到声誉与诉讼成本，一般会选择赔钱了事。如果双方协商不成，就到法院起诉，法院则会进行调解，调解不成的情况下根据双方的证据材料进行判决。随着侵权案件数量的增加，策略性诉讼者有时甚至直接把一个地区的维权交给专业律师事务所进行批量诉讼，双方根据获取的收益进行分成[③]。

---

① 广东高院知产庭印发"涉图片类著作权纠纷案件若干问题解答"［EB/OL］.（2019-10-18）. https：//www. shangyexinzhi. com/article/269686. html.

② 详情请见裁判文书案号：（2019）京 0491 民初 28551 号、（2020）粤 0704 民初 3725 号等。

③ 华盖创意的维权是否包含敲诈［EB/OL］.（2012-11-20）. https：//business. sohu. com/20121120/n358065290. shtml.

通过对策略性诉讼行为特征的总结，我们大致可以看出策略性诉讼者发现了利用版权进行获利的空间，并较为成功地形成了提高维权收益、降低维权成本、实现版权收益的运作模式。

策略性诉讼者只有胜诉才能实现收益，因此策略性诉讼案件在很大程度上都是选择性诉讼，被提起诉讼的基本上都是胜诉概率比较高的案件。我国的法定赔偿制度为策略性诉讼提供了良好的制度支持，提高了胜诉概率。版权诉讼的难点在于如何证明侵权损失的多少，不在于如何证明侵权，正因如此才有了法定赔偿制度，由法官根据情况自由裁量赔偿水平。因此，策略性诉讼者充分利用技术手段确证侵权事实的存在，但对损失情况和赔偿要求基本上不提供证据支持，只是统一按照一定的标准要求赔偿（如前文所述的一张图片一万元的赔偿要求）。有利的侵权证据确保了胜诉，通过对样本数据的统计发现原告胜诉率为96.25%，其中策略性诉讼的胜诉率高达97.19%[1]。

在法定赔偿制度之下，拥有自由裁量权的法官对策略性诉讼的态度成了影响判决结果的至关重要的因素。法院判决既要考虑案件事实，也需要考虑社会公众的态度偏好，以及他们对判决的可能反应。面对社会关注的案件时，法官要"向前看"，预测可能出现的后果，作出着眼于未来的判决，因为法院判决结果对公众的行为具有一定的导向作用（侯猛，2015）。2019年4月，视觉中国黑洞照片版权事件引起社会广泛关注，法院对此类诉讼案件也更加重视[2]。针对此类案件，一方面法官无法准确估计版权损害赔偿价值，另一方面法官在进行侵权损害价值估算时，会采取规避风险的态度防止消极后果的发生，即法院要避免做错事（Kahneman and Tversky，1979）。法官要先权衡可能产生的后果，在确保法院行为正当化的情况下，寻找合适的法条使判决结果正当化（侯猛，2015；爱泼斯坦等，2017）。换句话说，法官判决是目标导向或后果导向，根据可能的结果，法官展现出不同的司法行为和决策。因此，在黑洞照片版权事件发生后，法官可能从严对待策略性诉讼，判决金额将会存在差异。

策略性诉讼抓住了版权侵权带来的收益空间，充分利用既有制度规则，成功开发出了从中获利的"商业模式"，进而从客观上提高了版权保护水平。在商业利益激励下，策略性诉讼者广收版权、积极发现侵权、精心选择被告进行诉讼，成为版权保护的积极行动者。但是，因为策略性诉讼本质上具有商业性质，其权

---

[1] 根据11000份样本数据统计得出。

[2] 比如，2019年10月广东省高级人民法院针对图片侵权问题印发了《涉图片类著作权纠纷案件若干问题的解答》，解决了图片侵权面临的疑难问题和热点问题，回应了社会关注。

利保护的合理性易受到质疑，所以会引起法院差别性对待。

据此，提出如下研究假设：

H5：策略性诉讼者在著作权侵权判决中会赢得较高的胜诉率。

H6：策略性诉讼者在著作权侵权判决中会赢得更多的判决金额。

H7：因为具有争议性，所以策略性诉讼者可能受到法院的差别性对待，尤其是在新闻事件的冲击之下。

（二）研究设计

数据来源于聚法案例数据库。聚法案例数据库以收集中国裁判文书网的判决书为主，同时汇集了北大法宝、北大法意等其他多个专业法律数据网站公布的裁判文书数据，资料丰富全面，检索更为方便快捷。随机抽取 2015~2020 年 30 个省份（不包括西藏和港澳台地区）各级法院公开的著作权侵权一审判决书 11000 份，用于本部分的实证研究①。

随后，整理提取了裁判文书中与研究相关的变量信息，具体内容包括：法院判决金额、原告诉求金额、案件受理日期、案件审结日期、案号、侵权作品类型；当事人信息，含原被告当事人名称，原被告是否聘请律师、原告是否在当地；审理法院特征，含审理法院、庭审形式、有无人民陪审员、判决依据法条数量。另外，通过天眼查网站②收集整理了原告当事人公司类型信息。

（1）被解释变量。法院判决结果体现了各类当事人在权利纠纷中得到的维权收益。本部分分别使用原告是否胜诉（win）、法院判决金额（lnjudgment）和法院判决倾向（harshness）来衡量策略性诉讼者得到的收益情况。

原告是否胜诉（win）。如果司法判决书中的裁判结果显示法院全部或部分支持原告诉求，则可以认为原告胜诉；如果驳回原告诉求，则可以认为原告败诉。原告胜诉取值为 1，败诉取值为 0。因变量原告是否胜诉为二值变量，因此采用 Logit 模型进行回归。

法院判决金额（lnjudgment）。判决金额包括司法判决书中判定的损失补偿、费用补偿等金额。法院判决金额代表着版权的司法定价，法院判决金额越高，说明版权司法定价越高。回归时采用对数线性化，对判决金额加 1 取其对数值进行回归。

---

① 判决书的具体检索过程如下：在聚法案例网站关键字搜索框中输入著作权权属、侵权，选择文书性质为判决书，审理程序选择一审，审判时间为 2015~2020 年，按照每个省份司法判决书样本占总样本的比例，每隔一定数量的样本随机抽取相应份数的判决书。

② 天眼查网站（https://www.tianyancha.com）专业提供企业工商信息（包括公司类型、注册资本、法定代表人等）、企业关联关系、司法风险、经营状况、经营风险、知识产权等数据信息。

法院判决倾向（harshness）。借鉴 Lim 等（2015）、褚红丽等（2018）的做法，用法律规定的最小判决金额和最大判决金额（法定赔偿额最高 50 万元[①]）对法院判决金额进行标准化。法院判决倾向代表了法官在自由裁量权下执法的异质性和判决轻重的差异。具体计算公式为：

$$harshness = \frac{实际判决金额 - 法律规定最小判决金额}{法律规定最大判决金额 - 最小判决金额} \tag{5-1}$$

法院判决倾向反映了法官对不同当事人的支持程度，数值越大意味着法官越支持原告；数值越小则意味着法官越不支持原告。样本中 harshness 最小值为 0，最大值为 106.69[②]，在此将大于 1 的 harshness 统一赋值为 1。

被解释变量法院判决金额（lnjudgment）的范围在 0~50 万元，法院判决倾向的（harshness）范围介于 0~1，两者都为连续变量，故采用 OLS 模型进行回归。稳健性检验改变回归方法借鉴 Gordon 和 Huber（2007）、褚红丽等（2018）的做法，采用双限 Tobit 模型进行回归。

（2）核心解释变量是策略性诉讼者（troll370）。策略性诉讼者的主要特征是发起多次诉讼并以此获利，多数研究从概念或行为特征角度对其进行界定，对于诉讼次数并没有统一规定。Sag（2015）按被告数量的多少对发起诉讼的前 20 名原告进行排序，将其归为策略性诉讼者。在部分研究主要结合发起诉讼当事人企业性质和著作权侵权案件数量来判断原告是否属于策略性诉讼者[③]，最终将 2015~2020 年累计发起著作权侵权诉讼案件超过 370 件原告当事人定义为策略性诉讼者[④]，赋值为 1；反之，视为非策略性诉讼者，赋值为 0。策略性诉讼者涉猎作品以图片为主，其次为音乐作品，为了更好地区分两种类型的当事人对法院判决的影响，进一步将策略性诉讼者细分为图片策略性诉讼者（troll370p）和音乐策略性诉讼者（troll370m）。

（3）控制变量。

第一，控制原告当事人类型。除了策略性诉讼者外，中国音集协也发起了大

---

① 《中华人民共和国著作权法》（2010）法定赔偿额最高限额 50 万元。

② 大部分法院判决金额在 50 万元以内，也存在 50 万元以上的酌定赔偿，仅占法院判决的很少部分，因此法院判决倾向存在大于 1 的值。

③ 首先通过中国裁判文书网对原告当事人累计著作权案件数量进行统计，然后通过天眼查网站对原告当事人企业性质进行统计，发现累计著作权案件数量在 370 件以上的原告集中于数家企业，而且大部分原告当事人在全国范围内对多个被告发起诉讼，发起诉讼、提出的诉求、采取的诉讼策略也较为相似，诉讼具有明显的投机行为。累计著作权侵权案件数量在 370 件以下的原告当事人则表现得相对分散，诉讼模式并没有统一的规律，大部分诉讼行为以损害赔偿或阻止非法活动为主。

④ 数据检索时间截止到 2020 年 11 月 20 日。

量诉讼①，为了考察策略性诉讼者、中国音集协与一般当事人的著作权侵权诉讼法院判决是否存在差异，将原告当事人分成一般当事人、音乐策略性诉讼者（troll370m）、图片策略性诉讼者（troll370p）、中国音集协（cavca）四类，以一般当事人为对照组设置三个虚拟变量。

第二，考虑原告诉求金额（lnclaim）。本部分将法院著作权侵权司法判决书中原告诉求金额作为衡量指标，包括原告发起诉讼时提出的损失补偿、精神补偿、费用补偿等金额。回归时采用对数线性化，对原告诉求金额加1取其对数值进行回归。

第三，考虑诉讼双方当事人主体特征。本部分主要从原被告当事人有无律师（lawyer1、lawyer2）、原告是否在本地（plocal）两方面来考察双方当事人的特征。根据当事人资源理论，律师可以有效提高当事人的议价能力，从而影响法院判决（Galanter，1974；田燕梅等，2018）。原告如果有律师赋值为1，否则赋值为0；被告如果有律师赋值为1，否则赋值为0。著作权侵权案件属地管辖一般遵循原告就被告原则，原告在当地有利于法院作出对其更为有利的判决（龙小宁、王俊，2014），原告在当地赋值为1，否则赋值为0。

第四，控制审理法院特征。审理法院特征包含庭审形式（coll）、有无人民陪审员（assessor）、判决依据法条数量（article）。著作权侵权案件审理形式有两种，分别为独任制、合议庭。一般而言，简易案件走独任制审判程序，复杂案件走合议庭审判程序。如果庭审为合议庭形式赋值为1，为独任制形式赋值为0。如果案件审理过程中有人民陪审员赋值为1，否则为0，人民陪审员的参与能使法官从专业角度更全面的了解案件。判决依据法条数量指法院判决时采用的实体法条数量，不包括程序法条数量。

第五，控制诉讼持续时长（lnlength）。本部分将司法判决书中案件受理日期与案件审结日期之间的时长作为衡量指标。一般而言，诉讼时间越长说明案件较为复杂，原告诉讼需要投入的成本越多；诉讼时间越短说明案件争议较少，容易判决，原告诉讼需要投入的成本越少。

第六，考虑黑洞照片版权事件（photo）的影响。黑洞照片版权事件（2019年4月）发生后法院判决的案件赋值为1，该事件发生前法院判决的案件赋值为0。

为了检验当事人的策略性诉讼对法院判决的影响，设计以下模型：

$$win_{int} = \alpha_0 + \alpha_1 troll370m_{int} + \alpha_2 troll370p_{int} + \gamma X + \varepsilon_{int} \tag{5-2}$$

$$lnjudgment_{int} = \beta_0 + \beta_1 troll370m_{int} + \beta_2 troll370p_{int} + \gamma X + \varepsilon_{int} \tag{5-3}$$

---

① 据中国裁判文书网数据统计，中国音集协发的诉讼约占著作权侵权诉讼的42%。

$$harshness_{int} = \eta_0 + \eta_1 troll370m_{int} + \eta_2 troll370p_{int} + \gamma X + \varepsilon_{int} \tag{5-4}$$

其中，i、t 分别表示省份、年份，n 表示第 n 个著作权侵权案件，win 表示原告是否胜诉，lnjudgment 表示法院判决金额，harshness 表示法院判决倾向，核心解释变量为音乐策略性诉讼者（troll370m）、图片策略性诉讼者（troll370p），α_0、β_0、η_0 表示常数项，α_1、α_2、γ、β_1、β_2、η_1、η_2 为回归系数，ε 表示随机误差项。X 表示其他控制变量，主要为当事人类型，原告诉求金额（lnclaim），诉讼双方当事人主体特征〔包括原被告当事人有无律师（lawyer1、lawyer2）、原告是否在本地（plocal）〕，审理法院特征〔包括庭审形式（coll）、判决依据法条数量（article）、有无人民陪审员（assessor）〕，诉讼持续时长（lnlength）。各变量的具体情况如表 5-13 所示。

表 5-13　变量的统计和说明

变量	变量名称	观测值	均值	标准差	最小值	最大值
win	原告是否胜诉	11000	0.9625	0.1910	0	1
lnjudgment	ln（1+法院判决金额（元））	11000	8.2875	2.2253	0	17.7923
harshness	法院判决倾向	11000	0.0319	0.0795	0	1
stroll370m	音乐策略性诉讼者	11000	0.1241	0.3297	0	1
stroll370p	图片策略性诉讼者	11000	0.1635	0.3698	0	1
cavca	中国音像著作权集体管理协会	11000	0.4109	0.4920	0	1
lnclaim	ln（1+原告诉求金额（元））	11000	9.9727	1.3557	0	18.4239
lawyer1	原告有无律师	11000	0.9336	0.2489	0	1
lawyer2	被告有无律师	11000	0.2967	0.4568	0	1
plocal	原告是否在本地	11000	0.1716	0.3771	0	1
coll	庭审形式	11000	0.8107	0.3917	0	1
lnlength	ln（诉讼持续时长（天））	11000	4.3366	0.6108	2.1972	6.7935
article	判决依据法条数量（条）	11000	5.1155	2.6590	0	15
assessor	是否有人民陪审员	11000	0.4680	0.4990	0	1
photo	视觉中国黑洞照片版权事件	11000	0.2469	0.4312	0	1

（三）实证结果与分析

（1）策略性诉讼者的胜诉率。能否胜诉是当事人最为关心的问题，表 5-14 显示了策略性诉讼胜诉率的实证结果。本部分采用 Logit 模型，以一般当事人为对照组，实证比较了策略性诉讼者、中国音集协的原告胜诉率及其影响因素。

表 5-14　策略性诉讼者的胜诉率对比

变量	（1）全样本	（2）2015 年至 2019 年 4 月	（3）2019 年 5 月至 2020 年
	Logit	Logit	Logit
	win	win	win
troll370m	2.1027*** （0.4260）	1.9805*** （0.5834）	1.7766*** （0.6328）
troll370p	0.7345*** （0.1419）	0.6601*** （0.1745）	1.7127*** （0.3386）
cavca	0.8764*** （0.2653）	0.8611*** （0.3148）	0.2462 （0.4825）
常数项	2.5455*** （0.7047）	1.4189* （0.8192）	5.8259*** （1.5688）
控制变量	是	是	是
观测值	11000	8284	2716

注：＊、＊＊、＊＊＊分别表示 10%、5%、1%显著性水平，括号内的值为稳健标准误。所有回归控制原告诉求金额，原被告当事人有无律师，原告是否在当地，审理法院特征，诉讼持续时长，同时控制年份、作品类型固定效应①，限于篇幅，未一一列出，下表同。

　　表 5-14 列 1 为全样本回归结果，结果表明策略性诉讼者、中国音集协均获得了比一般当事人更高的胜诉率。通过回归系数可以看出，首先是音乐策略性诉讼者的胜诉率最高，其次为中国音集协，最后是图片策略性诉讼者。列 2 为黑洞照片版权事件发生前的胜诉率情况，与全样本回归结果基本一致。列 3 为该事件发生后的胜诉率情况，对比发现，原告为音乐、图片策略性诉讼者比原告为中国音集协有更高的胜诉率，而且图片策略性诉讼者的胜诉率比该事件发生前更高，这说明该事件后策略性诉讼者发起诉讼更加谨慎，从中挑选最有把握胜诉的案件发起诉讼，提高胜诉概率。该事件发生后中国音集协的回归系数没有通过显著性检验，说明此情况下中国音集协与一般原告当事人相比胜诉率并无差别。

　　表 5-14 的回归结果表明，策略性诉讼拥有较高的原告胜诉率，证明了假设5。策略性诉讼只有确保了较高的胜诉率，才能实现累积诉讼收益。从维权效率的角度而言，策略性诉讼高效地完成了维权工作，有效地保护了版权人的利益，提高了版权保护水平，缓解了公权力保护不足的问题。

---

　　① 每个省份的著作权侵权案件胜诉率均很高，差别不大，甚至个别省份、个别年份全部胜诉，因此本部分没有控制省份固定效应。

（2）策略性诉讼者获得的判决金额。策略性诉讼者更关注判决金额，这直接决定了其获利水平。模型（5-3）考察策略性诉讼者的判决金额情况，表5-15者显示了采用 OLS 进行回归的结果。表5-15列1为全样本回归结果，结果表明中国音集协回归系数最大，其次为图片策略性诉讼者，音乐策略性诉讼者的系数不显著，这说明中国音集协得到的法院判决金额最高，其次为图片策略性诉讼者，音乐策略性诉讼者与一般当事人相比并无差异。表5-15列2为黑洞照片版权事件发生前的判决金额情况，与全样本回归结果基本一致，由此验证了假设6。由此可以看出，图片策略性诉讼者与中国音集协通过聘请律师进行专业维权，获得了较高的赔付水平，尤其是图片策略性诉讼者，有效地实现了预期的诉讼收益，得到了利润。

表 5-15　策略性诉讼者的判决金额对比

变量	（1）全样本	（2）2015 年至 2019 年 4 月	（3）2019 年 5 月至 2020 年	（4）全样本
	OLS	OLS	OLS	OLS
	lnjudgment	lnjudgment	lnjudgment	lnjudgment
troll370m	0.1692 (0.1190)	−0.0242 (0.1229)	0.2789 (0.2502)	0.2078 * (0.1216)
troll370p	0.3243 *** (0.0748)	0.4353 *** (0.0885)	0.1519 (0.1340)	0.4471 *** (0.0856)
cavca	0.6614 *** (0.1214)	0.4520 *** (0.1217)	0.7057 ** (0.3108)	0.6874 *** (0.1231)
troll370m×photo				−0.1154 (0.1178)
troll370p×photo				−0.3452 *** (0.1218)
photo				0.6552 *** (0.1779)
常数项	−2.6404 *** (0.8360)	−2.6494 ** (1.0572)	−0.3164 (1.4535)	−2.6437 *** (0.8348)
控制变量	是	是	是	是
观测值	11000	8284	2716	11000
R-squared	0.3310	0.3581	0.3360	0.3315

注：* 、* * 、* * * 分别表示 10%、5%、1%显著性水平，括号内的值为稳健标准误，所有回归控制省份、年份、作品类型固定效应，下表同。

列 3 为黑洞照片版权事件发生后的法院判决金额情况。其中，中国音集协的回归系数显著为正，音乐、图片策略性诉讼者的回归系数均没有通过显著性检验，说明中国音集协与一般当事人相比得到的法院判决金额更高，音乐、图片策略性诉讼者得到的法院判决金额与一般当事人相比并无差异。由此可以看出，在黑洞照片版权事件的冲击之下，法院差别对待了策略性诉讼者与中国音集协，对于中国音集协发起的诉讼，法院一如既往，而对于引起争议的策略性诉讼者，法院则谨慎地降低了赔付额。列 4 加入了交互项 troll370m×photo、troll370p×photo，其中交互项 troll370p×photo 的系数显著为负，交互项 troll370m×photo 的回归系数没有通过显著性检验。这进一步说明在黑洞照片版权事件后，图片策略性诉讼者对法院判决金额的影响显著减少了，音乐策略性诉讼受到的影响小些。列 3 和列 4 的实证结果都在一定程度上验证了假设 6 和假设 7。

（3）策略性诉讼者的法院判决倾向。判决倾向是指法官在同等情况下自由裁量时针对不同当事人表现出的执法倾向性。表 5-16 显示了采用 OLS 模型进行回归的结果。表 5-16 列 1 为全样本回归结果，结果表明原告为策略性诉讼者、中国音集协时相比一般当事人会得到更有利的判决，其中中国音集协的回归系数最大，其次为图片策略性诉讼者。这说明在所有原告当事人中中国音集协最受法院优待，这可能与中国音集协具有准官方背景有关。

表 5-16　法院判决倾向

变量	（1）全样本	（2）2015 年至 2019 年 4 月	（3）2019 年 5 月至 2020 年	（4）全样本
	OLS	OLS	OLS	OLS
	harshness	harshness	harshness	harshness
troll370m	0.0102*** (0.0023)	0.0070*** (0.0027)	0.0038 (0.0042)	0.0142*** (0.0027)
troll370p	0.0160*** (0.0026)	0.0164*** (0.0035)	0.0139*** (0.0039)	0.0176*** (0.0031)
cavca	0.0172*** (0.0020)	0.0132*** (0.0023)	0.0163*** (0.0053)	0.0189*** (0.0019)
troll370m×photo				-0.0086*** (0.0028)
troll370p×photo				-0.0042 (0.0037)

续表

变量	（1）全样本	（2）2015 年至 2019 年 4 月	（3）2019 年 5 月至 2020 年	（4）全样本
	OLS	OLS	OLS	OLS
	harshness	harshness	harshness	harshness
photo				0.0006 （0.0052）
常数项	0.3735*** （0.0887）	0.3972*** （0.0988）	0.3453** （0.1474）	0.4210*** （0.0879）
控制变量	是	是	是	是
观测值	11000	8284	2716	11000
R-squared	0.4824	0.5032	0.4946	0.4713

列 2 为黑洞照片版权事件发生前的法院判决倾向情况，回归结果与全样本基本一致。其中，图片策略性诉讼者的回归系数最高，这说明黑洞照片版权事件之前策略性诉讼者的策略是成功的，获得了法院的认可。列 3 为事件发生后法院判决倾向的情况。图片策略性诉讼者的回归系数虽低于中国音集协，但依然显著为正，说明虽然发生了黑洞照片版权事件，但图片策略性诉讼者经过更精心的筛选，所提起的诉讼依然得到了法院较高的认可。列 4 加入了交互项 troll370m×photo、troll370p×photo，以进一步检验策略性诉讼者的法院判决倾向是否会受到视黑洞照片版权事件的影响。交互项 troll370p×photo 的回归系数为负，但没有通过显著性检验，说明图片策略性诉讼者的法院判决倾向变化较小。其可能的原因在于黑洞照片版权事件发生在图片领域，为避免引起法院的反感，图片策略性诉讼者一方面减少了诉讼，另一方面精心筛选了具有充分证据的案件进行起诉。

这里值得注意的是音乐策略性诉讼者的变化。在列 3 中音乐策略性诉讼者的回归系数没有通过显著性检验，说明音乐策略性诉讼者的法院判决倾向与一般当事人相比并无差异。将列 3 与列 2 相对照，可以发现音乐策略性诉讼者的系数由显著变为不显著。列 4 中交互项 troll370m×photo 的回归系数显著为负，说明音乐策略性诉讼者事件后的法院判决倾向显著下降。其可能的原因在于音乐策略性诉讼者认为黑洞照片版权事件与己无关，还是按照以往的模式进行诉讼，却没有意识到法院对于策略性诉讼者已经因为事件发生而变得谨慎了。这进一步说明法院在事件发生列 4 前后对策略性诉讼者的态度发生了变化，再次验证了假设 7。

（4）稳健性检验。本部分从调整数据样本和改变估计方法两个方面进行了稳健性检验。因为法定赔偿一般在 50 万元以下，所以本部分剔除法院酌定赔偿在 50 万元以上的样本再进行稳健性检验，结果如表 5-17、表 5-18 所示。法院判决倾向值介于 0~1，本部分除了剔除法院酌定赔偿在 50 万元以上的样本外，还改变了估计方法——采用 Tobit 模型进行稳健性检验，结果如表 5-18 列 5~列 8 所示。所有稳检性检验结果与原回归结果基本一致，回归结果较为稳健，结论依然成立。

表 5-17　策略性诉讼者胜诉率的稳健性检验结果对比

变量	（1）全样本	（2）2015 年至 2019 年 4 月	（3）2019 年 5 月至 2020 年
	Logit	Logit	Logit
	win	win	win
troll370m	2.1045 *** （0.4261）	1.9798 *** （0.5838）	1.7697 *** （0.6296）
troll370p	0.7282 *** （0.1422）	0.6551 *** （0.1746）	1.6918 *** （0.3382）
cavca	0.8644 *** （0.2649）	0.8531 *** （0.3149）	0.2495 （0.4838）
常数项	2.6248 *** （0.7082）	1.4253 * （0.8136）	6.1246 *** （1.6136）
控制变量	是	是	是
观测值	10973	8270	2703

注：*、**、*** 分别表示 10%、5%、1% 显著性水平，括号内的值为稳健标准误。所有回归均控制了诉讼双方当事人主体特征、审理法院特征、诉讼持续时长，限于篇幅，未一一列出，下表同。

表 5-18　策略性诉讼者法院判决金额、法院判决倾向的稳健性检验结果对比

变量	（1）	（2）	（3）	（4）	（5）	（6）	（7）	（8）
	全样本	2015 年至 2019 年 4 月	2019 年 5 月至 2020 年	全样本	全样本	2015 年至 2019 年 4 月	2019 年 5 月至 2020 年	全样本
	OLS	OLS	OLS	OLS	Tobit	Tobit	Tobit	Tobit
	lnjudgment	lnjudgment	lnjudgment	lnjudgment	harshness	harshness	harshness	harshness
troll370m	0.1754 （0.1192）	−0.0159 （0.1231）	0.2730 （0.2494）	0.2143 * （0.1217）	0.0128 *** （0.0020）	0.0095 *** （0.0024）	0.0058 * （0.0032）	0.0121 *** （0.0022）

续表

变量	（1）全样本 OLS lnjudgment	（2）2015年至2019年4月 OLS lnjudgment	（3）2019年5月至2020年 OLS lnjudgment	（4）全样本 OLS lnjudgment	（5）全样本 Tobit harshness	（6）2015年至2019年4月 Tobit harshness	（7）2019年5月至2020年 Tobit harshness	（8）全样本 Tobit harshness
troll370p	0.2998 *** （0.0746）	0.4192 *** （0.0885）	0.1150 （0.1335）	0.4222 *** （0.0856）	0.0117 *** （0.0018）	0.0118 *** （0.0024）	0.0101 *** （0.0030）	0.0107 *** （0.0021）
cavca	0.6635 *** （0.1212）	0.4594 *** （0.1217）	0.7451 ** （0.3105）	0.6894 *** （0.1229）	0.0191 *** （0.0019）	0.0160 *** （0.0021）	0.0247 *** （0.0044）	0.0188 *** （0.0019）
troll370m×photo				−0.1159 （0.1177）				0.0022 （0.0028）
troll370p×photo				−0.3444 *** （0.1218）				0.0031 （0.0031）
常数项	−3.7797 *** （1.0463）	−3.3671 *** （1.2115）	−1.8533 （2.0391）	−3.7883 *** （1.0428）	0.1781 *** （0.0348）	0.2391 *** （0.0515）	0.1071 ** （0.0476）	0.1781 *** （0.0349）
控制变量	是	是	是	是	是	是	是	是
观测值	10973	8270	2703	10973	10973	8270	2703	10973
R-squared	0.3227	0.3519	0.3214	0.3232				
sigma					0.0481	0.0476	0.0456	0.0481

（四）研究结论

基于 2015～2020 年著作权侵权司法判决书数据信息，本部分实证研究了策略性诉讼者发起的策略性诉讼的权利保护绩效。研究发现：一是策略性诉讼者主要通过"多次、高胜诉率、高赔偿额"的诉讼模式获取收益，从整体上来看在策略性诉讼中策略性诉讼者基本上实现了预期目标。策略性诉讼者在胜诉率、获赔判决额、法官倾向三个方面基本上都高于一般当事人，甚至在胜诉率等方面高于集体管理机构。二是即使是在黑洞照片版权事件发生后，法院更加谨慎地对待策略性诉讼，策略性诉讼者获得的判决金额由原来高于一般当事人下降为差异不大，但胜诉率仍旧较高，且图片策略性诉讼者的法院判决倾向性并没有显著降低。在策略性诉讼中策略性诉讼者展现出了较为专业的维权水平，不仅提高了版权人的收益也实现了自身获利，提高了图片等领域的版权保护水平。

版权是典型的大规模权利，每一个主体都会因为创作作品而拥有版权，同时因为创作、学习等使用版权，版权侵权同样具有大规模性质。面对大规模侵权，单一的具有"沉默的大多数"性质的版权人维权成本较高。一方面是发现侵权和确定侵权对象成本高，另一方面是追究侵权获取赔偿的成本也高，这样会使多数版权人放任侵权的存在。面对大规模侵权困境，各国的基本法律应对安排是设立版权集体管理制度，成立法定的版权集体管理机构，分散的版权人将版权授权给集体管理机构，集体管理机构统一管理运作所代理的版权，包括再授权、收取版权使用费、维权等。

然而，各国版权集体管理机构的运行效率有高有低，且法定的版权管理机构具有一定的垄断性，因此各国版权的保护水平有高有低。版权策略性诉讼在我国的出现一定程度上就是因为集体管理机构保护不力。中国音集协是运作比较活跃的集体管理机构，而图片领域的集体管理机构中国摄影著作权协会则不活跃。从聚法案例数据库中统计的 2015~2020 年著作权侵权案件的总数量为 17.52 万件。其中，中国音像著作权集体管理协会发起 7.05 万件，数量最多，而中国摄影著作权协会仅仅发起了 51 件①。这导致图片领域的版权保护几乎处于无防护状态，策略性诉讼由此而生。

策略性诉讼者发现了潜在的获利空间，充分利用制度规则，形成了完整的"获取授权—发现侵权—追究侵权—获取收益"运作模式，得到了较高的胜诉率、赔偿额。尽管在这个过程中出现了无序攫取图片版权、多次重复诉讼挤占司法资源等问题，但也有效弥补了集体管理机构版权保护不力的缺陷，使相关领域（尤其是图片领域）的版权保护水平有了显著提高。在黑洞照片版权事件的冲击下，法院的审理和判决更为谨慎，策略性诉讼因其对权利保护的有效性继续得到认可，得到的判决金额虽有所下降，但胜诉率及法院判决倾向仍然高于一般当事人。

从维护自身的权利而言，策略性诉讼者发起诉讼并没有违反著作权法，也没有违背诉讼规则，其为版权人带来利益的同时也提高了版权保护水平，但策略性诉讼者发起的大量诉讼造成了诉讼拥堵，浪费了司法资源。

---

① 聚法案例数据库（网址：https：//www.jufaanli.com），数据检索时间截止到 2020 年 11 月 20 日。

第四节 版权保护限度与反垄断规制：
以数字音乐为例

一、国内数字音乐产业的发展

在网络时代，音乐的网络下载与点播逐渐成为大众欣赏音乐的重要渠道。国内数字音乐产业发展大致有四个阶段，第一阶段是以"剑网 2015"专项运动为代表此阶段重点打击网络盗版；第二阶段是开展转授权运动政府出面促进各音乐平台合作；第三阶段是数字音乐产业反垄断阶段，行政部门开始规制数字音乐产业中的垄断行为；第四阶段是平台发挥各自优势展开竞争的阶段。

（一）"剑网 2015"专项行动

2015 年，阿里音乐起诉酷狗音乐，称其拥有独家版权的音乐被盗用。随后，酷狗音乐反诉阿里音乐，回击对方的侵权诉讼。依国家版权局的调研，此时网络盗版音乐泛滥，传播秩序混乱，由此引发的民事诉讼与行政投诉不断。但是，业界人士认为阿里音乐与酷狗音乐的版权纠纷引起了社会对音乐版权的关注，对完善音乐版权制度的影响较大。

在此之前，因互联网平台的共享开放特征，免费音乐可以在平台上自由下载，盗版现象十分普遍，严重损害了唱片业及音乐产业链。在此背景下，国家版权局联合相关部门开展"剑网 2015"专项行动，严厉打击侵犯著作权行为，并责令数字音乐平台在 2015 年 7 月 31 日前下架侵权音乐，加强行业自律，建立健康版权生态与秩序。

在行政措施的压力下，各大数字音乐平台下架多数未经授权的作品，并开始购买音乐作品版权，版权也成为扩大市场份额和吸引用户的法宝，在此过程中，授权费用不断增高，唱片公司大赚版权费，高昂的版权费使小型数字音乐平台逐渐退出市场，大型平台也开始合并行动。

这一时期，腾讯音乐逐渐发展起来，坐稳国内数字音乐平台的头把交椅。2014 年，腾讯 QQ 音乐与华纳音乐、韩国 YG 娱乐、索尼音乐签署合作协议，成为上述音乐公司在中国的独家版权分销商，推动中国数字音乐市场秩序化。腾讯音乐不仅拥有酷我音乐、酷狗音乐、QQ 音乐三大业务线，还拥有超过 1500 万首音乐作品的版权。2017 年 1 月 24 日，腾讯 QQ 音乐业务与中国音乐集团合并，市场份额达 56%，阿里音乐与网易云音乐位居其后，占据剩余大部分市场份额。

音乐版权是音乐平台的核心资源，为降低从外部获取音乐授权许可的费用，各音乐平台也推出本平台的音乐新人扶持计划，以降低对外部依赖。

（二）转授权运动

"剑网 2015"专项行动后，数字音乐平台正式进入激烈竞争阶段，因此版权费用上涨，为保持竞争优势，各平台开始实施独家音乐授权的策略，用户被迫下载多个 APP 来满足自己个性化音乐体验。针对音乐平台出现的垄断资源、哄抬物价现象，2017 年 9 月国家版权局版权管理司先后约谈多家音乐平台、国际唱片业协会等机构的负责人，这成为数字音乐平台版权共享的开端。

此次约谈有两个重点：一是抵制侵权行为，优先以协商方式解决纠纷；二是确保公平交易音乐版权，避免恶性竞价、哄抬价格，避免采购独家版权。同样值得关注的是，在这次约谈中，国家版权局还倡议数字音乐作品转授权，这被认为是应对高价购买独家版权的有效举措。

作为一种可重复收听的服务，独家模式不利于音乐的传播。转授权模式则意味着各大音乐平台要进行合作，将独家版权代理的版权作品分销给其他数字音乐平台。分销模式的出现将遏制非理性的价格竞争，避免网络平台凭资本实力垄断数字音乐市场。2015 年，网易云与腾讯达成音乐转授权合作，这是国内首个音乐版权合作，得到了国家版权局的肯定。

国家版权局约谈后，越来越多的转授权协议被达成。2017 年 9 月，腾讯音乐与阿里音乐达成转授权合作；2018 年 3 月，阿里音乐与网易云音乐达成转授权合作。由此可见，数字音乐产业进入版权共享时代，国内音乐版权保护也取得了巨大进展。

2018 年 3 月 31 日，网易云音乐与腾讯音乐关于周杰伦作品的纠纷给转授权模式带来了新挑战，这可看作核心音乐版权竞争的开端。周杰伦歌曲的下载量与播放量在网易云音乐的榜单中位居前列，但网易云音乐上的周杰伦作品的实际版权代理方为腾讯音乐，网易云音乐通过转授权协议获得周杰伦作品的授权，有效期截止到 2018 年 3 月 31 日。在这次事件中，网易云音乐存在两个失误，第一，版权到期 7 小时后仍然售卖音乐合辑，侵犯了版权方及其代理方的利益；第二，网易云音乐擅自将音乐打包售卖，违反转授权协议中的单曲售卖约定。

由此可见，音乐版权保护仍有不少挑战，如何规范使用版权，实现共享发展，是音乐行业发展首要解决的问题。

（三）数字音乐产业的反垄断措施

寡头垄断下的竞争是不充分竞争。我国数字音乐版权市场形成了寡头竞争结构，由酷狗音乐、酷我音乐、QQ 音乐组成的腾讯音乐集团占据市场优势地位。一方面，音乐平台间的独家版权竞争推动了产业发展。以腾讯音乐为例，腾讯音乐 2020 年第四季度的在线付费用户达 5600 万，付费率达 9%，独家版权策略的收益显著。另一方面，寡头企业围绕独家授权资源的竞争是不正当竞争行为，不仅导致了竞争不完全、不充分，还损害了消费者利益。网易云下架周杰伦作品，迫使消费者转移至腾讯的音乐平台，消费者被迫付出包括时间与金钱在内的转移成本。另外，不正当竞争没有改善大多数音乐作者的处境，虽然 2020 年数字音乐市场的收入超过百亿元，但仍然有半数以上的音乐人未得到任何收入，七成以上的音乐人收入不足千元，平台版权竞争尚未惠及中小音乐人。

从法理上讲，音乐版权独家授权具有垄断效应。音乐平台依靠版权优势实现用户规模优势，巩固版权市场的垄断地位，达到排除竞争的目的。王岩（2020）指出音乐版权独家授权有限制竞争风险，有必要开展反垄断规制。2016 年 7 月 15 日，中国音乐集团与腾讯集团合并数字音乐业务使其拥有较高市场份额，国家市场监督管理总局（以下简称"市场监管总局"）分析发现集中后的实体占有的独家曲库资源超 80%，拥有音乐平台的市场支配地位。此次合并行为被市场监管总局认定为经营者集中行为。面对音乐版权市场的垄断行为，市场监管总局与国家版权局积极采取措施，通过反垄断、建立行业自律公约等方式推动产业有序发展。2021 年 7 月 24 日，市场监管总局依法对腾讯作出责令解除音乐独家版权等处罚。因其 2016 年收购中国音乐集团涉嫌违法实施经营者集中行为，集中后实体有能力使其与上游版权方达成更多独家协议，或更优的交易条件达成限制竞争的效果。市场监管总局的行政处罚决定还包括责令腾讯及其关联公司限期解除独家音乐版权。2021 年 8 月 31 日，腾讯宣布放弃独家版权授权。

（四）核心竞争：争夺"1%"

腾讯音乐与网易云音乐的转授权合作声明指出双方将拿出 99% 的音乐资源共享，剩下的 1% 是各平台的招牌，是平台个性化体验的决定性资源。从此，数字音乐产业进入核心竞争阶段。在音乐资源共享过程中，转授权模式将不再局限于平台之间，已经成为数字音乐产业的重要环节。

在核心竞争阶段，1% 并非仅仅是独有的版权资源，还包括平台运营水平，如交互界面是否美化简洁，互动分享是否便捷高效，用户社区运营是否用心等。如果大家认为 1% 仅仅是独家版权，则又会使数字音乐产业陷入版权争夺的混战局面。从网易云音乐下架周杰伦作品的事件中可以发现，随着版权交易与保护制度的完善，版权在竞争中的重要性并未下降，但行业仍未找到新增长点，只能继续在版权资源领域发起争端。

二、国内数字音乐产业面临的挑战

中国数字音乐产业中的音乐直播、在线 K 歌、数字音乐等多元模式保持着高速商业化进程，有望成为千亿级市场，增速远超其他音乐产业，其驱动力主要来自平台渗透率的提升、用户与创作者信任关系的加深及技术优化智能物联硬件与功能体验[1]。但是，数字网络时代的音乐产业发展并不会一帆风顺，目前版权制度、技术进步及行业垄断都阻碍着数字音乐产业的发展。

（一）版权制度的挑战

为在网络空间保护版权产业的新商业模式，世界知识产权组织将对作者及其相关利益方的保护拓展至网络空间（吴伟光，2008）。我国在 2010 年修正的著作权法以"信息网络传播权"对国际公约规定的"向公众提供权"进行了转化，但这种转化方式未完全涵盖全部传播行为，导致其在具体的法律适用中产生了分歧。例如，数字音乐服务商的直播适用广播权还是信息网络传播权仍有争议（刘银良，2018）。这导致法院判决中的解释标准不一致，出现了向著作权制度的一般条款散逸情况（李陶，2021）。

在 2020 年著作权法修正前，音乐产业主体尚未得到完善的制度保障。处于音乐产业上游的版权资源拥有者为充分保护版权，最大限度地发挥版权资源商业价值，会以独家许可方式与下游数字网络平台达成合作协议，这些合作协议规定了使用方式、使用费用、使用范围等内容（易军，2012），旨在减少因产权设计缺陷导致的大规模侵权与选择性付费现象。

2020 年修正之前的著作权法还存在救济效率不足的问题。为了克服民事救济的不足，我国也引入了行政救济与刑事救济作为补充。但是，行政救济存在执法手段有任意性及执法对象有选择性的问题（谢晓尧，2015）行政措施无法从根本上应对制度缺陷导致的市场问题。通过对国内数字音乐产业发展的回顾可知，相关主管部门在缺少配套制度安排的情况下要求音乐平台下架全部未授权作品，这在一定程度上导致了音乐平台争夺独家版权现象的出现。

---

① 2020 年中国音乐产业发展研究报告——数字篇［EB/OL］.（2020-10-15）. https://report. ire-search. cn/report_ pdf. aspx? id=3668.

诚然，2020 年著作权法的修订改进了民事救济，引入了惩罚性赔偿、最低赔偿金额等制度，加强了对著作权人权益的保障力度。在音乐产业转型期初，由于侵权成本低、维权成本高、缺少禁令救济，上游权利主体无法有效通过权利救济措施打击盗版行为，而下游商业使用者也不能应用救济措施保护自己的版权资源，以赢得同行竞争。在此种情况下，独家许可成为音乐产业上下游主体的最优选择，上游主体可以最大化地获取经济收益，下游主体凭借独家音乐获取竞争优势（李陶，2021）。

在运行保障层面，著作权集体管理组织为权利运行提供的保障功能严重缺位。我国学者对著作权集体管理制度的定位尚有分歧（向波，2018；熊琦，2016），立法者也没有对著作权集体管理组织的管理权利范围作出强制性规定（李陶，2015），因此我国著作权集体管理组织未能完全发挥其应有的平衡权利人利益、保护权利人权益、促进文化繁荣的多元功能。作为对著作权市场化运营的保障与补充，权利的集体管理不同于个体管理（刘平，2016）。著作权集体管理组织虽有无法取代的制度功效，但其内部治理动力不足与缺乏外部监督的问题成为学者讨论的热点。

从世界范围来看，在音乐产业转型初期，鉴于集体管理组织对产权主体（唱片公司）需求的迟缓反应，各大国际唱片公司等具备博弈能力的音乐产业上游主体均曾尝试撤回其在网络领域被著作权集体管理组织管理的权利。这些音乐产业上游主体或者直接向数字音乐平台授权，或者组建新型权利集体管理组织来间接向数字音乐平台授权。在本轮转型之前，国际音乐产业上游主体并未将网络领域许可发放业务交给我国著作权集体管理组织管理。其主要原因是著作权集体管理组织自身运行绩效不佳，同时存在不透明的问题，产业上游主体选择直接将作品授权给音乐平台。

在限制例外层面，单一价值取向使我国著作权法权利限制例外制度难以有效调和音乐产业上下游主体的冲突，独家许可等私法自治行为因此有了生存空间。为平衡上下游利益，国外立法者尝试用本国著作权制度的限制例外制度阻止上游产权主体滥用排他权优势。德国法律要求一家公司得到音乐授权后，有义务将作品授权给其他任何唱片公司（邹银娣，2017）。从德国对音乐版权的规定可见，独家版权代理不是完全的垄断与占有，仍有转授权的限制规定。他国立法者通过修改法律扩充限制例外适用范围，以遏制上游产权主体利用排他性权利侵害整个音乐产业利益。相比之下，国内著作权法限制例外制度仅有协调公共利益与私人利益的价值功能（冯晓青，2007）。单一的价值取向让国内的限制例外制度无法实现化解产业主体利益冲突的功能。

（二）技术进步的机遇与挑战

在工业革命之前，大多数文化是本地化的。由于缺乏快速便捷的交通与沟通方式，文化的融合与传播受到限制。即使进入工业社会，在网络出现前必须找到本地客户也是零售业不得不面对的限制。零售商必须保障自家产品有足够的需求，否则将无法生存下去。

21 世纪初，音乐产业仍紧抓潮流与热门作品不放。流行偶像的成功证明这个行业掌握了青春文化需求的脉搏，唱片公司也练就了制造热门的能力。但是，紧接着音乐产业的光景越来越惨淡，即使整体经济形势好转仍然不见起色。客户转向了一些不太主流的选择，散向了五花八门的小众流派。对音乐来说，这似乎是热门时代的终结。是什么让顾客抛弃唱片店？行业内的答案是"盗版行为"：线上免费文件交换网站打造了一个随时随地、免费、多样的歌曲交流环境。

新技术是使听众疏远实体唱片的动力，但技术的诱人之处不仅仅是经济因素。网络提供了前所未有的选择，听众接触到了未知的领域。一个文件交换网站的音乐可能比任何唱片店的音乐都要多，听众乐于接受如此多的选择。每个人的品位都与主流文化有些许差别，越来越多的人开始自由地探索新天地。人们需要的不仅仅是大热门，随着网络社区的兴起，听众越来越喜欢组成自己的"部落"，连接这些团体的是兴趣与精神共鸣。

可以承认的是网络世界的作品确实良莠不齐、不乏精品，但更多的是介于优等与劣等之间的作品。在空间有限的展销平台上，产品的比例非常重要，因为这是一个零和游戏，有一种产品得到展示空间就有另一种产品失去展示空间。现实货架中的产品往往都是经过市场筛选、受大众喜爱的好产品。在网上，存货失去了空间限制，也因此失去了人工筛选的过程。从信息学的角度来讲，好坏产品的比例是一个"信号—噪声比"问题，需要借助信息筛选技术解决。也就是说，噪声确实存在，但是有效过滤噪声才是最重要的。不断完善的推荐系统、搜索引擎等过滤器，正在帮助人们高效便捷地从网络世界中发现自己喜爱的产品。

过滤器有多种形式，可能是谷歌的搜索引擎，可能是网易云音乐的每日歌曲推荐，也可能是消费者的传播效应。对消费者来说，这意味着非主流作品的"搜索成本"降低了。搜索成本是指任何阻碍消费者找到目标的代价，这一成本可以是非货币性的，如迷惑、争论、时间。搜索成本降低意味着用户能够更容易找到让人满意的产品。在这一过程中，其他消费者的行动是最有效的信号，因为消费者有着一致的动机。Netflix 就利用了消费者的群体智慧，它会观察数百万次操作，借助人工智能算法将该信息转化为影视作品推荐建议。

安德森（2015）指出，20 世纪的文娱业是热门的王国，21 世纪的文娱业是热门与小众产品并存的世界。在数字网络技术的助推下，经济与文化重心正在转移，大众需求也由头部热门作品分散到尾部的利基产品。在音乐市场，长尾现象更为突出。在一个选择无限的时代，关键因素不仅仅是内容，寻找内容的方法也很重要。

随着小众文化的兴起，大众或许会因为个别热门歌曲而下载其他音乐播放器，但是如果一个音乐播放器有着优秀的算法推荐系统，即使其没有全部的热门音乐，受众仍不会放弃这个平台，而是留下这个平台，等待它推荐适合个人口味的音乐。由此可见，版权资源十分重要，但如何高效精准地推送作品，提高存量资源的利用效率也十分重要。

可以说，音乐版权资源对音乐平台有重要意义，但竞争并不完全取决于版权资源。单凭资本实力已不能保障某平台可在音乐平台的竞争中稳居第一。一方面对热门作品的争夺总是有阶段性与高成本的特点，独占与垄断的优势往往会在作品的迭代中消失。另一方面即使热门作品有着强大的市场号召力，但也不意味着其他音乐作品就应被逐出市场。事实上，与人工智能技术相关的各种过滤器正在不断为这些小众作品扩展需求，引导人们在未知世界中挖掘更加符合个人兴趣的作品，音乐消费需求的分散化、多元化、差异化趋势愈加明显。同时，由于购买力与注意力的有限性，热门作品的吸引力正在被削弱。

当然，这并不意味着版权在音乐产业中不再重要，因为消费者都喜欢一站式消费，一个数字音乐平台既要有冷门产品也要有热门产品。作品的多样性是满足用户个性化需求的前提。如果一个平台只有头部产品，那么它无法满足所有用户的个性化需求；如果一个平台只有小众产品，那么平台用户会失去方向，不知从何处开始。因此，供应头部产品与小众产品的意义就在于此。

1997 年，迈克尔·罗伯逊创建了网站 MP3.com，网站允许任何人上传分享音乐文件。这种服务绕开了传统唱片公司，为创作者与粉丝搭建了直接联系的桥梁。MP3.com 网站的收入来源是乐队支付的宣传费，似乎一个粉碎唱片公司专制、作品百花齐放的新时代就会到来（安德森，2015）。尽管 MP3.com 的曲目迅速增长至数十万，但那些小众乐队仍得不到新听众。由于没有与主流唱片公司签订许可协议，消费者难以找到自己熟悉的曲目，因此 MP3.com 被贴上良莠不分、音乐大杂烩的标签。与 MP3.com 的模式相比，iTunes 的成功原因在于 iTunes 一开始就与各唱片公司达成了授权协议，因此获得足够多的主流音乐。之后，它又不断添加非主流音乐，这使得 iTunes 的用户可以在一个熟悉的环境中开展对陌生领域的探索。

回顾整个数字音乐行业的发展历程可以发现，版权在行业发展初期至关重要，这是平台实力的展示，也影响着公众对平台的认识。当行业具有生态化特点时，版权是行业的一部分而非全部。就平台运营而言，紧紧握住1%的独有版权不放就意味着故步自封，限制了平台多元化发展的可能性。热门作品不再是衡量版权平台的唯一标准，影响听众选择平台的因素还有人性化、便利化、智能化等。随着亚文化潮流的兴起，小众化市场壮大，长尾效应凸显，开拓新音乐领域，培养受众黏度与忠诚度将更重要。

数字技术、网络技术及人工智能技术改变了音乐产业的格局。首先因数字技术、网络技术普及音乐作品，随后一系列版权保护措施遏制网络盗版的同时也形成了尊重版权的大环境。其次版权资源争夺战又推高了音乐作品价格，出现了资本下场聚拢音乐资源的现象。当市场规模集中到一定程度后，反垄断手段维持了良好的竞争环境。虽然仍有音乐平台手握独家热门音乐，但是人工智能技术的发展让长尾市场成为可能，竞争通道不会因为缺少1%的版权就关闭。其他音乐平台仍可借助人工智能技术的过滤与推荐功能，提供人性化、个性化的特色服务以竞争用户流量。

（三）行业垄断的挑战

在音乐产业的网络化转型中，由于我国2020年修订前的著作权法在一定程度上存在产权设计模糊不清、救济措施有缺陷、运行保障缺位、限制例外单一等不足，音乐产业的上下游选择了独家许可授权的竞争模式。随着国内对音乐版权保护力度的加大，版权市场的竞争更加激烈。版权是一种合法垄断权，但资本的干预加强了版权市场的垄断风险。竞争市场中的版权保护可以推动版权产业有序发展，但资本干预下的排他性版权交易提高了版权市场的进入壁垒。抢夺独家版权、经营者集中等行为严重扰乱了市场竞争秩序，也损害了消费者福利。

同样是独家版权，视频平台、网络文学平台却没有引起如此广泛的关注与讨论，原因在于相比于视频与文学，音乐的使用频率更加频繁，且对同一作品的重复使用现象明显。如果使用者每次听3~5分钟的歌曲都要更换平台，那么其中要付出的平台转换成本与搜索成本便是不值当的。人们可以接受因为看一部数小时的作品而打开某一平台并进行搜索，但不太能接受听一首三四分钟的歌曲就更换一个音乐软件。因此，数字音乐的独家版权现象对公共利益的影响尤为显著，需要进行规范与管制。

音乐版权的独家授权经营模式是数字音乐平台展开竞争的重要手段，独家授权使音乐平台以市场竞争为动力打击盗版，提高了维权积极性。然而，随着音乐平台的规模扩张，独家授权成为具有马太效应的工具，出现了垄断的风险。著作权拒绝许可的行为体现了反垄断法与著作权法的张力，且处于张力中心。根据《中华人民共和国反垄断法》（以下简称《反垄断法》），任何竞争行为只要构成了反竞争效果都应受反垄断法规制。著作权拒绝许可行为是一种竞争行为，要受反垄断法规制。然而，从著作权法来看，许可是作者的核心权利之一，因为著作权是合法的垄断权，是权利人排除限制他人使用的权利，拒绝许可是权利人行权的体现。因此，市场监管总局对腾讯作出解除音乐作品独家版权的处罚引发了不小争议。一方面，独家版权是排他性协议，在一定程度上排除市场竞争。另一方面，"一刀切"的禁令有干预市场的效果，这种过度监管会遏制市场竞争，降低经济效率。这反映出版权产业的垄断与排他性竞争的界限十分模糊，监管过度与监管缺位均不利于数字音乐产业发展，明晰垄断界限才能防范垄断风险，提高市场效率。独家授权被认定为垄断行为的前提是独家交易构成封锁行为，即有市场支配地位的市场主体要求经营伙伴只与自己交易，而不能与其他竞争对手交易。市场监管总局处罚腾讯涉嫌违法进行经营者集中行为，但未明确独家版权协议是否排除竞争，解除独家音乐版权的合理性存在一定争议。

从著作权制度来看，权利人没有必须许可的一般性义务，且拒绝许可是权利人行使权利的体现。法律尊重意思自治，因为只有平等主体间一致达成的交易才能让标的流转到能有效利用它的一方，实现资源有效配置。即使版权拒绝许可，可能是因为权利人自己有意充分利用而不愿让竞争对手获得商业机会，这本身就体现了市场竞争的激烈。因此，拒绝许可的动机是激励竞争还是损害竞争是难以判断的。

围绕独家版权存在着激烈的竞争，音乐平台凭借高额授权费得到总代理权后，也有分销代理权的动机。至今，国内的主要音乐平台正在大量频繁地进行转授权，这使得平台间的音乐版权共享成为行业惯例。这种版权授权流转模式与垄断独占音乐分发的情形有显著不同，不应划入垄断行为范畴。如果反垄断法规制拒绝许可行为，那么权利人就被苛以许可义务，处理不当会给市场带来负面影响。如果使用人在获得独家授权后发现了较为便宜的转授权模式，那么在下一周期行业内的使用者都会失去竞价动力，这会导致上游版权产业放弃对作品的投入，不利于版权产业的发展创新。因此，监管部门对版权产业的监管要注重监管方式与监管效果，不能以"一刀切"的方式否定独家授权的合理性。

但不可忽视的一个问题是，独家授权模式在一定程度上降低了消费者福利，消费者往往要下载多个应用软件才能得到完整的音乐体验。另外，版权资源的争夺也在一定程度上让音乐平台回到了资本竞争阶段，忽视了用户体验与服务质量层面的竞争。独家音乐版权有无限制排除竞争应在具体市场情境中结合市场竞争格局、相关方力量对比等因素对竞争净效果作出合理判断，对效率的评估应坚持消费者导向。

首先，独家交易应在客观上带来正的经济效率，如果其有助于提高许可效率、创新音乐产业商业模式、净化版权使用秩序等，那么此模式给消费者带来的利益要大于消费者遭受的损失。其次，独家交易应是实现经济效率的不可或缺的方式。这需要证明独家交易的效率如何，还需证明实现同样效率的最优方案是什么。最后，独家交易不能消除竞争。竞争是与效率并列且相互独立的价值，效率可以成为抗辩限制竞争的理由，但不能因此否定竞争的价值。

因此，对独家授权的监管应以滥用市场支配地位排除竞争为前提，不是简单地要求解除独家授权，而是对独家授权的期限进行限制，防止长期协议形成上下游经营者锁定。同时，还应要求得到独家授权的企业按照一定比例将作品转授权，防止哄抬价格与拒绝授权行为。

三、数字音乐产业垄断损失与交易效率的数理分析

独家授权协议对版权市场的影响具有两面性，一方面提高了市场进入壁垒，使拥有独家授权的平台可以实施垄断定价，造成了垄断福利损失。另一方面降低了数字音乐服务平台与版权所有人的交易成本，如谈判成本与菜单成本等，稳定了市场预期，提高了社会交易效率。因此，针对独家授权行为制定反垄断监管政策时，应充分比较独家授权与解除独家授权对社会总福利水平的影响。分散的市场结构虽然可以有效地防止垄断行为造成的无谓损失，但同时也增加了社会交易成本，社会总福利水平会因网络效应系数与交易成本系数的不同而不同。版权市场的垄断行为规制同样面临垄断损失与交易效率的取舍。

数字音乐版权市场中存在三种不同的授权模式。第一种为独家授权，即数字音乐服务平台与版权所有人签订一揽子交易，取得独家授权，且对转授权模式没有限制，此市场存在较高的市场进入壁垒，平台完全取得独家授权后，利用版权的排他性实现合法的垄断。第二种为禁止独家授权，数字音乐服务平台被禁止与版权人签订独家授权协议，没有市场进入壁垒，在位企业无法利用音乐版权的排他性排除竞争。第三种为有限制的独家授权，即允许数字音乐服务平台与版权所有人签订独家授权协议，但必须将一定比例的音乐作品向其他竞争对手"转授权"，此时市场中有相对的市场壁垒，只存在少数竞争对手。本部分通过数理分析比较了这三种授权模式。

（一）模型假设

假设数字音乐版权市场上存在消费者、平台与版权人三个交易主体，平台企业向版权人购买音乐版权，并根据市场竞争程度向消费者制定不同的价格。

据此，提出如下研究假设：

H8：平台所在的双边市场之间存在网络效应，平台购买的音乐版权数量越多，则平台上的消费者效用越强。同时，消费者市场与版权市场之间存在对应的用户黏性，如消费者对部分音乐十分钟爱，且无法用其他的音乐来替代。

H9：根据不同的监管政策，有三种不同的市场结构，分别为完全垄断市场、完全竞争市场与垄断竞争市场。市场中最多存在两家平台企业，根据可竞争市场理论，市场竞争效率取决于市场进入壁垒，与市场中的企业数量及规模无关，因此限制平台数量的假设不影响市场竞争均衡效率。当市场为完全垄断时，在位平台可以实施垄断定价。当市场为完全竞争时，两家同质的平台依据边际成本定价。当市场中同时存在垄断与竞争时，市场中的两家平台在各自的垄断市场垄断定价，但在共同的竞争市场以边际成本定价。

H10：为了探究独家授权与非独家授权所产生的交易成本对市场效率的影响，假设独家授权协议不存在交易成本，而非独家授权的产权交易存在交易成本，且交易成本随交易版权数量的增加而增加。

H11：市场恰好全覆盖。

在完全竞争市场与垄断竞争市场中，假设 A、B 两家平台是完全对称的，在计算平台的定价决策时可以仅利用 A 平台的反应函数进行计算。依据以上假设与 Hotelling 模型，将消费者、平台的效用设定如下：

消费者效用为 $U_A = U_0 + c(1 - N_A) - P_A - X\delta$。

其中，U_A 为消费者加入平台 A 的效用，具体由四部分构成。一是消费者加入平台的固定效用 U_0；二是消费者加入平台 A 的交易成本 $X\delta$，其中 X 为消费者距离平台 A 的距离，δ 为 1 单位距离带来的交易成本；三是平台全部版权（独家授权+非独家授权）市场的规模为消费者带来的外部性 $c(1 - N_A)$，其中 N_A 是另一家平台获得的独家授权的市场份额，c 为外部性系数；四是平台 A 的定价 P_A。

同时，消费者面临外部性效用值 f，当 $U_A \geqslant f$ 时，消费者会选择加入该平台，因此，消费者的反需求函数 P_A 为 $P_A = U_0 + c(1 - N_A) - f - X\delta$。

根据假设，在垄断竞争市场中，平台需要对共有产权部分支付交易费用，此部分占比为（$1 - 2NA$），设 MC 为平台与版权人关于非独家授权产权的单位交易成本，因此平台 A 的交易成本为（$1-2N_A$）×MC。

由于市场完全被覆盖，因此在完全垄断市场中，平台 A 的定价 $P_A(1)$：

$$P_A(1)=U_0+c-f-\delta=0 \tag{5-5}$$

在存在交易成本的市场中，当两家平台实现竞争均衡时，两家平台各自占据一半的市场份额，此时平台 A 的定价为 $P_A\left(\dfrac{1}{2}\right)$：

$$P_A\left(\frac{1}{2}\right)=U_0+c(1-N_A)-f-\frac{\delta}{2}>(1-2N_A)\times MC \tag{5-6}$$

（二）竞争均衡

（1）独家授权的完全垄断市场。当平台企业可以与版权人签订独家授权协议时，会进一步利用版权的排他性排除竞争，实现完全垄断。在完全垄断市场，平台企业垄断了所有的音乐版权，并根据消费者的需求函数实施垄断定价。令 x 为 X 的实际取值，则平台 A 的定价策略为：

$$P_A=U_0-f+c-X\delta$$

$$\pi_A=P_A\times x$$

$$\frac{\partial \pi_A}{\partial x}=0$$

得 state1：

$$x^1=\frac{U_0-f+c}{2\delta}=\frac{1}{2}$$

$$P_{A垄断}^1=\frac{U_0-f+c}{2}=\frac{\delta}{2}$$

$$\pi_A^1=\frac{(U_0-f+c)^2}{4\delta}=\frac{\delta}{4}$$

均衡状态一（State1）的社会福利与定价关系如图 5-1 所示。

（2）解除独家授权后的完全竞争市场。解除独家版权后，市场中不存在其他市场壁垒，市场竞争是有效率的。同时，平台与版权人的交易存在交易成本 MC，此时的平台定价策略为：

$$P_A^2=P_B^2=MC$$

$$x^2=\frac{1}{2}$$

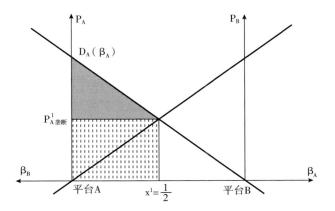

图 5-1　State1

又因为市场全覆盖，因此 $P_A\left(\dfrac{1}{2}\right) \geqslant MC$，即 $U_0 + c - f - \dfrac{1}{2}\delta \geqslant MC$。State2 如图 5-2 所示。

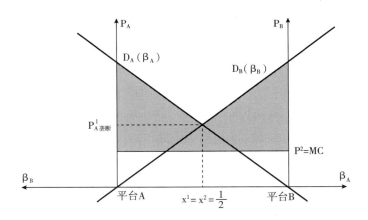

图 5-2　State2

（3）限制性独家授权下的垄断竞争市场。在限制性独家授权下，平台企业可以与版权人签订独家协议，但必须按照一定的比例将音乐版权"转授权"。假设两家平台企业分别获得了比例 N 的独家授权，剩余的（1-2N）的音乐版权依然为非独家授权交易。此时，由于消费者对这部分音乐具有黏性，平台会基于已经获得独家授权的音乐版权对同样比例的消费者实施垄断定价。同时，平台企业需要支付（1-2N）MC 的交易成本。

对于非独家授权的版权产品，则此时平台 A 的定价 $P_{A\text{竞争}}^3$ 为：

$$P_{A\text{竞争}}^3 = (1-2N)MC$$

对于独家授权的版权，消费者的效用及平台利润函数分别为：

$$U_A = U_0 + (1-N)c - P_A - X\delta$$

$$\pi_A = (P_A - (1-2N) \times MC) \times x$$

$$\frac{d\pi_A}{dx} = 0$$

得到垄断的均衡为：

$$P_{A\text{垄断}}^3 = \frac{U_0 - f + (1-N)c + (1-2N)MC}{2};$$

$$x_{A\text{垄断}}^3 = \frac{U_0 - f + (1-N)c - (1-2N) \times MC}{2\delta};$$

由公式（5-5）得：

$$x_{A\text{垄断}}^3 = \frac{U_0 - f + (1-N)c - (1-2N) \times MC}{2\delta}$$

$$= \frac{U_0 - f + c - cN - (1-2N) \times MC}{2\delta}$$

$$= \frac{1}{2} - \frac{cN + (1-2N) \times MC}{2\delta} < \frac{1}{2}$$

当 $0 < x_{A\text{垄断}}^3 < N$ 时，则 $P_A^* = P_{A\text{垄断}}^3$。

$$\pi_{A\text{垄断}}^3 = x_{A\text{垄断}}^3 \times [P_{A\text{垄断}}^3 - (1-2N)MC]$$

$$= \frac{[(U_0 - f + (1-N)c) - (1-2N)MC]^2}{4\delta}$$

当 $N < x_{A\text{垄断}}^3 < \frac{1}{2}$ 时，则 $P_A^* = P_A^3(N) = U_0 - f + (1-N)c - N\delta$。

$$\pi_{A\text{垄断}}^3 = N \times [P_A^* - (1-2N)MC]$$

$$= N[U_0 - f + (1-N)c - N\delta - (1-2N)MC]$$

因此，可得 State3，如图 5-3 所示。

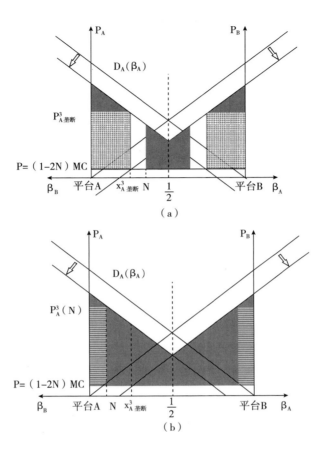

图 5-3　State3

（三）均衡效率比较

在状态 1 下，消费者加入平台 A 的消费者剩余为 CS_A^1；在状态 2 下，消费者剩余相同，设为 CS；在状态 3 下，无消费者剩余。因此，三种状态下的社会总福利水平 W^1、W^2、W^3 分别为：

$$W^1 = CS_A^1 + \pi_A^1 = \frac{1}{2} \times \left(\frac{U_0 - f + c}{2} \times \frac{U_0 - f + c}{2\delta} \right) + \frac{(U_0 - f + c)^2}{4\delta}$$

$$= \frac{3(U_0 - f + c)^2}{8\delta}$$

$$= \frac{3\delta}{8}$$

$$W^2 = 2CS = 2\left[\int_0^{\frac{1}{2}} (U_0 - f + c - x\delta - MC)\,dx\right]$$

$$= 2\left[(U_0 - f + c - \frac{1}{2}\delta - MC) + (U_0 - f + c - MC)\right] \times \frac{1}{2} \times \frac{1}{2}$$

$$= \frac{3}{4}\delta - MC$$

$$\max W^3 = W^3(P_A^3(N))$$

$$= \left[P_A^3\left(\frac{1}{2}\right) - (1-2N)MC + P_A^3(0) - (1-2N)MC\right] \times \frac{1}{2} \times \frac{1}{2} \times 2$$

$$= \left[U_0 - f + (1-N)c - \frac{\delta}{2} + U_0 - f + (1-N)c - 2(1-2N)MC\right]\frac{1}{2}$$

$$= U_0 - f + (1-N)c - (1-2N)MC - \frac{\delta}{4}$$

$$= \frac{3\delta}{4} - MC + 2NMC - cN$$

（1）垄断效率损失与交易成本效率损失的比较。根据假设，当禁止平台与版权人签订独家授权协议时，平台与版权人的交易存在交易成本，造成了效率损失。通过比较完全垄断与完全竞争状态可知：

$$\Delta W = W^2 - W^1 = \frac{3\delta}{8} - MC$$

在数字音乐平台的音乐版权供给不发生变化的情况下，由于交易成本的增加，完全竞争市场的社会福利水平并不严格高于完全垄断市场。当 $MC < \frac{3\delta}{8}$ 时，完全竞争市场的社会福利水平高于完全垄断市场的社会福利水平，即禁止独家授权的禁令会提高社会总体福利水平；当 $MC > \frac{3\delta}{8}$ 时，完全垄断市场的社会福利水平高于完全竞争市场的社会福利水平，即禁止独家授权所产生的交易成本降低了社会总福利水平。

（2）规模效应损失与交易成本效率损失的比较。在允许数字音乐平台持有部分独家版权的政策下，平台企业拥有的版权数量相比完全竞争市场有所降低。一方面，非独家授权的版权规模的下降使市场交易成本降低，缓解了交易成本造成的效率损失。另一方面，单个平台的版权供给规模下降给消费者的效用产生了负外部性，降低了消费者的需求，增加了社会福利损失。此外，当 $N < x_{A垄断}^3 < \frac{1}{2}$

时，市场中没有垄断损失，平台企业即使利用独家授权进行垄断定价，也仅仅是部分消费者福利的转移，并未损害社会总体福利水平。在 $N<x^3_{A垄断}$ 的前提下，通过对比完全垄断市场与垄断竞争市场的社会福利水平可知：

$$N<\frac{1}{2}-\frac{c}{2(2\delta+c-2MC)}$$

$$\Delta W=W^3-W^2=N(2MC-c)$$

当平台企业拥有的独家版权份额满足 $N<\frac{1}{2}-\frac{c}{2(2\delta+c-2MC)}$ 时，限制性独家

授权市场中的社会福利水平取决于边际成本与网络外部性系数。当 $MC>\frac{c}{2}$ 时，

限制性独家授权政策因缩小交易成本而带来的社会福利高于因降低市场规模而造成的社会福利损失，限制性独家授权政策效率优于完全禁止独家授权政策效率。

当 $MC<\frac{c}{2}$ 时，限制性独家授权政策因降低交易成本而带来的社会福利低于因缩

小市场规模而造成的社会福利损失，造成了社会福利净损失，完全禁止独家授权政策效率优于限制性独家授权政策效率。

（四）研究结论

根据推导结果可知，独家授权本身并不具备垄断属性，可以通过实施有限制的独家协议以提高市场竞争效率。一方面，对独家授权协议的期限作出限制，在满足平台发展需求的同时，防止平台通过长期协议对上下游经营者进行锁定，维持较低的市场进入壁垒。另一方面，对转授权协议作出限制，要求获得独家授权的平台必须将一定比例的音乐进行转授权，并对授权协议的合理性进行监管，防止具有市场支配地位的企业哄抬授权价格或拒绝转授权等。附条件的独家授权协议可以发挥平台的低交易成本与效率维权优势，帮助降低市场交易成本和维持低市场进入壁垒，防范垄断行为。

如此形成的独家授权制度更加具有合理性，将市场壁垒维持在了竞争对手可以接受的程度，也将社会福利损失限制在了低水平，同时还能够抑制掠夺性定价等资本无序扩张的策略。在位企业利用资本市场采取掠夺性定价策略，其目的是在取得市场支配地位之后利用高市场进入壁垒阻碍竞争，并在实现可维持的垄断地位之后收取高价格。掠夺性定价策略的前期表现出了竞争激烈的市场表象，实则造成了排除竞争的实际后果，且长期严重损害竞争。资本市场的补贴是独家授权模式泛滥、哄抬价格的根源，对独家授权的期限进行限制、按照一定比例进行转授权能够限制跨市场补贴，进而遏制资本无序扩张对竞争的损害。

第五节　人工智能传播与版权保护：
以短视频算法为例

在网络环境下的著作权相关主体包含网络内容提供者、网络服务提供者与网络用户。著作权人对应网络内容提供者，网络用户通过网络服务提供者的信息平台接受作品信息，网络服务提供者是网络空间中的信息沟通中介。大量作品通过这一网络平台进行传播，形成网络时代作品传播的新特色。

通过网络版权司法保护效果的实证分析可知，著作权人并未从司法保护中得到满意的赔偿。与难以计数的网络著作权纠纷相比，避风港案件数量相对较少，著作权人通过法院解决的网络平台版权侵权纠纷尚属少数。另外，避风港案件中的被告行为大多是完全复制作品，案件较少涉及二次创作类内容是否构成合理使用的问题。出现这一现象的可能原因是原告起诉被告的完全复制行为将大大提高原告胜诉率，确保自己从被告处获得赔偿以弥补自己的起诉成本。与二次创作类内容相关的著作权纠纷案件往往有是否构成合理使用的判断环节，原告要想从此类案件中胜诉，就要付出较高的举证成本，并承担较大的败诉风险。除非涉案行为有较大盈利或者对自己产生了较大损失，否则原告一般不会起诉二次创作者。相关著作权人更倾向于借助避风港规则向相关平台发出通知，要求下架相关二次创作类内容，平台为避免承担责任往往会同意原作者的要求。此时，版权相关网络平台就成了二次创作相关纠纷的主要解决者。

事实上，大部分纠纷可通过事前许可避免，也可通过事后调解等方式解决，甚至部分著作权人会选择放弃维权。在避风港规则下，网络平台获得了治理侵权盗版问题的权利，但研究版权相关网络平台如何处理著作权人投诉是缺少数据的。版权相关网络平台以算法为支撑，算法质量决定着平台信息匹配过滤水平和用户黏性，搜索引擎这种自动化算法体现着平台设计者的行为倾向，那么，版权相关网络平台算法如何对待二次创作类用户上传内容？平台算法会保护版权吗？平台利益是否会影响平台中立？本部分以国内短视频 B 平台的搜索引擎为研究对象，针对上述问题进行了理论分析与实证研究。

一、国内短视频网站的特点、发展与潜在问题

网络服务提供者的网络平台属性是决定视频网站著作权问题的基础。可以从数字化、中介性、可供性三个角度理解"网络平台"概念。数字化是网络平台的发展方向，随着网络信息技术的发展，平台基于数据与算法向着信息化与智能化的方向不断演化。中介性是指平台的连接作用，平台凭借技术实力重组生产关系与社会资源，建立更多的连接关系。可供性则指平台如何借助技术发挥自身功能，为用户提供新用途并塑造社会结构。由此可见，技术是平台的核心支撑，平台连接物理性与虚拟性，并围绕算法、数据、交互界面、商业模式、协议等形成基础设施（孙萍等，2021）。

具体到与版权相关的网络服务提供者，可从媒介的角度来认识网络平台。网络平台是一个内容生产机构，更是中介媒介。例如，微博、微信、短视频网站等平台明显特征就是鼓励用户生产内容，因为用户生成内容是社交媒体平台的重要根基。与此同时，网络平台的发展将不可避免地削弱传统内容产业的话语权，随着技术发展，持续的内容生产已不再是难题，个体参与感、社群运营维持、内容可及性成为更重要的变现手段与发展目标。平台运营的关键是连接用户、聚合资源，形成特定用户组织结构（Anand，2016）。正如 Bilton（2007）所说："注意力开始转移，从内容是什么转移到如何传递内容及建立用户关系。换句话说，更加注重管理本身。"因此，除内容生产外，平台的中介性越来越重要，平台成为社会传播场域中的"代理商"，在传播链条中起到调节、连接、中介作用。

从商业模式来看，网络环境中的平台企业向两边用户提供不同的服务与产品，促使两边用户达成交易，Rochet 和 Tirole（2003）将其称为双边市场，网络视频平台就是典型的双边市场。双边市场的典型特征之一是存在交叉网络外部效应，平台一边的用户效应受另一边用户规模的影响（易余胤、李贝贝，2020）。

当前，我国主流视频网站采用的商业模式都是"广告+会员"模式，在这种模式下，平台可以同时收取会员费与广告费。在这一双边定价模式下，免费观众有重要作用，其是广告投放者的潜在消费者。只有免费用户数量足够多，平台才能提升两类付费用户数量，增加平台收入。具体而言，平台用户越多，广告投放商越多，但这将困扰平台免费用户，减少平台观众人数，免费观众可能做出回避广告的举动，如购买平台会员以免除广告。因此，采取双边定价模式的视频网站应协调好广告客户与会员客户之间的矛盾。张诗纯和陈靖（2021）的研究指出线上媒体平台的定价策略会偏重广告客户市场与会员客户市场中的一边，被偏重的一边市场利润会增加，另一边市场利润将下降，但平台总利润会上升，这一点在国内视频网站的发展中也有所体现。

（一）视频网站发展趋势的影响因素

2006～2010 年是我国视频网站建立初期，在这一阶段，优酷、土豆等均选择无偿提供节目，从广告商处收取费用。其主要原因是免费观念使网站用户对广告有较高的容忍度。2011～2015 年，一方面，广告投放技术进步，广告投放精准度提高，用户规模对广告投放者的价值增加。另一方面，大众生活质量提升，对广告的厌恶感增加。同时，打击盗版、维护正版的力度日益增加，单凭免费模式已难以支撑视频网站运行，爱奇艺、腾讯视频、优酷、土豆等视频网站开始尝试付费业务，视频网站为推广付费业务开始不惜亏损提供补贴，但这一阶段仍以低价模式与免费模式为主。2016～2017 年，当付费用户积累到一定数量后，视频网站进入爆发期，平台推出视频广告减免措施吸引付费用户，付费习惯养成后的消费者更加厌恶广告，此时平台纷纷推出"广告+会员"模式。最后，随着视频网站的消费者教育完成，视频网站进入成熟阶段，此阶段平台要以平台自制作品、差异化节目等付费节目内容为主，消费者对广告更加厌恶，平台的最优策略为纯会员模式，如国外的 Netflix。Netflix 网站中的视频作品均是自制剧与购买的版权作品。此时的视频网站又成为传统单边市场。由此可见，随着科技与经济的发展，大众生活条件改善，视频网站的经营模式将由免费模式转变为付费模式（易余胤、李贝贝，2020；李稚、彭冉，2021）。

除视频网站完成消费者教育这一因素外，版权制度环境也会影响视频网站的经营模式。YouTube 网站在 2005 年成立，是开创用户上传内容分享给其他用户观看模式的视频分享平台。看到这一模式的巨大潜力，谷歌在 2006 年底斥资 16.5 亿美元将其收购。YouTube 网站的成功刺激了国内视频网站的发展，2005 年前后优酷、土豆等网站纷纷崭露头角，2012 年优酷并购土豆，优酷土豆集团诞生，成为行业第一。然而，国内 YouTube 式视频分享模式的发展从此停滞，各个主流视频平台纷纷转向自制影视内容与抢购影视内容版权，甚至不惜为此大打价格战。以优酷为代表的国内视频网站的学习对象由 YouTube 网站转变为 Netflix 网站（雷逸舟，2020），一家视频平台商业模式的调整可能出于自身商业利益考虑，但是整个网络视频产业的转向必然是受新的行业发展环境的影响。

由于避风港规则仅让视频网站承担过错责任，因此视频网站在避风港规则的保护下打击侵权内容的动力就会不足（冯晓青、许耀乘，2020）。但是，避风港规则的一个重要意义在于对用户上传侵权内容这类商业模式的否定，这促使网络服务提供者更加积极地购买正版作品（雷逸舟，2020）。无论其是否出于自愿，这都在客观上构建了尊重版权的网络文化。由此可见，法律规制也对平台商业模式产生了重要影响。

（二）UGC 的侵权可能性与解决方案

目前，短视频网站存在大量与电影、电视剧等视听作品相关的 UGC，形成了一定侵权风险。与电影、电视剧等视听作品相关的 UGC 有两种表现形式。一种是影视杂谈类 UGC，以"几分钟看电影"的形式迅速讲解某一视听作品的大致内容。现今是一个信息爆炸的时代，人的注意力有限，专注力也因碎片化信息而下降，快节奏社会中的人做事都追求效率，因此优质电影解说成为效率较高的观影备选方案。"几分钟看电影"类作品能让受众快速了解影视作品的剧情与思想，影视杂谈类 UGC 以杂谈的方式将难以理解的、隐晦的内涵展示给受众，受众可以了解影视作品相关话题，这些视听作品相关的故事梗概与话题可以成为 UGC 观看者的社交谈资。

另一种是影视剪辑类 UGC，以混剪视频为主。混剪视频是一种将多个无明显相关关系的视频剪辑组合在一起形成的视频，是二次创作的一种。此类视频的素材大多取自视听节目，对素材的组合与排序体现着作者的意图，作者通过剪辑赋予这些素材新意义。网络进入读图时代，视觉表达是最能吸引注意力的方式，混剪视频不再关注抽象的意义，而是将情绪、体验等通过视频表达出来。自媒体是混剪视频的起源地，自媒体让大众有了表达自我个性的机会，混剪视频素材有了全新意义，二次创作者的个性化思想也得到了表达。混剪视频创作的意义是获得文本解释权，部分观众认为作品内容的解释权不能仅属于原作者，开始根据个人经历与偏好进行二次创作。

UGC 模式不是完全无害的，个别行为会侵害版权相关方利益。用户上传内容盛行的原因有两点：一是为了推广内容，存在著作权人鼓励或默许私人传播作品片段的情况。例如，2007 年，暴雪娱乐与微软允许网络用户在限定范围内可以不经许可使用其游戏片段进行再创作（Hayes，2007），一些主播也允许甚至欢迎他人将自己直播中的精彩内容进行汇编剪辑整理后上传至网络视频平台。二是短视频已经成为一种营利工具，即网络视频平台从广告商处间接获得收益。短视频平台不仅是单纯的自由表达空间，也是一个利润颇丰的产业，用户创造内容就是其收益的主要来源。大量二次创作内容的专业程度早已突破自由表达范畴，可以被认定为营利商业行为（熊琦，2021）。为保证版权产业的良性公平发展，仔细分析用户上传内容中存在的影视作品剪辑搬运与二次创作行为的性质就很有必要。

在我国的司法实践中，合理使用"三步检验法"中有三条判断规则，第一条判断规则以作品使用行为的性质与目的为准，如评论说明某一作品或问题可构成合理使用。第二条判断规则规定合理使用行为不得与作品的正常使用相冲突。第三条判断规则规定合理使用行为不得损害著作权人的合法权益。依照合理使用"三步检验法"中的第一条，绝大多数与影视作品相关的二次创作行为都可看作合理使用。例如，"五分钟看完某电影"的形式可被视作介绍评论说明某一作品或问题，这种根据影视作品进行二次创作的行为似乎可以被纳入合理使用范畴。合理使用"三步检验法"中的第二条与第三条不能被忽视。其中，"正常使用"要求使用行为不能对权利人的经济效益产生负面影响，允许在有补偿的前提下减损权利人收益（熊琦，2021）。因此，判断是否构成合理使用应看是否与正常使用构成经济竞争关系，如只有二次创作与原作品有互补关系才可看作合理使用，有替代关系则应申请授权许可（Landes and Posner，2003）。将影视作品剪切为短视频的剪辑搬运行为将会对原作产生直接替代性，可能会减损影视作品权利人的授权收益，而基于影视作品进行的二次创作则应被视为改编行为或汇编行为，其对影视作品的潜在市场具有替代性。

要想保护原创作者的权益就须让二次创作者向原创作者发出申请许可，并支付授权使用费，但交易成本是这一过程的最大阻碍。本部分用表5-19中的"申请许可—授权"模型理解二次创作中申请许可与授权的关系，并分析二次创作者、原创作者的决策。

表5-19 "申请许可—授权"模型

原创作者 \ 二次创作者	申请授权许可	不申请授权许可
同意授权	ea-y, e(1-a)-x	ebp-z, e(1-bp)-w
拒绝授权	0, -x	

可将二次创作者是否向原创作者申请作品授权许可，以及原创作者收到申请是否授权分为三种情况。

情况一：二次创作者申请授权许可，原创作者同意授权。此时，二次创作者收益为 e(1-a)-x，原创作者收益为 ea-y。其中，e 是二创作品获得的总收益，e≥0；a 是原创作者从二创作品中获得收益的分成比例，0≤a≤1。x 是二次创作者为获取授权而付出的交易成本，y 是原创作者因审核申请授权而付出的交易成本。

情况二：二次创作者申请授权许可，原创作者拒绝授权。此时，二次创作者收益为-x，原创作者收益为零，即二次创作者因申请授权许可付出了交易成本，但未签订许可合同。

情况三：无论原创作者是否授权，二次创作者都不申请授权许可，直接进行二次创作。此时，二次创作者收益为 e(1-bp)-w，原创作者收益为 ebp-z。其中，z 是原创作者向二次创作者发起诉讼而承担的法律成本，w 是二次创作者因应诉而承担的法律成本，w、z≥0。eb 是二次创作者因侵权而支付的赔偿总额，其中，e 是二创作品获得的总收益；b 是侵权赔偿系数，b>1，因为法院要让侵权人支付的赔偿总额高于市场授权价，以此警告侵权人要通过常规渠道获得授权；p 表示原创作者维权成功的概率，0≤p≤1，即原创作者是否发现侵权行为，是否发起维权，以及维权能否得到法院支持都是不确定的。

"申请许可—授权"模型可以分类讨论常见的 UGC 二次创作侵权问题。

二次创作者决定是否向原创作者发起申请，二次创作者发起申请的前提条件是：

$$e(1-a)-x>e(1-bp)-w \tag{5-7}$$

为简化问题，可以认为二次创作者为获取授权而付出的交易成本 x 与二次创作者因应诉而承担的法律成本 w 大致相当，公式（5-7）可简化为：

$$a<bp \tag{5-8}$$

a 是原创作者从二创作品中获得收益的分成比例，bp 是侵权赔偿系数 b 与原创作者维权成功的概率 p 的乘积。这表明当法院对原著作权人提供较高水平保护时或原创作者从二创作品中获得的收益分成比重较少时，二次创作者会积极从原著作权人处申请授权。

当二次创作者决定向原创作者发起申请时，原创作者比较成本与收益后将做出是否授权的决策，同意授权的条件是：

$$ea-y>0 \tag{5-9}$$

也就是说原创作者从 UGC 中获得的收益 ea 要大于审核申请的成本 y。

事实上，让原创作者与二次创作者达成合作是较难的。二创作品获得的总收益 e 通常是较低的，很多创作行为都不以营利为目的，更多是为了表达个人思想，如果二次创作者想要与原创作者达成合作，则为满足公式（5-9），就会出现原创作者从二创作品中获得收益的分成比例 a 取值为 1 的情况，此时的二次创作者是不领取报酬的劳动者。当 a 取 1 时，仍会出现二创作品获得的总收益 e 小于原创作者因审核申请授权而付出的交易成本 y 的情况。因为原创作者往往习惯与专业影视公司打交道，原创作者为审核续作对原作的影响往往要花费大量市场调研成本与决策成本，UGC 获得的收益将难以覆盖原创者付出的交易成本。

考虑一种不常见的情况，二次创作者有较好的声誉或者原创作者认同二次创作者的创作风格，原创作者有意与二次创作者合作，使公式（5-9）得到满足。此时，还要看公式（5-8）能否得到满足。

当原创作者合作意愿强烈，以至于 a 取值为 0 时，公式（5-8）成立，二次创作者乐于与原创作者达成合作。当二次创作者不知原创作者预设的分成比例 a 时，仍会比较 a 与 bp 的取值。p 表示原创作者维权成功的概率，当原创作者未注意到侵权行为存在或者无意维权时，p 取值为 0，公式（5-8）不成立，二次创作者不会申请授权。当原创作者发现侵权行为并准备维权时会考虑成本与收益：

$$ebp-z>0 \tag{5-10}$$

以影视剪辑类 UGC 为例，二创作品获得的总收益 e 通常是较低的，但影视剪辑类 UGC 本质是大量影视作品素材的直接使用，此时原创作者维权成功的概率 p 较高，ebp 的值可能小于原创作者向二次创作者发起诉讼而承担的法律成本 z，公式（5-10）无法成立，原创作者放弃维权。

以影视杂谈类 UGC 为例，二创作品获得的总收益 e 可能较高，但影视杂谈类 UGC 会在引用他人素材的基础上加入自己的解读，这一行为是否构成合理使用是一个较难判断的事实，因此原创作者为胜诉须付出较高的法律成本 z。如果原创作者不付出较高的法律成本 z，则创作者维权成功的概率 p 将会降低，此时公式（5-10）无法成立，原创作者放弃维权。

通过上述分析可知，原创作者通过法院维权将面临赔偿低、胜诉率低、维权成本高等阻力，维权会陷入得不偿失的境况，放弃维权成为原创作者的主流选择。因此，由公式（5-8）可知，二次创作者不会发出合作申请。与此同时，由公式（5-9）可知，即使二次创作者发出合作申请，往往也会被原创作者拒绝。

在二次创作者与原创作者的重复博弈中会形成二次创作者未经授权直接使用原创作者作品的惯例，UGC 视频平台出现了普遍侵权的现象，此时，网络平台维护著作权人群体权益就成了一个必然选择。

（三）平台私人规制与算法权利异化

算法相关治理问题可分为两类：一是算法治理，讨论如何借助算法帮助公共机构决策，观察算法对行政机关及其权力分配的影响；二是治理算法，从风险预防的角度将算法和其应用过程视为治理对象（曾雄等，2022）。大众创作的分散化使网络平台成为不可或缺的创作整合中心，这改变着版权产业的产业链与交易模式。在治理模式上，应由原来的"政府—著作权人"二元结构转变为"政府—网络平台—著作权人"三元结构（张颖、毛昊，2022）。Lewin（1947）提出了"守门人"概念，他认为家庭主妇可以决定超市的哪些食品能被端上餐桌，管制违规者不如管制"守门人"更有效率。网络世界的一大特点就是大型平台决定着用户可以接触哪些商品、内容，平台即是"守门人"，国家通过管制平台就可以间接管制平台算法。长久以来，平台受避风港规则保护，经营者的责任就是采取屏蔽、删除等必要措施，实施这些措施就不必负责。但是通过"守门人"规则，国家可以规范和限制平台算法行为（林洹民，2022）。

现阶段，UGC 视频平台出现了侵权内容屡禁不止的现象，表层原因是交叉补贴运营模式需要平台用视频内容与同行业视频平台竞争用户注意力，以获取广告商青睐。其根本原因是平台算法权力异化使平台可以忽视乃至放任侵权行为，且不必承担过重责任。具体而言，算法技术让平台获得私人规制的权力，实现平台算法权力化，但平台逐利属性及算法复杂属性使这一权力失去监督，算法将优先保障平台盈利，忽视打击侵权内容的社会责任。

私人规制是私人主体依据公权力机关委托授权或法律规定获得参与经济、社会规制现象的总称。避风港规则促进了私人规制，因为绝大多数侵权问题在网络空间发生，网络平台处理自家平台发生的侵权问题有着高效和低成本的优势。网络兴起为私人规制提供了广阔空间，甚至出现了"代码即是法律"的现象（莱斯格，2018）。

事实上，掌握信息交流"基础设施"的网络平台已经由简单的服务中介转变为准公共空间管理者。信息是人类认识并改造世界的基础，也是权利的源泉。数据信息是重要资源，算法是信息的重要加工工具，这些算法已成为网络平台的核心竞争力（韩万渠等，2022）。信息传播中的关键角色是信息过滤者而非信息本身，信息过滤者聚合网络信息，将信息提供者与信息搜寻者相匹配。从表面上看，人们可以自由使用微信、微博、抖音、快手等信息交流平台，但实际上媒介平台通过用户的搜索率、分享率、点击率等行为来推送用户可能喜欢观看并愿意转发分享的信息。以抖音的视频推荐算法为例，在视频上传后，算法在初步分析视频的新颖性、合规性等因素后将视频分发给可能感兴趣的用户，然后基于这部分用户的点赞率、完播率、分享率等数据再决定是否加大推荐力度（朱巧玲、杨剑刚，2022）。换句话说，网络信息交流平台的算法拥有控制信息可见度的能力（Benkler，2006）。

当某一服务在社会生活中有特殊地位，使得公众在获取一些重要资源时必须依赖它且难以被其他服务替代时，便可认定该服务与公共利益直接相关，具有公共属性。一旦具备这种公共属性，即使提供服务的主体是私人企业，也不能仅适用私人自治法则，必须为正当、公平等公共价值负责（Crandall，2005），但与信息过滤公共属性相对应的是，市场竞争不能有效约束这一力量。在数字化改革中，政府部门让网络平台承担部分治理义务，但平台在行使权利时能否保持中立是一个值得关注的问题。

平台过度攫取利润的一个体现就是自我优待。自我优待是指平台给予自营产品高于第三方产品的待遇。平台自身多数也参与经营活动，此时的平台经营者可以分为平台自营者与入驻平台的第三方经营者两种，这样在平台进行治理时就兼具了裁判员与运动员的双重身份，在具体竞争中就会出现平台利用用户准入限制、搜索推荐权重、网页信息展示排序等平台服务手段为自己谋求竞争优势的现象（许荻迪，2022）。在亚马逊平台中有部分商家会编造虚假评论以营造出自己是优质商家的假象，亚马逊并未及时整治这些问题，但亚马逊与平台内第三方经营者进行谈判时，它会降低经营者的排名以示威胁，进而谋求更好的交涉结果，这就是自我优待的一种体现（尹振涛等，2022）。由此可见，信息匹配效率对平台竞争十分重要，这种信息技术反过来也能发挥排除竞争的功能。版权相关网络平台中也存在着平台为争取用户流量而实施自我优待的现象，与版权最相关的平台的自我优待行为是选择性版权保护行为。

长视频网站与短视频网站在各自发展中是不可能相安无事的，两者的争夺既体现在用户量与用户使用时间上，也体现在视频内容上。长视频网站间的版权大战已经将影视作品的版权价格推至高价，与此同时长视频网站还需忍受短视频网站盗版内容的冲击。缺少正版影视作品资源的视频平台为赢得视频领域的竞争，会将与正版影视作品资源相关的 UGC 视作吸引有观看正版影视作品需求的用户的招牌，其中难免会出现选择性版权保护行为。具体而言，平台为了留存用户，满足平台用户的多样化需求，往往将存有侵权可能性的与影视作品相关的 UGC 推荐给用户。与此同时，随着平台加大对正版影视作品资源的投入力度，平台开始删除或者以降低搜索权重的方式隐藏对自己平台影视作品有替代性的 UGC。

以电影作品为例，当视频平台拥有某一电影的版权时，考虑到影视剪辑类 UGC 与影视杂谈类 UGC 对该电影的潜在替代性，用户在平台搜索该作品时，平台的搜索结果会自动将影视剪辑类 UGC 与影视杂谈类 UGC 等内容置后，以提高用户发现这类内容的搜索成本，优先推荐用户选择观看平台的电影资源，而用户观看平台的电影资源就需要支付相应费用，如单次购买或者开通平台会员。当用户在平台搜索该平台没有版权的电影时，平台为满足用户们的多元化需求，会自动给予影视剪辑类 UGC 与影视杂谈类 UGC 更靠前的搜索结果排名，优先推荐影视剪辑类 UGC 与影视杂谈类 UGC 给用户，提高用户留存率。这事实上就是一种搜索算法的选择性版权保护行为，即在平台缺少相关影视作品时，降低平台用户接触存在侵权可能性的 UGC 的搜索成本；当平台拥有相关影视作品版权时，降低存在侵权可能性的 UGC 的搜索权重，保护自有版权的影视作品。

据此，提出如下研究假设：

H12a：短视频平台的搜索算法存在选择性版权保护行为，偏向保护自有版权的影视作品。

H12b：短视频平台的搜索算法不存在选择性版权保护行为。

二、选择性版权保护行为的实证检验

本章研究的目标是分析影响 B 平台搜索算法结果排序的因素，从 B 平台与搜索算法两个方面说明研究设计原因。

第一，B 平台是国内某一短视频平台，选择 B 平台作为研究对象的原因是其社群氛围良好，用户创作与互动热情高涨，拥有海量 UGC，同时 B 平台也购买了一些电影作品补充自有版权资源库，保持"广告+会员"模式运营。其他短视频平台多以 UGC 为主，较少购入电影等版权资源。另外，从使用体验来说，B 平台的电脑端与移动端均以横屏播放模式为主，而且 B 平台的 UGC 平均时长要高于其他短视频平台。从使用习惯与作品时长来说，B 平台较适合影视剪辑类 UGC、影视杂谈类 UGC 等与影视作品相关的用户上传作品传播。

第二，蕴含强大搜索引擎和智能推荐系统的在线影音网站与在线商店已成为人们迅速寻找信息的主要途径，推荐算法与搜索算法是短视频平台的核心算法。以搜索算法而非推荐算法为研究对象的原因在于，推荐算法发挥个性化推荐功能以用户的身份信息与使用习惯信息为基础。研究推荐算法需要大量用户身份信息与使用信息，数据获取难度大，因此本章研究重点关注影响搜索算法结果排序的因素，而非用户习惯对搜索结果的影响。

获取数据的方式如下：①在 B 平台搜索页面①的搜索框内输入想要搜索的电影名称；②收集搜索结果页面返回的 UGC 数据。以电影名称为搜索关键词进行

① 数据收集时间是 2022 年 1 月。

搜索时，B 平台返回搜索结果可大致分为两类：专业生产内容与 UGC。其中，专业生产内容包括影视公司制作的电影与电视剧、与影视作品相关的游戏等。这些专业生产内容是 B 平台获得专业制作机构授权后供平台用户使用的内容，但使用这些内容往往需要开通会员或支付费用。在搜索结果页面，专业生产内容居于首位，UGC 排在专业生产内容后面，这些 UGC 是研究样本。在 B 平台以电影名称为搜索关键词进行搜索时，可以发现一部电影对应的 UGC 往往有成百上千个，这些 UGC 的标题、简介、播放量、上传时间、分类指标等信息各不相同。在搜索结果页面，部分 UGC 可以排在首页的前几行，而有的 UGC 需要用户向后翻页才能发现。因此，影响这些 UGC 排序的因素就是研究的对象。

（一）计量模型与指标选取

为测试 B 平台的搜索算法是否存在选择性版权保护行为要先确定搜索方式与搜索关键词。首先，为避免个人使用习惯对搜索结果的影响，在未登录的状态下进行搜索可以查看 B 平台呈现给空白用户的搜索结果。其次，依照国家电影事业发展专项资金管理委员会办公室公布的影片上映信息，筛选出上映年份在 2014～2018 年的影片，考虑到故事片为主流电影类型，保留影片类型为故事片的样本，共计有 1096 部影片在 B 平台有搜索结果。在这 1096 部电影中，有 160 部是 B 平台已购买版权的可供（会员）用户观看的电影。不选取最新电影的原因在于，类似于专利引用与论文引用，生成针对电影的剪辑与二次创作等用户上传内容需要制作时间，而平台用户观看这些用户上传内容形成的用户数据指标也需要时间积累，这些需要时间积累才能形成的指标是开展实证分析的基础。

依照提出的研究假设，设置如下计量模型：

$$orderrate_i = \gamma movie\_about_i + \theta movie\_about \times platcontent_i + \delta control_i + D_i + \varepsilon_i \quad (5-11)$$

式中，i 表示样本个体（即某个 UGC），核心自变量 $movie\_about_i$ 表示与影视杂谈或影视剪辑相关的 UGC 指标。B 平台中的每个 UGC 都有对应的分类指标，其中与影视剪辑搬运相关的 B 平台分类指标是影视剪辑，与影视作品解说相关的 B 平台分类指标是影视杂谈。进一步地，根据不同的分类指标对 UGC 的指标 $movie\_about_i$ 进行赋值。当 UGC 的分类指标是影视剪辑时，赋值 $movie\_cut_i$ 指标为 1，否则赋值为 0；当 UGC 的分类指标是影视杂谈时，赋值 $movie\_talk_i$ 指标为 1，否则赋值为 0；当 UGC 的分类指标是影视剪辑或影视杂谈时，赋值 $movie\_t\_c_i$ 指标为 1，否则赋值为 0。

$platcontent_i$ 表示搜索的电影是不是 B 平台拥有版权的可以观看的电影，当搜索的电影是 B 平台拥有版权的可供（会员）用户观看的电影时赋值为 1，否则赋值为 0。公式（5-11）中的 movie_about×platcontent$_i$ 表示 movie_about$_i$ 与 platcontent$_i$ 这两个指标的交互项。

被解释变量 orderrate$_i$ 表示该 UGC 在搜索结果中的排序位置，计算方法是求该 UGC 对应的搜索结果排序积分 ordernum$_i$ 与对应的电影搜索结果总数的比值。其中，ordernum$_i$ 赋分方式是排名在首位的 UGC 排序积分赋分为对应的电影搜索结果总数，其后的 UGC 排序积分 ordernum$_i$ 逐个扣除一分，排名末位的 UGC 排序积分 ordernum$_i$ 赋分为 1。orderrate$_i$ 赋分最大值为 1，即排序越靠前的 UGC 的 orderrate$_i$ 值越接近 1，排序越靠后的 UGC 的 orderrate$_i$ 值越接近 0。

control$_i$ 是一系列可能影响到 UGC 排序的控制变量，从内容匹配程度、内容质量等方面设置指标，详见表 5-20 的指标设计说明。D$_i$ 表示固定效应，参照陈艳莹和李鹏升（2017）的研究，控制搜索关键词的固定效应，即电影名称，同时还控制 UGC 所在年月的固定效应，ε_i 是误差项，γ、θ、δ 是回归系数。

表 5-20　变量分类、标识及含义

变量分类	变量标识	变量含义
因变量	orderrate	UGC 在搜索结果中的排序位置，以 UGC 对应的搜索结果排序积分 ordernum 与对应的电影搜索结果总数的比值表示。
核心自变量	movie_about	零一变量，表示与影视杂谈或影视剪辑相关的 UGC 指标，当 UGC 与影视杂谈或影视剪辑相关时赋值为 1，否则赋值为 0。具体而言，当 UGC 的分类指标是影视剪辑时，赋值 movie_cut 指标为 1，否则赋值为 0；当 UGC 的分类指标是影视杂谈时，赋值 movie_talk 指标为 1，否则赋值为 0；当 UGC 的分类指标是影视剪辑或影视杂谈时，赋值 movie_t_c 指标为 1，否则赋值为 0
	platcontent	零一变量，platcontent 表示搜索的电影是不是 B 平台拥有版权的可供（会员）用户观看的电影，当搜索的电影是 B 平台拥有版权的可供（会员）用户观看的电影时赋值为 1，否则赋值为 0。回归时此指标被固定效应吸收，仅保留指标 platcontent 与指标 movie_about 的交互项
	p_mt	零一变量，指标 platcontent 与指标 movie_talk 的交互项
	p_mc	零一变量，指标 platcontent 与指标 movie_cut 的交互项
	p_mtc	零一变量，指标 platcontent 与指标 movie_t_c 的交互项

变量分类	变量标识	变量含义
控制变量	ln_ugcplaytimes、ln_ugclikenum	UGC 质量可以从用户点赞量、播放量上间接体现。ln_ugcplaytimes 是 UGC 播放次数，ln_ugclikenum 是 UGC 点赞数量，指标 ln_ugcplaytimes 与 ln_ugclikenum 均经对数化处理
	titlematch、tagmatch、briefmatch	titlematch、tagmatch、briefmatch 分别为根据 UGC 的标题、标签与简介生成的零一变量。以指标 titlematch 为例，当用于搜索的电影名称存在于 UGC 的标题中时，认定 UGC 的标题与用于搜索的电影名称相匹配，指标 titlematch 赋值为 1，否则赋值为 0。指标 tagmatch、briefmatch 的赋值规则与指标 titlematch 一致，分别用电影名称与 UGC 的标签与简介相匹配，匹配到时赋值为 1，否则赋值为 0
	ln_ugcdura	表示 UGC 的时长，单位为秒，进行对数化处理。
	ln_daydelta	表示 UGC 上传日与搜索关键词对应电影上映日期的天数差，进行对数化处理。有部分 UGC 创作日期在电影上映之前，考虑到这部分 UGC 上传日与搜索关键词对应电影上映日期的天数差为负，无法取对数，且电影上映之前的 UGC 无法得知电影全部信息，与电影相关度将弱于电影上映之后的 UGC，故未将其放入回归样本中
	activity_work、rankhigh、topup	topup、activity_work、rankhigh 三个指标均为零一变量，与平台对 UGC 的创作激励相关。平台激励用户创作的机制可以分为经济激励与非经济激励。经济激励可分为金钱奖励和非金钱激励（如优惠券等），但有时少量金钱激励会起到反作用（Sun et al.，2017）。非经济激励则以声誉激励、游戏化设计为主（秦芬、李扬，2018）。用户声誉能够激励创作（Hennig-Thurau et al.，2004），即使关注者与用户没有互动，关注者也能发挥激励作用，因为关注可以体现出信任，会对用户创作产生激励效果（秦芬、李扬，2018）。具体到 B 平台，当上传者的关注人数超过 100 万，认定其为 B 平台的头部作者，指标 topup 赋值为 1，否则赋值为 0。游戏化是在非游戏场景中的游戏设计应用，常见的游戏元素包括排行榜、限时活动、积分、徽章等。为了激励创作，B 平台经常会不定期发布创作主题来激励用户创作指定内容作品，同时也会按日或周对作品进行全站排名。因此，当 UGC 是根据某一限时创作活动创作的时，指标 activity_work 赋值为 1，否则赋值为 0；当 UGC 在全站有排名记录时，指标 rankhigh 赋值为 1，否则赋值为 0
	CRstate	零一变量，UGC 作者是否声明未经授权禁止转载，声明则赋值为 1，否则赋值为 0

　　根据 1096 部影片的搜索结果得到无缺漏值的 UGC 观测值 574639 个，描述性统计结果如表 5-21 所示。由指标 movie_t_c 均值可知，搜索结果中与电影剪辑或二次创作相关的 UGC 占总搜索结果的比重约为 3/10。由指标 titlematch 均值可知电影名称匹配到 UGC 标题的占比超过一半。这一方面反映出 B 平台搜索算法可以满足用户观看影视相关 UGC 的需求，另一方面也反映出 B 平台有数量庞

大的与影视作品相关的 UGC。由指标 activity_work 均值可知，为参加 B 平台活动而创作的 UGC 的占比超过 1/5，由指标 rankhigh 与 topup 均值可知，有全站排名记录的 UGC 与头部作者创作的 UGC 占比较低。由指标 CRstate 均值可知，约 3/4 的 UGC 都声明未经授权禁止转载，说明 B 平台作者保护自我作品版权的意识较强。

表 5-21　描述性统计

变量标识	观测值	均值	标准差	最小值	最大值
orderrate	574639	0.4962	0.2882	0.001	1
movie_talk	574639	0.0787	0.2692	0	1
movie_cut	574639	0.2134	0.4097	0	1
movie_t_c	574639	0.292	0.4547	0	1
platcontent	574639	0.1899	0.3922	0	1
p_mt	574639	0.0201	0.1405	0	1
p_mc	574639	0.0543	0.2267	0	1
p_mtc	574639	0.0745	0.2626	0	1
ln_ugcplaytimes	574639	6.5773	2.8828	0	17.3488
ln_ugclikenum	574639	3.0175	2.5867	0	14.3084
titlematch	574639	0.5522	0.4973	0	1
tagmatch	574639	0.3363	0.4725	0	1
briefmatch	574639	0.2738	0.4459	0	1
activity_work	574639	0.2228	0.4161	0	1
CRstate	574639	0.7503	0.4329	0	1
rankhigh	574639	0.004	0.0631	0	1
topup	574639	0.0099	0.0991	0	1
ln_ugcdura	574639	5.338	1.2698	0.6931	13.6127
ln_daydelta	574639	6.8809	1.1643	0	7.9725

（二）基准回归结果

（1）影视杂谈。表 5-22、表 5-23 考察影视杂谈类 UGC 在搜索结果中的位置。为避免共线性影响，表 5-22 与表 5-23 分别控制 UGC 播放次数与 UGC 点赞数。由表 5-22 与表 5-23 的回归结果可知，指标 movie_talk 显著为正，即影视杂谈类 UGC 在搜索结果中的排序靠前，同时指标 p_mt 显著为负，这一交互项指标为负说明当 B 平台拥有相关电影版权时会降低影视杂谈类 UGC 的搜索权重，使其不易被用户发现，降低此类内容对 B 平台拥有版权电影的替代性。

表 5-22 影视杂谈部分回归结果

变量标识	(1)	(2)	(3)	(4)	(5)	(6)	(7)
	upname	upname	upname	burl	burl	robust	robust
movie_talk		0.0121*** (0.00263)	0.0143*** (0.00311)	0.0121*** (0.00126)	0.0143*** (0.00146)	0.0121*** (0.00123)	0.0143*** (0.00143)
p_mt			−0.00850** (0.00418)		−0.00850*** (0.00272)		−0.00850*** (0.00271)
ln_ugcplaytimes	0.0450*** (0.000426)	0.0449*** (0.000421)	0.0449*** (0.000421)	0.0449*** (0.000176)	0.0449*** (0.000176)	0.0449*** (0.000174)	0.0449*** (0.000174)
titlematch	0.358*** (0.00458)	0.358*** (0.00450)	0.358*** (0.00449)	0.358*** (0.000897)	0.358*** (0.000897)	0.358*** (0.000887)	0.358*** (0.000887)
tagmatch	0.0793*** (0.00384)	0.0788*** (0.00396)	0.0787*** (0.00396)	0.0788*** (0.000837)	0.0787*** (0.000837)	0.0788*** (0.000828)	0.0787*** (0.000828)
briefmatch	0.0243*** (0.00279)	0.0237*** (0.00290)	0.0237*** (0.00289)	0.0237*** (0.000762)	0.0237*** (0.000761)	0.0237*** (0.000753)	0.0237*** (0.000753)
ln_ugcdura	−0.00630*** (0.000604)	−0.00648*** (0.000612)	−0.00647*** (0.000613)	−0.00648*** (0.000288)	−0.00647*** (0.000288)	−0.00648*** (0.000285)	−0.00647*** (0.000285)
activity_work	−0.0149*** (0.00216)	−0.0149*** (0.00217)	−0.0149*** (0.00217)	−0.0149*** (0.000866)	−0.0149*** (0.000866)	−0.0149*** (0.000860)	−0.0149*** (0.000860)
CRstate	−0.00182 (0.00202)	−0.00253 (0.00206)	−0.00254 (0.00206)	−0.00253*** (0.000873)	−0.00254*** (0.000873)	−0.00253*** (0.000867)	−0.00254*** (0.000867)
rankhigh	0.0640*** (0.00719)	0.0630*** (0.00720)	0.0630*** (0.00720)	0.0630*** (0.00625)	0.0630*** (0.00625)	0.0630*** (0.00613)	0.0630*** (0.00613)
topup	0.0409*** (0.00840)	0.0393*** (0.00834)	0.0393*** (0.00835)	0.0393*** (0.00361)	0.0393*** (0.00361)	0.0393*** (0.00357)	0.0393*** (0.00357)
ln_daydelta	−0.0108*** (0.000783)	−0.0105*** (0.000786)	−0.0105*** (0.000786)	−0.0105*** (0.000512)	−0.0105*** (0.000512)	−0.0105*** (0.000508)	−0.0105*** (0.000508)
常数项	0.0814*** (0.00693)	0.0811*** (0.00694)	0.0812*** (0.00693)	0.0811*** (0.00409)	0.0812*** (0.00409)	0.0811*** (0.00405)	0.0812*** (0.00405)
固定效应	控制	控制	控制	控制	控制	控制	控制
观测值	574638	574638	574638	574638	574638	574638	574638
R-squared	0.294	0.294	0.294	0.294	0.294	0.294	0.294

注：括号内为标准误，列名中的 upname、burl、robust 表示标准误的处理水平，upname 表示标准误聚类到作者的水平，burl 表示标准误聚类到每个 UGC 的水平，robust 表示汇报异方差稳健标准误，下同。

表 5-23　影视杂谈部分回归结果

变量标识	（1）	（2）	（3）	（4）	（5）	（6）	（7）
	upname	upname	upname	burl	burl	robust	robust
movie_talk		0.0226 *** (0.00265)	0.0255 *** (0.00315)	0.0226 *** (0.00127)	0.0255 *** (0.00147)	0.0226 *** (0.00125)	0.0255 *** (0.00144)
p_mt			-0.0114 *** (0.00426)		-0.0114 *** (0.00277)		-0.0114 *** (0.00276)
ln_ugclikenum	0.0451 *** (0.000384)	0.0450 *** (0.000384)	0.0450 *** (0.000384)	0.0450 *** (0.000194)	0.0450 *** (0.000194)	0.0450 *** (0.000191)	0.0450 *** (0.000191)
观测值	574638	574638	574638	574638	574638	574638	574638
R-squared	0.278	0.279	0.279	0.279	0.279	0.279	0.279

注：回归时控制固定效应与控制变量，不再展示，下同。

从控制变量来看，当 UGC 的标题、标签及简介与搜索关键词相匹配时会提升 UGC 排序，播放次数、点赞次数及头部作者身份也能提升 UGC 排序。

（2）影视剪辑。本部分回归结果在表 5-24 与表 5-25 中呈现，考察影视剪辑类 UGC 在搜索结果中的位置。与表 5-22 和表 5-23 相比，表 5-24 与表 5-25 将核心自变量由 movie_talk 与 p_mt 替换为 movie_cut 与 p_mc。表 5-24 与表 5-25 分别控制 UGC 播放次数与 UGC 点赞数，从回归结果来看，本部分回归结果与前一部分回归结果有一致性，即影视剪辑类 UGC 在搜索结果中的排序靠前。同时，指标 p_mc 显著为负，这一交互项指标为负说明当 B 平台拥有相关电影版权时会降低影视剪辑类 UGC 的搜索权重，使其不易被用户发现，降低此类内容对 B 平台拥有版权电影的替代性。

表 5-24　影视剪辑部分回归结果

变量标识	（1）	（2）	（3）	（4）	（5）	（6）
	upname	upname	burl	burl	robust	robust
movie_cut	0.0156 *** (0.00265)	0.0194 *** (0.00254)	0.0156 *** (0.000880)	0.0194 *** (0.00101)	0.0156 *** (0.000868)	0.0194 *** (0.000991)
p_mc		-0.0163 *** (0.00335)		-0.0163 *** (0.00198)		-0.0163 *** (0.00197)
ln_ugcplaytimes	0.0449 *** (0.000437)	0.0449 *** (0.000437)	0.0449 *** (0.000176)	0.0449 *** (0.000176)	0.0449 *** (0.000173)	0.0449 *** (0.000173)

变量标识	（1）upname	（2）upname	（3）burl	（4）burl	（5）robust	（6）robust
观测值	574638	574638	574638	574638	574638	574638
R-squared	0.294	0.294	0.294	0.294	0.294	0.294

表 5-25　影视剪辑部分回归结果

变量标识	（1）upname	（2）upname	（3）burl	（4）burl	（5）robust	（6）robust
movie_cut	0.0239***（0.00247）	0.0288***（0.00239）	0.0239***（0.000897）	0.0288***（0.00102）	0.0239***（0.000883）	0.0288***（0.00101）
p_mc		-0.0212***（0.00332）		-0.0212***（0.00202）		-0.0212***（0.00201）
ln_ugclikenum	0.0452***（0.000398）	0.0452***（0.000398）	0.0452***（0.000194）	0.0452***（0.000194）	0.0452***（0.000191）	0.0452***（0.000191）
观测值	574638	574638	574638	574638	574638	574638
R-squared	0.279	0.279	0.279	0.279	0.279	0.279

（3）影视杂谈与影视剪辑。本部分回归结果在表 5-26 与表 5-27 中呈现，考察影视剪辑类与影视杂谈类 UGC 在搜索结果中的位置。与表 5-22 和表 5-23 相比，表 5-26 与表 5-27 将核心自变量由 movie_talk 与 p_mt 替换为 moviet_c 与 p_mtc，考察影视剪辑类与影视杂谈类 UGC 在搜索结果中的位置。表 5-26 与表 5-27 分别控制 UGC 播放次数与 UGC 点赞数，从回归结果来看，本部分与在前回归结果有一致性，即影视杂谈类与影视剪辑类 UGC 在搜索结果中的排序靠前，同时指标 p_mtc 显著为负，这一交互项指标为负说明当 B 平台拥有相关电影版权时会降低影视杂谈类与影视剪辑类 UGC 的搜索权重，使其不易被用户发现，降低此类内容对 B 平台拥有版权电影的替代性。

表 5-26　影视剪辑与影视杂谈部分回归结果

变量标识	（1）upname	（2）upname	（3）burl	（4）burl	（5）robust	（6）robust
movie_t_c	0.0190***（0.00302）	0.0227***（0.00282）	0.0190***（0.000832）	0.0227***（0.000944）	0.0190***（0.000821）	0.0227***（0.000930）

续表

变量标识	（1）	（2）	（3）	（4）	（5）	（6）
	upname	upname	burl	burl	robust	robust
p_mtc		−0.0168***（0.00331）		−0.0168***（0.00187）		−0.0168***（0.00186）
ln_ugcplaytimes	0.0447***（0.000430）	0.0447***（0.000430）	0.0447***（0.000176）	0.0447***（0.000176）	0.0447***（0.000173）	0.0447***（0.000173）
观测值	574638	574638	574638	574638	574638	574638
R-squared	0.295	0.295	0.295	0.295	0.295	0.295

表 5-27　影视剪辑与影视杂谈部分回归结果

变量标识	（1）	（2）	（3）	（4）	（5）	（6）
	upname	upname	burl	burl	robust	robust
movie_t_c	0.0306***（0.00290）	0.0354***（0.00270）	0.0306***（0.000844）	0.0354***（0.000956）	0.0306***（0.000832）	0.0354***（0.000941）
p_mtc		−0.0214***（0.00330）		−0.0214***（0.00190）		−0.0214***（0.00189）
ln_ugclikenum	0.0450***（0.000404）	0.0450***（0.000403）	0.0450***（0.000194）	0.0450***（0.000194）	0.0450***（0.000190）	0.0450***（0.000190）
观测值	574638	574638	574638	574638	574638	574638
R-squared	0.280	0.280	0.280	0.280	0.280	0.280

（三）稳健性检验

前文回归结果中 p_mt、p_mc 与 p_mtc 指标为负的另一种可能原因是，B 平台缺少足够的信息去辨别 UGC 是否有侵权可能性。当 B 平台拥有某一电影的播放权时，B 平台可以同时获得该电影的声画数据，这些数据在判断 UGC 是否侵权的过程中能够提供帮助。换言之，B 平台仅降低与有播放资格电影相关的影视杂谈类 UGC 与影视剪辑类 UGC 的搜索权重，因为其缺少其他无播放资格电影的声画数据，无法有效识别与这些电影相关的存在侵权可能性的 UGC。因此，稳健性检验的工作就是尽可能排除此种可能性对搜索结果的影响。

事实上，B 平台自身也在积极搭建正版影视资源库以满足平台用户的观影需求，在 B 平台拥有的上映时间为 2014~2018 年的电影资源中，需要付费购买会员资格才可观看的电影占比约为 50%，其余电影可以免费观看。B 平台是否会偏向保护需要付费观看的电影也是值得研究的问题。

具体而言，当用户在 B 平台搜索需要付费观看的电影作品时，平台的搜索结果会将影视剪辑类 UGC 与影视杂谈类 UGC 置后，以提高用户发现这类 UGC 的搜索成本，引导用户选择观看平台的付费电影资源。当用户在 B 平台搜索无需付费观看的电影作品时，平台为满足用户的多元化需求会将该免费电影作品、影视剪辑类 UGC 与影视杂谈类 UGC 一并推荐给用户。这样观众既可选择观看耗时较长但内容详细丰富的电影作品，也可选择观看内容精炼的与电影作品相关 UGC，提高用户留存率。这事实上这也是一种搜索算法的选择性版权保护行为。

据此，提出如下研究假设：

H13a：短视频平台的搜索算法存在选择性版权保护行为，偏向保护需要付费观看的影视作品。

H13b：短视频平台的搜索算法不存在选择性版权保护行为。

依照提出的研究假设，设置如下计量模型：

$$orderrate_i = \gamma movie\_ about_i + \theta movie\_ about \times member_i + \delta control_i + D_i + \varepsilon_i \qquad (5-12)$$

公式（5-12）与公式（5-11）的区别是，公式（5-12）将原指标 platcontent 替换为 member，member 表示搜索的电影是不是 B 平台拥有版权的且需要付费开通会员才可以观看的电影，如是则赋值为 1；如果搜索的电影是 B 平台拥有版权但不需要开通会员就可免费观看的电影，则赋值为 0。member_ talk、member_ cut、member_ t_ c 分别表示 member 与 movie_ talk、member 与 movie_ cut、member 与 movie_t_ c 的交互项。公式（5-12）中的其他指标含义不变，公式（5-12）与公式（5-11）有相同的控制变量和固定效应。

以 B 平台拥有版权的上映时间在 2014~2018 年的电影名称为搜索关键词，在 B 平台搜索后得到无缺漏值的 UGC 为 459658 个。表 5-28 为描述性统计结果，由指标 movie_t_c 均值可知，搜索结果中与影视剪辑或影视杂谈相关的内容占总搜索结果的比重约为 1/5，相比前一样本有所下降。由指标 titlematch 均值可知，电影名称匹配到标题的搜索结果占比超过一半。由指标 activity_ work 均值可知，参加 B 平台活动而创作的作品占比超过 1/5。由指标 rankhigh 与 topup 均值可知，有全站排名记录的作品与头部作者创作的作品占比较低。由指标 CRstate 均值可知，接近 3/4 的作品都声明未经授权禁止转载，表明作者保护自我作品版权的意识较强。可见，变量的描述性统计结果与前一样本有一定的相似性。

表 5-28　描述性统计

变量标识	观测值	均值	标准差	最小值	最大值
orderrate	459658	0.4982	0.2883	0.001	1
movie_talk	459658	0.0657	0.2477	0	1
movie_cut	459658	0.1577	0.3645	0	1
movie_t_c	459658	0.2234	0.4165	0	1
member	459658	0.5284	0.4992	0	1
member_talk	459658	0.0423	0.2013	0	1
member_cut	459658	0.1033	0.3043	0	1
member_t_c	459658	0.1456	0.3527	0	1
ln_ugcplaytimes	459658	6.9237	2.9674	0	18.1003
ln_ugclikenum	459658	3.3993	2.7479	0	15.3298
titlematch	459658	0.5187	0.4997	0	1
tagmatch	459658	0.2552	0.436	0	1
briefmatch	459658	0.2273	0.4191	0	1
activity_work	459658	0.2391	0.4265	0	1
CRstate	459658	0.7443	0.4363	0	1
rankhigh	459658	0.0064	0.0799	0	1
topup	459658	0.0155	0.1236	0	1
ln_ugcdura	459658	5.4066	1.3137	0.6931	15.4246
ln_daydelta	459658	7.1537	0.9312	0	7.9872

表 5-29、表 5-30 与表 5-31 是本部分回归结果，表 5-29 考察影视杂谈类 UGC 在搜索结果中的位置，表 5-30 考察影视剪辑类 UGC 在搜索结果中的位置，表 5-31 考察影视剪辑类与影视杂谈类 UGC 在搜索结果中的位置。

表 5-29　影视杂谈部分回归结果

变量标识	(1)	(2)	(3)	(4)	(5)	(6)
	upname	upname	upname	upname	upname	upname
movie_talk		0.0139 ***	0.0190 ***		0.0253 ***	0.0324 ***
		(0.00271)	(0.00351)		(0.00269)	(0.00360)
member_talk			−0.00805 *			−0.0112 **
			(0.00450)			(0.00452)

变量标识	(1)	(2)	(3)	(4)	(5)	(6)
	upname	upname	upname	upname	upname	upname
ln_ugcplaytimes	0.0466*** (0.000452)	0.0464*** (0.000448)	0.0464*** (0.000448)			
ln_ugclikenum				0.0462*** (0.000421)	0.0461*** (0.000422)	0.0461*** (0.000421)
titlematch	0.322*** (0.00259)	0.322*** (0.00255)	0.322*** (0.00255)	0.328*** (0.00255)	0.328*** (0.00250)	0.328*** (0.00250)
tagmatch	0.0625*** (0.00341)	0.0619*** (0.00353)	0.0620*** (0.00353)	0.0637*** (0.00319)	0.0627*** (0.00336)	0.0628*** (0.00335)
briefmatch	0.0146*** (0.00337)	0.0140*** (0.00349)	0.0140*** (0.00348)	0.0183*** (0.00322)	0.0171*** (0.00337)	0.0171*** (0.00337)
ln_ugcdura	−0.00559*** (0.000574)	−0.00579*** (0.000578)	−0.00579*** (0.000578)	−0.00366*** (0.000575)	−0.00405*** (0.000578)	−0.00405*** (0.000578)
activity_work	−0.00794*** (0.00200)	−0.00793*** (0.00201)	−0.00792*** (0.00201)	−0.0154*** (0.00192)	−0.0154*** (0.00195)	−0.0153*** (0.00195)
CRstate	−0.00274 (0.00206)	−0.00348 (0.00212)	−0.00348 (0.00212)	−0.0105*** (0.00207)	−0.0118*** (0.00213)	−0.0118*** (0.00213)
rankhigh	0.0888*** (0.00633)	0.0884*** (0.00640)	0.0884*** (0.00641)	0.0899*** (0.00618)	0.0892*** (0.00625)	0.0892*** (0.00626)
topup	0.0283*** (0.00666)	0.0275*** (0.00662)	0.0275*** (0.00662)	0.00204 (0.00684)	0.000541 (0.00671)	0.000546 (0.00671)
ln_daydelta	−0.0135*** (0.00130)	−0.0131*** (0.00129)	−0.0132*** (0.00129)	−0.0162*** (0.00127)	−0.0156*** (0.00127)	−0.0157*** (0.00126)
常数项	0.119*** (0.00996)	0.118*** (0.00998)	0.119*** (0.00996)	0.297*** (0.00993)	0.295*** (0.00996)	0.296*** (0.00994)
固定效应	控制	控制	控制	控制	控制	控制
观测值	459656	459656	459656	459656	459656	459656
R-squared	0.233	0.233	0.233	0.218	0.219	0.219

表 5-30　影视剪辑部分回归结果

变量标识	(1)	(2)	(3)	(4)
	upname	upname	upname	upname
movie_cut	0.0178*** (0.00370)	0.0251*** (0.00312)	0.0260*** (0.00361)	0.0352*** (0.00319)

续表

变量 标识	（1） upname	（2） upname	（3） upname	（4） upname
member_cut		−0.0116*** （0.00422）		−0.0146*** （0.00414）
ln_ugcplaytimes	0.0466*** （0.000471）	0.0466*** （0.000470）		
ln_ugclikenum			0.0464*** （0.000450）	0.0464*** （0.000448）
观测值	459656	459656	459656	459656
R-squared	0.234	0.234	0.219	0.219

注：回归时控制固定效应与控制变量，不再展示，下同。

表 5-31　影视杂谈与影视剪辑部分回归结果

变量 标识	（1） upname	（2） upname	（3） upname	（4） upname
movie_t_c	0.0211*** （0.00410）	0.0278*** （0.00303）	0.0330*** （0.00411）	0.0413*** （0.00317）
member_t_c		−0.0110** （0.00445）		−0.0137*** （0.00435）
ln_ugcplaytimes	0.0464*** （0.000462）	0.0464*** （0.000461）		
ln_ugclikenum			0.0463*** （0.000454）	0.0463*** （0.000452）
观测值	459656	459656	459656	459656
R-squared	0.234	0.234	0.220	0.220

　　由本部分回归结果可知，movie_talk、movie_cut、movie_t_c 的回归系数均为正，而 member_talk、member_cut、member_t_c 的交互项均显著为负，这说明影视杂谈类 UGC 与影视剪辑类 UGC 在搜索结果中的排序靠前。同时，当 B 平台拥有版权相关电影需要付费开通会员才能观看时会降低影视杂谈类 UGC 与影视剪辑类 UGC 的搜索权重，使其不易被用户发现，由此降低此类内容对 B 平台付费观看电影的替代性。

　　另外，表 5-29、表 5-30 及表 5-31 的回归结果说明，排除缺失影片声画数据对搜索结果的影响后仍然有选择性版权保护现象存在，因为此样本是以 B 平台拥有播放资格的电影为关键词搜索得到的。在 B 平台拥有声画数据的前提下，仍然会出现降低需付费观看电影的影视剪辑类 UGC 与影视杂谈类 UGC 搜索权重的现象。

三、网络短视频产业发展建议

通过收集数据与设计计量模型发现，短视频平台确实存在选择性保护行为，但这并非说明影视杂谈类 UGC 与影视剪辑类 UGC 必然存在侵权可能性，有相当数量的二次创作可能获得了版权方的授权许可。然而，产业发展如果建立在侵权隐患上则无法实现有序发展，甚至平台自身受盈利目标、流量竞争等因素的影响还会产生通过自动化算法扩大存在侵权隐患内容传播的可能性。人工智能技术在版权传播领域的应用反而可能起到侵犯著作权的效果，若想实现短视频平台的良性发展，就要提高平台内容正版化水平。

短视频平台要实现这一目标：一是学习主流长视频平台的做法，提高购买正版影视作品的投入。二是借助技术来清除过滤存在侵权可能性的内容。YouTube 至今仍保持着用户上传内容模式，YouTube 能在侵权诉讼中保持基本经营模式的关键因素之一是 Content ID 技术的运用。这一技术帮助 YouTube 解决了平台侵权问题，不必因无法负担查出侵权内容的成本而放弃用户生成内容模式（雷逸舟，2020）。这一点可以被国内的短视频平台借鉴学习，如果平台自身无动力建设内容过滤技术，则应由政府部门通过立法等手段强制平台实施。三是充分发动平台用户的创造性，增加用户上传内容的原创性。随着内容消费场景沉淀，非原创的同质化内容会迈入"审美疲劳"陷阱，这也给"泛知识"类内容提供了一个兴起的机会，"去娱乐化"已是用户潜在需求，优质知识内容成为热门的速度在提升。

相较于影视剪辑类 UGC 与影视杂谈类 UGC，知识内容的原创性更强，侵权概率也更低，原因是知识内容创作往往基于书籍、论文等既有文献。相比于电影作品的利益相关者，文献作者的经济诉求更低，其往往有意追求他人扩散自己的研究内容，以提升自己在相关研究领域的知名度，短视频平台为这些原本呈现在纸质载体的内容提供了新传播途径。同时，优质知识内容创作者往往不会是单独讲解单一文献的内容，大多是结合诸多文献进行视频创作，这一模式与当前论文写作模式中的文献引用类似，只不过论文需要通过报纸杂志发表，而知识内容可以更方便地在短视频平台中传播，大大降低了知识类内容创作的侵权可能性。同时，知识科普内容创作也能形成良好的社会风气，让平台受众从无意义的浅层娱乐中脱离出来，促使平台用户提升个人能力，实现人的全面发展。

第六节　现状：版权保护的挑战从局部向全局发展

总结来看，通过上述理论分析与实证分析可知，当前技术正在改变一切，权利的实现和保护都建立在虚拟的数据基础上，在权利的形态中对世性被削弱甚至瓦解，从绝对的所有权向许可使用权发展，但权利实现和保护的非自主性在强化。另外，版权制度并没有随着技术进步而及时进步，技术挑战从局部向全局发展。

第一，技术进步推动版权平台化与大众化，这将促进版权更高水平的规模化，形成对版权制度的新挑战。

第二，在技术推动下知识的可及性达到了前所未有的水平，面对这一变化，法律首先要决定扩展后的可及知识是否能够使用，其次决定如何有效使用，要考虑如何实现"可及—可用—善用"的机制。

第三，避风港规则确认了技术形成的知识可及性，版权的商业化维权诉讼和反垄断等措施明晰了作品的可使用范围。

第四，避风港规则的"一删了之"草率且实效不佳，算法对平台版权的优先保护有悖于知识有效使用的要求。

版权领域是最先受到技术进步深刻影响的领域，新变化要求建构新的利益平衡安排，以实现知识生产效率最大化。为此，可从如下方向努力：

（1）建立权利登记体系为版权可及、版权可用提供基础支持。

（2）改革避风港规则，要求平台担负更多的侵权发现责任，建立版权交易促进机制，变"一删了之"为交易撮合。

（3）构造新型集体管理制度，发挥平台作用，多方合力促进版权产业发展。

（4）更新合理使用制度，重新确定新领域中的合理使用边界。

（5）明确版权行政保护的积极作为与谦抑边界。

（6）以技术制衡技术，充分利用新技术保护权利并实现权利价值。

第六章 人工智能时代版权产业发展建议

虽然不同学者从不同角度对当前所处的时代进行划分和定义，但现阶段网络的突出特点就是智能化（刘艳红，2020；李雯轩、李晓华，2022；江飞涛，2022）。我们可以认为当前已经由数字网络时代进入人工智能时代。数字网络时代的特点是互联互通互动，而人工智能时代的特点是智能化、平台化。人工智能时代的版权产业既有数字网络时代版权产业的特点，又与数字网络时代版权产业存在区别，兼顾两者共性与区别才能更好地发挥人工智能技术在版权产业中的效能，同时为改革版权制度提供参考。

一方面，数字网络时代普及了生产创作工具，大众开始非营利性创作，人工智能技术的智能创作与智能传播效果更加激励了这类非营利性创作，如何妥善处理好版权保护的创作激励效果与著作权人利益的关系是当前版权制度需要解决的第一个难题。日益频繁活跃的再创作不断提高版权领域总交易成本，如何改进合理使用制度，避免出现版权领域的"反公地悲剧"，则是迫切需要解决的第二个问题。与此同时，平台、资本与人工智能技术的结合也改变了版权产业的运营模式与利益分配方式，反垄断和私人规制权利异化也在挑战着版权制度。

另一方面，数字网络时代未解决的版权产业问题将继续困扰人工智能时代的版权产业，如版权产业政策部分失灵、著作权人对著作权集体管理组织不信任、版权行政保护不足、版权产业过分重视经济效益等。不解决数字网络时代版权产业的遗留问题，版权产业就较难稳步迈入人工智能时代。

不过，我们也应看到，人工智能等技术为问题的解决提供了一些新的方案，成为推动版权产业良性发展不可忽视的力量。

第一节　降低版权交易成本

一、合理使用制度的改进

合理使用制度的核心问题就是如何降低版权许可授权流程中的交易成本，这建立在对著作权作品许可行为的准确理解上。

在私法领域，许可可以在不转让所有权的前提下让渡财产使用权。著作权许可又称著作权授权使用，是著作权人通过合同授权他人以一定方式使用自己作品，并获取经济利益的法律制度安排。传统的著作权许可方式是明示许可，即许可人必须以语言明确表示允许被许可人使用作品，这种机制也成为学者诟病的"许可文化"（Chused，2014）。但是，非标准化使用、孤儿作品作者难以找到等问题提高了明示许可的交易成本，尤其是在数字网络环境下，高许可成本与低作品传播成本之间更形成了强烈对比。

从社会效果来看，强制要求事前授权必然影响传播效率，若将传播效率的优先权放置在许可效率之上，就需要允许作品被无障碍使用。事实上，公众忽视获取许可直接使用作品的行为，促使网络服务提供者从著作权人处批量获取作品使用授权，弥补大量用户行为给著作权人带来的损失，这些社会实践在一定程度上成为修正措施的催化剂（科恩等，2016）。如今，各界批评著作权制度的目的是，促使著作权制度完成由许可效率优先向传播效率优先的转型（Fagundes and Masur，2012）。

民法的意思表示有明示和默示两种。以民法中的"默示"概念为基础，可以考虑构建一个版权法中的默示许可制度。版权法中的默示许可制度是在无明示的情况下建立许可关系，判断要点是权利人的客观行为是否构成存有默示许可的信赖。这样版权领域的默示许可制度就成了具有涵摄力的制度构建，摆脱了个别而零碎的规定。这种制度更有张力和弹性，减少了版权保护与知识共享诉求之间的摩擦，适应了数字网络时代的信息传播。

微信平台可谓是应用默示许可制度的典例。微信平台传播的诸多内容都享有版权，但为方便内容传播转发，很少有人去申请许可。按照现有著作权法规定，因为缺少明示许可，侵权是微信平台中的常态。但是，确立默示许可制度后，考虑到微信的用户习惯，基于微信平台中图片、文字发布者的分享行为就可以推定其默示许可他人转发自己的作品，这种制度安排可以改变微信平台中的"普遍侵权"怪相。

日本漫画产业也曾存在过有明显侵权嫌疑的"同人作品"现象。所谓"同人作品"，就是在原作的基础上进行二次创作，这种二次创作会直接借用原作品中的人物形象与世界观等信息。但是，相关著作权人并非直接通过诉讼来解决问题，而是与同人作品作者协商，进而对同人作品的利用加以限制（He，2014）。著作权人往往利用灵活的"声明"等非法律手段来阶段性调整自己作品的版权策略，如著作权人可以在网站声明不追究限定区域、限定时间的特定利用行为的侵权责任，这种灵活政策能够适应不同的市场战略需求（刘颖、何天翔，2019）。

由此可见，应对不同市场采取不同版权策略应成为行业通识。由于数字网络时代人人都能成为创作者，传统的创作者与消费者之间的界限被打破，对用户生成内容采取强硬的知识产权策略无疑是站在消费者的对立面，对作品的推广非常不利，灵活的版权策略将有助于推广作品和获取作品收益。

音乐产业的强制许可制度也值得借鉴。音乐产业极为发达的美国采取了强制许可制度，该制度旨在降低音乐产业的版权许可成本（Abrams，2010）。强制许可制度是版权人默许他人不经自己许可使用其作品，使用人只需按照规定的费率支付费用即可。这一制度适应数字网络环境，极大地提升了音乐作品的传播效率，同时也能有效预防音乐版权垄断行为。目前，在我国知识产权领域，只有专利制度中存在强制许可的规定。在版权的一些特定领域和特定情况下建立强制许可制度，有助于实现私人利益与社会利益的再平衡，值得纳入我国版权法的改革视野。

另外，从发展人工智能技术角度来讲，日本的柔性合理使用制度可供参考。日本的著作权法的合理使用条款是封闭列举式的，缺少灵活性，只能在技术进步的背景下不断修改。成文法的滞后性也限制了日本信息产业的发展，如日本国内的 goo 搜索引擎就因得不到合理使用制度的保护而失去了市场份额。为解决封闭列举式的问题，日本推出柔性合理使用制度，增加该制度的开放性。与柔性合理使用制度相关的条款之一是非享受性使用条款，非享受性使用条款规定在必要的范围内，在利用作品不会给权利人收益带来不当损失的前提下，即使利用作品不仅是为了个人享受也可利用作品。这个必要的范围限于三种情形：一是影音技术开发试验，二是信息分析，三是除前两种情形和计算机运行计算机程序作品外的计算机以不被人识别的方式利用作品信息的行为。

我国也是成文法国家，2010 年著作权法的合理使用制度仅列举了十二种可以适用合理使用制度的具体情形，无法适应技术改进趋势。2020 年著作权法增设第十三种情形：法律、行政法规规定的其他情形。这提升了我国合理使用制度的开放性。参考日本的柔性合理使用制度，其他情形主要包含三类：一是技术开发涉及信息处理时对作品进行的必要使用，但该使用行为不能是出于享受作品的目的。二是向公众提供结果时进行的必要且轻微的使用作品行为，如信息检索的缩略图、人工智能提供的信息分析结果等。三是为提供作品服务而对内容的复制，这主要与网络服务提供者相关，目的在于帮助网络服务提供者提升信息传递服务质量（郑重，2022）。需要注意的是，目前国内侵犯版权的行为还十分泛滥，盲目扩大合理使用范围可能会抑制创作动力。为避免过度侧重公共利益而出现"同案不同判"的个例，应对这种其他情形进行限制。

二、版权登记交易平台存在的必要性

我国著作权法没有建立法定登记制度，作品完成后自动获得著作权。登记环节的缺失虽然节约了登记成本，但也使权利缺少公示，导致权利状态不清晰，权利人难以联系。潜在使用者面对较高的权利人搜寻成本可能会放弃使用作品或者冒险在未经授权的状态下使用作品。另外，缺少登记公示也会影响权利人的报酬。

事实上，随着技术发展，版权内容的数字化已经显著降低了版权的登记成本，诸多关于版权登记制度的构建想法也被提出。第一种观点认为可以依照作品是否登记来决定对版权作品的保护强度，即登记后的作品可以得到更强的保护。但不可忽视的是，在数字网络时代几乎人人都是创作者，如果推行版权登记制度，其中的制度成本将难以计数，甚至出现确权成本超过作品本身价值的现象。从审查角度来讲，海量审查任务压力是难以承受的，而不作实质审查的形式主义登记无助于解决当前权利人不清晰的问题，甚至会出现一类作品有多个作者，而每个作者都对作品有部分贡献，且作者们在权利分配上不能达成一致的情形。版权登记本质上是服务市场交易的制度，致力于实现作品市场价值。很多受版权保护的作品并不存在市场价值或者价值甚微。例如，大量电子邮件并不是因著作权激励而创作的，其难以独立实现商业价值，因此版权登记制度应重点保护有商业价值潜力的作品。

现阶段，可以考虑创建一个具备版权登记与版权交易功能的一站式平台。信息技术发展为版权登记与交易提供了规模化、专业化与集约化运营的契机。当然，一个体量巨大的跨部门版权交易平台不可能是一蹴而就的，其推进需要政策支持，英国版权交易中心就得到了政府在战略上的重视及资金支持（吕炳斌，2017）。当前，我国版权交易平台处于起步阶段，运行机制还不完善，且有各个交易中心各自为战、条块分割的特点，限制了其影响力与效率。为此，有必要由政府出面牵头建立一个统一的版权登记交易平台。

对于网络平台而言，网络服务提供者现阶段有两个可以解决著作权纠纷的方法：第一是依托平台资源搭建一站式授权资源库，使平台内用户可以在本平台范围内自由使用相关版权资源，免去逐一授权的协商成本。在此基础上，平台还可以与著作权人合作，搭建版权资源库，用以检测侵权冒用行为。第二是标准化作品使用和利益分成方式，协调好网络服务提供者、著作权人与平台上传者之间的关系，按照合理可预期的规则分享上传作品的直接或间接收益，在这一过程中既要及时发现并通知著作权人潜在侵权问题，也要引导上传者使用正版资源。

第二节　运用人工智能技术保护版权产业

当传统司法救济难以应对大批量网络版权侵权问题时，版权人开始寻求私人技术措施限制未经许可的访问作品行为，并探索出了数字权利管理系统、分级应对机制等不同模式。

数字权利管理系统（Digital Rights Management，DRM）本质上是以技术措施为基础的作品保护系统，主要功能是限制未经授权的访问和辅助作品交易定价。利用这一措施可充分保护著作权人权利，激发著作权人的创作热情，著作权人还可以同时在多家平台上提供服务，并针对不同客户群体提供不同版本，以更高安全性和效率获取收益。数字权利管理系统作为一种事前救济是事后救济的有效补充，从源头阻止了未经许可的使用、复制、传播行为。但是，数字权利管理系统并非完美，这种技术方案仅能机械地阻止所有未受许可的接触行为，这种僵化模式无法有效辨别合理使用行为，制约了合理使用制度发挥平衡著作权人与公众利益的功能。

数字权利管理系统限制接触，但不能有效限制传播，为应对未授权的传播复制行为，形成了"分级应对"的补充替代机制。分级应对机制是指当涉嫌侵权用户在收到多次侵权警告后仍继续侵权，网络服务提供者可以限制、中断其访问网站的权利。这一规则赋予网络服务提供者一定的制裁权力，以保护著作权人的合法权益。对著作权人来说，切断网络接入的惩罚对珍视网络接触的群体可以起到威慑作用，以简化流程打击侵权人的不法行为。对网络服务提供者来说，切断侵权用户的网络接入也能消除其共同承担侵权责任的风险。对侵权用户来说，分级应对机制让其有了矫正违法行为的机会，起到了正向教育作用，减少了法律诉讼风险。然而，分级应对机制也有一些负面效果。首先，网络服务提供者要额外承担发现用户侵权行为的义务，对用户的监控会涉嫌对用户隐私的侵犯。其次，中断用户接入将直接剥夺公民的言论自由等权利。最后，该技术还不成熟，有错报误报的风险，甚至会剥夺用户合理使用的权利。

版权保护离不开司法、行政手段，也离不开区块链等加密技术发挥辅助作用来完善版权登记交易等制度。随着人工智能技术的成熟与著作权资源库的完善，人工智能在网络盗版检测等方面发挥着积极效果，能够有效打击盗版侵权问题。人工智能技术的应用可以在一定程度上弥补上述技术方案的不足。结合当前人工智能技术发展趋势来看，即使在弱人工智能阶段，人工智能也有人脑的部分认知分析能力，已经具备法律案件分析的功能，能够自动处理重复性法律工作，开始应用于起草、检索、汇编、审查、预测犯罪、咨询等法律领域。当前，在调和著作权人、网络平台与作品消费者矛盾等方面，人工智能技术得到了更多的运用。

一、人工智能技术与避风港规则改善

互联网文化的景观之一就是大众对网络热点事件的评论。在微博这类活跃的社交网站上，几乎在新闻事件发生后的几分钟内就有戏仿评论出现。在当今信息饱和的时代，优质的用户生成内容在各种文化中都扮演着不可忽视的角色，但也无法回避那些充斥在网络空间中的戏仿行为带来的版权问题。用户生成内容是一种演绎创作，对他人原创内容的大量借用会有剽窃的嫌疑。不过，用户生成内容与剽窃在目的上是有区别的，前者是为了讽刺，后者则是混淆视听，是一种欺骗行为。用户生成内容的讽刺功能的实现取决于读者与观众对用户生成内容所指对象的辨认及认知。剽窃则试图掩饰原作品的来源与作者信息。剽窃是一种在道德、商业上引发广泛谴责批评的行为，如果将用户生成内容与其画等号，则会贬低用户生成内容的价值。因此，打击剽窃既有利于原作者，也有利于作品的消费者，但应区别对待非剽窃类用户生成内容。此时，我们就要引入具备此种功能的人工智能技术来进行筛选，并在此基础上调整相应的制度安排。

随着版权库的初步建立，人工智能在视频、音频对比领域应用技术的成熟，打击剽窃的成本开始下降。人工智能技术在侵权过滤中得到了更多的应用，这可以缓和消费者与原作者的矛盾。但是，作品是平台吸引消费者的关键，网络平台自身没有去识别并清除自己平台盗版作品的动机，往往处于"不告不理状态"，平台在未接到举报的前提下，不会主动删除内容。因此，随着人工智能技术的成熟与盗版检测成本的降低，有必要逐步要求网络平台负担发现并清除盗版内容的义务，这也将有利于缓和网络平台与著作权人之间的矛盾。

为解决内容过滤技术错误屏蔽的技术缺陷，国外平台做了一个很好的示范。2007 年，YouTube 推出 Content ID 功能对作品内容进行过滤，一旦发现用户上传内容与他人已有内容类似，就会向该权利人发出著作权主张，原著作权人可以选择屏蔽、变现或追踪。很多用户生成内容都是对他人作品的再创作，通过加入他人内容以扩大自己作品的影响力，这种创作往往会涉及多个作品，分散化使用及构成合理使用的模糊性提高了授权的交易成本。变现规则超越了避风港规则，允许作品保留，使原作者与二次创作者共同分享创作收益。考虑到大多数原创作者都接受了变现规则，用户生成内容与原作品市场重合较少，著作权人从用户生成内容中获取的收益要大于移除用户生成内容获取的收益（黄炜杰，2019）。

避风港规则实际上是侵权归责原则中的财产规则，权利未经允许是不能流转的，网络服务提供者为了免责就必须按照著作权人的通知删除相关侵权作品，这一规则在交易成本较低时是可行的。比如，在没有网络技术或者网络技术处于发展初期时，用户传播内容往往是对他人作品的完全复制，此时界权成本低，避风港规则有其合理性。但是，界权成本高时，避风港规则失去了制度优势。变现规则属于责任规则，允许权利流转，将潜在侵权行为撮合为事后授权使用。在这一过程中，网络服务提供者履行了内容审查义务，同时从用户上传内容中获取利益，不再受制于避风港规则的不确定性，用户可以自由使用他人作品进行二次创作，且作品能免于下架。原著作权人也在这一过程中获得了新的收益，普通用户也能从二次创作中受益。

自美国《数字千年版权法》颁布实施以来，信息技术不断发展，互联网中的版权产业利益分配格局发生变化，打破了网络平台与版权人的利益平衡，加强网络平台义务并保护著作权人利益成了一个大趋势。与美国类似，欧盟也在强化网络平台的义务，这成为网络版权制度的改革方向。如今的网络生态已经发生重大变化，用户数量、服务种类、网络传输速度都在发生巨变。侵犯版权行为激增，平台的检测识别能力在不断提升，与此同时，用户生成内容成为网络平台的流量来源。不让网络平台承担内容过滤等更高的义务就是对著作权人的不公（李铭轩，2021）。

事实上，当前已经逐渐进入智能社会，算法成为一类社会治理工具。算法在版权领域的应用已不罕见。2018 年，YouTube 推出用于识别重复上传内容的 Copyright Match Tool。在国内，百度文库在 2011 年推出盗版检测系统，监测上传文件是否侵犯版权。字节跳动也推出保护视频版权的系统，发挥机器审核的作用。国家版权局在"剑网 2018"的行动中也要求利用技术提高处置盗版侵权内容的效率。

主动利用技术监测移除侵权信息已不是平台难以负担的责任，避风港规则的发展将越来越依靠算法，形成"算法通知—算法删除"模式（易健雄，2021）。在"算法通知—算法删除"模式下，通知和删除这两个步骤都由算法自动处理，省去了平台与自然人之间的联络环节，平台的责任也应调整。推定知道是平台注意义务的下限，一般性审查要求平台负担对平台中的信息进行审查的义务，这是平台注意义务的上限。在推定知道与一般性审查的中间地带，平台的注意义务要受三种因素影响。

第一，版权人为平台提供作品过滤所需信息。"算法通知—算法删除"模式需要版权人与平台合作，版权人为平台提供作品信息就能让平台算法精准识别侵权内容。与此同时，平台应对作品处于版权作品信息库中的著作权人承担更高的注意义务。

第二，平台知道某种侵权行为存在。这里的知道不仅是因权利人具体通知而知道某一特定平台内容有侵权嫌疑，也包括知道某一类非特定的内容有侵权嫌疑。比如，权利人要求下架与自己某一作品相关的侵权内容，这种内容的范围是不具体的。在算法不断发展的今天，平台借助算法可以识别出平台内与某一作品相关的侵权内容，平台应尽可能地移除这些侵权内容。

第三，平台用算法向用户主动推送内容。当平台不主动对信息进行选择、推荐等行为时，平台有"技术中立"的特征，受避风港规则保护。当平台主动推荐信息时就将获得更多的流量利益，将因自己的行为承担更高风险，不再受避风港规则保护，此时算法技术不再中立，构成"视为知道"。比如，应用算法主动识别内容，并将用户想要的搜索内容呈现给用户，这种算法深度介入内容，可以为网络平台带来高额流量，因此也应承担更高责任。

二、人工智能技术与合理使用的辨别

专家系统是人工智能领域最早的法律推理实践，通过搭建知识库与推理引擎来实现解读权威法律条文的目标。在此基础上将法律文本规则转化为标准计算框架，实现对输入内容的推理演绎，得出相应结论。马萨诸塞州大学的 Kevin Ashley 团队研发了智能案件推理系统 HYPO，该系统由维度库与案例数据库组成。维度库是用于分析检索的索引，以编码的形式呈现法律指标，根据不同维度可以检索出一批相关案例，之后对比已有案件与现有案件的重合程度，进而得出案件的论证观点。Law Geex、Ebrevia 系统、基拉系统（Kira System）及罗斯智能（Ross Intelligence）作为当今法律领域的顶级人工智能辅助系统，凭借强大的学习能力在查找提取数据、跟进法律更新等方面为法律实务带来颠覆变革（张海宁，2020）。案例与法律规则相结合的人工智能法律推理模型可以有针对性地解决"一刀切"式处理合理使用现象的问题。

由于创作的继续性，在先作品会成为后续作品的组成部分。比如，很多网络视频是对他人影视作品的剪辑。摄影器材的价格下降及视频的网络传播使公众能够依靠自己的才能创作具有独特价值的视听作品。学者将这种创作模式称为纳米媒体创作，彰显其成本低廉及原子化创作的特质（Johnson，2008）。然而，由于预算约束，纳米媒体创作者并没有调集创作所需辅助素材许可的能力。这造成了一个尴尬的局面：一些人拍摄的影像资料仅能自己使用而不能发挥社会效用，致力于作品创作的作者受限于作品许可无法获得创作所需素材。一边是资源的浪费，另一边是无效率的资源配置。

这种局面是网络传播效应与创作条件普及背景下著作权法的激励目标和许可成本之间的矛盾。这种矛盾是固有矛盾，只不过在当前技术背景下被放大，导致创作被割裂。所有作品都是文明沉淀的表现形式，其在创造层面的差别在于独创性大小，独创性与过往的积淀有密切联系。随着网络的广泛渗透，人们的审美已经由沉浸式转换为快速体验式。创作行为也由自上而下的教导式变为平行共享式。对广大公众来说，平行共享式更有可接受性，更符合民主时代特征。因此，解决激励与许可的矛盾就是在许可与创作之间搭建沟通的桥梁，使著作权制度能够与新技术背景下的创作模式相匹配。

如何界定海量信息成果的产权是现代产权制度面临的一大挑战。创作信息产品曾经是精英的特殊技能，如今却已是大众的一种生活方式，为这些成果界定产权边界是当今的重要议题。任何产权都不是免费的，想要获得产权激励，就需要支付产权界定成本。

许可成本阻碍着作品传播。由于版权有私权属性，版权人有权决定如何许可及是否许可。鉴于此，他人使用受保护的作品前应取得许可。然而，版权许可制度的适用非常困难，许可成本非常高昂。在传统环境下，版权人直接许可的成本是可控、可知的，许可行为容易发生。但是，用户生成内容中，传统的许可模式难以实施。从版权人角度来看，版权人与所有使用者订立合同的成本十分高昂（兰德斯、波斯纳，2016）。从用户角度来说，其创作内容中包含大量版权归属不明的作品，这导致传播者与使用者处于不确定的法律状态中（吴伟光，2008）。

因授权难而产生潜在的侵权问题困扰着后续的创作者，这不利于文化发展繁荣，因此有必要训练人工智能形成判断二次创作类用户生成内容是否构成合理使用，以及在何等程度上构成合理使用的能力；如果构成合理使用，则保留用户生成内容，如果构成侵权，则下架该用户生成内容。进一步地，训练人工智能发现用户生成内容中构成合理使用比例的能力。这样，即使用户生成内容包含部分侵权内容，也可保留该作品，只是应按照原创与非原创内容的占比在原作者、用户生成内容创作者与网络平台之间分配利益，以调和三者之间的利益。

当然，这一技术也只是构想，毕竟目前人工智能技术在盗版检测方面的应用只是刚刚起步，但是近期人工智能在法条理解方面的进展让大众看到了技术曙光。推进算法判断合理使用程度有挑战性，但并不意味着其不可行。在出台反规避技术措施的相关规则时，就有学者提出将合理使用相关法规编程的代码植入数字作品管理系统中。Yu（2006）提出合理使用的边界与范围是不确定的，但这不意味着不应将合理使用规则纳入数字作品管理系统中。尽管"芯片法官"仍是空中楼阁，但机器学习技术创建的识别数据模型可以自行拟定数值来避开预设数值的挑战，增加算法判断合理使用的公正性与可行性（Burk，2019）。学者对美国法院有关合理使用判决的实证分析表明，合理使用遵循特定的决策模式，机器学习可以借助以往案例数据进行模型训练，并将该数据集与未来的事件和场景进行匹配，进行相应的预测判断（Beebe，2007；Burk，2019）。因此，合理使用的算法模型不追求高精度，而是进行可能性判断（Yu，2020），即算法主要判断相关内容落入合理使用范畴的概率。

第三节　平台算法的有序发展

一、明确平台算法的行为责任

网络平台的算法没有动力去保护版权，甚至出现选择性保护版权的现象，可以从垄断行为与侵犯著作权两个角度来界定平台算法行为的法律责任。

搜索中立要求搜索引擎提供的结果不受利益与倾向干扰，且按照信息有用性排序（阳东辉，2021）。反对搜索中立者认为算法设计者的主观性难免会影响算法程序的运行方式，同时何种算法才算中立公平是缺少统一标准的。当政府确定统一的标准后，用同一关键词在不同平台搜索得到的结果是同质化的，这种确定性中立标准将抑制算法技术创新，降低社会福利。认同搜索中立者则认为搜索算法不可区别对待信息，算法应按照一般规则而非个人标准排名，避免出现对某一信息的流量封锁，这将侵害使用者福利，降低搜索质量。流量本质上是数据与用户使用时间的结合，具有通用性和稀缺性。平台封禁就是用减少流量的方式扼杀后来者与竞争者，限制其他平台的用户增长。平台封禁还会形成数据孤岛，数据难以流动，使其他平台的算法得不到优化，遏制了技术创新（杨东、黄尹旭，2022）。

当平台技术发展能够提高社会福利总量，且无法获得全部技术进步收益时，政策应尽力保护技术研发收益和维护创新平台的权益。但是，如果平台仅是将既有技术排列组合形成新商业模式，则政策应保护后续挑战者的权益，避免在位者形成垄断地位（杨明，2022）。在欧盟的司法实践中，搜索算法中立是判断搜索引擎滥用市场优势地位的标准，算法若偏向某些网站则可以认为算法有偏见，由此承担滥用主导地位限制竞争的责任①。

但是，当前版权相关网络平台的搜索引擎算法非中立行为较难视作垄断行为。首先，我国反垄断法、《关于平台经济领域的反垄断指南》都未规定如何规制搜索引擎非中立行为。其次，搜索引擎算法是平台企业的核心秘密，不宜直接向竞争对手或公众披露。依照"谁主张谁举证"的原则，原告要想证明搜索引擎算法非中立，侵害自己商业利益，就需要证明算法存在非中立行为。最后，在选择性保护版权行为中降低影视杂谈类 UGC、影视剪辑类 UGC 等用户上传内容的搜索权重有正当性外衣，因为这些内容往往有一定的侵权性，避风港规则赋予版权相关网络平台治理盗版内容的权利。

可见，从垄断角度认定平台选择性保护版权行为责任较难，但可从侵犯著作权角度来规制这一行为。在个性化信息服务中，用户能否接触侵权内容主要由平台决定而非上传者决定。当平台主动向用户推荐内容时，就应承担主动传播的责任，但这也给侵权行为判断标准提出了新挑战。当平台拥有相关影视作品的版权时，算法加大对有侵权风险内容的过滤清除力度；当平台无相关影视作品版权

---

① 谷歌的 27 亿美元罚款突出了"搜索中立"和防范守门人的重要性 [EB/OL]. （2017-06-29）. http：//www. techweb. com. cn/world/2017-06-29/2549348. shtml.

时，算法降低对有侵权风险内容的过滤清除力度。这就形成了两种轻重不同的过滤清除力度，平台应遵守何种标准缺少相关规定。但是，可以肯定的是，当算法能够提供较强的过滤清除力度却因盈利而不提供时，就应认定平台侵犯著作权，应进行相应处罚。但是，具体的处罚标准还需斟酌，毕竟相关广告收入、获得竞争优势、新增用户量与用户使用时长都属于难以直接计算的经济收益。另外，法官可以缓和"谁主张谁举证"的举证责任分配规则。当出现算法纠纷时，平台应承担次级举证责任：被侵权人证明否定事实，行为人应证明其已履行义务，即平台应证明自己已经尽全力优化、监督算法，而非由算法相对人证明算法可以做得更好（林洹民，2022）。

二、对平台及其算法展开穿透式监管

近年来，网络平台凭借技术优势侵害平台用户权益的现象屡见不鲜，这挑战着法律制度与国家公信力，打破了效率与公平的平衡，放任发展无益于社会进步与经济发展。通过调查、处罚、立法等手段规制网络平台企业已成为网络经济较发达国家的基本共识，但政府管制也面临着挑战。

首先，在网络基础设施建设取得巨大成就的前提下，网络规模经济有了良好的实现环境，拆分平台只能退回高交易成本的模式，不利于经济增长。平台主要权利都在资本手中，因此网络平台经济良性发展的前提就是要区分资本问题与平台自身问题。其次，网络平台企业已高度介入社会经济和国家治理等诸多领域，网络平台企业巨头甚至逐步成为提高与改善国家经济的重要力量。仅仅治理网络平台"无序扩张"这种表面行为只能陷入政府规制与资本扩张的双向循环中。最后，现实对治理手段提出更高要求。当前的治理模式以行政监管为主，但政府面临监管职能分配不清晰、监管对象难认定、监管工具难选择等困难（魏小雨，2019）。事实上，政府对网络经济持"先做后审"的包容态度（胡凌，2016），此时的监管是一种形式监管，而要有效治理种种网络平台乱象，就必须适用实质监管模式。在网络平台领域，实质监管应是穿透式监管。

在形式监管模式下，网络平台拥有组织生产与控制权利，监管部门面临极大困难。监管活动需要密集信息，平台凭借算法等技术既降低了信息可读性又垄断着信息获取路径。因此，监管部门只能要求平台加强自查（赵鹏，2016），这在一定程度上承认了平台对网络社会的主导作用与控制力，平台也有了与监管部门博弈的机会，并不断采取技术手段来减轻自身责任，如主张技术中立、自身具有公共基础设施属性等。平台更是借着自我规制的机会增强对数据与用户的控制，以追求更大利益，拥有更大权利（张凌寒，2022）。

穿透式监管就意味着监管部门重新掌握了组织生产与控制权利。在形式监管模式下，政府重点监管企业行为。这种监管思路的一大问题是算法营造了"自动化"的假象，平台将其主观意图藏在技术面纱后面，以逃脱主观过错责任，监管部门只能根据事后结果追责，治理行为有滞后性，这就放任了网络平台的不良行为，网络平台也获得了监管套利空间。

从基本技术逻辑来看，算法在平台搭建及运行中有决定性作用，决定着平台运行模式（张凌寒，2021）。穿透式监管就是要透过企业行为，直接监管内部算法，打开算法黑箱，增加算法透明度。在具体措施上，穿透式监管要保证网络平台算法信息至少要对监管部门透明，这一透明要求在本质上也是对传统规制模式的回归。在算法透明的基础上监控平台以单边权利阻止网络平台借助数据与算法优势侵占平台使用者的权益，防止平台权利绝对化。

有三种对平台及其算法展开穿透式监管的方法：一是搭建治理信息网络，发挥管控功能，登记备案网络平台的名称、服务功能、算法分级分类等信息。二是为社会公众提供事后维权渠道，以分散化监督机制及时惩处算法违法行为。三是在事前、事中阶段发现违法算法行为，实时执法，避免算法危害的发生与升级。具体措施体现为主管部门评估整改算法安全相关问题，分析推荐算法原理，研判算法风险。基于此，还可以考虑设立第三方检验机构，该机构应有政府部门授权，进入网络平台后台查阅代码与数据，同时负有保密义务，以此种方式克服平台监管中的信息不对称问题。

第四节　配套制度的完善

改革开放至今，我国已基本建立起现代版权产业制度，克服了版权作品与有效供给不足服务的问题。现阶段的版权产业已不仅仅是国家意识形态的一部分，还逐渐衍生出产业经济功能、文化贸易功能、国家发展战略功能。得益于技术进步，版权产业发展迅猛，大大满足了人们的精神文化消费需求，版权产业发展也反过来影响经济与文化。为实现文化强国的战略目标，进一步推动文化数字化进程，要高度重视版权产业的发展战略规划。

首先，坚持法治创新，立法保护版权产业发展。版权产业高质量发展的保障是法治，它能提供制度便利，让版权产业有法可依。版权产业的立法工作是"依法治国"在文化领域贯彻的结果，是健全版权产业体系、创新经营生产机制的必然要求。长期以来，国内版权产业立法相对滞后，且多以法规与规章为主，缺乏约束力与执行力。由于版权产业的体系庞大，不同区域的版权产业发展情况不尽相同，许多领域还存在法律缺失与空白，相关配套部门的规章与行政法规协调性差，版权产业法治体系化道路仍任重道远。新技术在版权产业广泛而深入的应用催生出了虚拟化、信息化、网络化、数字化、智能化等众多新型业态，对版权产业法治的人才素质、技术环境、执行程序等提出了更高要求，进而对版权立法、司法提出了更高要求。

其次，版权产业需要良好的外部制度环境。一是要建立一套评估法律实施效果的反馈机制，及时发现法律中存在的问题与可行经验，修订、补充相关法律以增强其实用性与针对性。二是要在全社会中形成法治上的共识，在生产层面要加强行业自律，保护鼓励公平竞争，制止不正当竞争行为，净化版权产业市场环境；在传播层面要弘扬法治精神，加强人们对知识产权属性的认知，形成拒绝盗版抄袭、支持正版原创的社会氛围。

最后，正确认识市场机制的重要性。一是完善现代版权产业政策，要做到以知识产权保护为核心、消除观念障碍、充分发挥市场机制这三点。二是要消除版权产业发展中存在的"等""靠""要"思维观念，确立以竞争力为生命力的产业发展理念。从国家扶持角度来看，应构建成果导向型激励机制，准确、科学地考核产业发展成果，让版权产业主体将产品意识与精品意识植入发展目标中。通过制度创新和体制改革激发企业活力，将科技作为版权竞争力，从根本上消除版权产业对政策的过度依赖。三是版权产业同时存在供给过剩与供给不足两个问题，版权产业的市场机制远未有效发挥资源配置作用。改革开放以来的经济奇迹说明市场是调节供需的重要手段，市场机制能催生供给的多元化与多样性，这也契合版权领域"百花齐放、百家争鸣"的原则，符合我国供给侧结构性改革需要，因此要进一步深化版权产业领域的市场化改革。

一、制定推动人工智能与版权产业良性互动的产业政策

当前，虽然人工智能技术在众多领域冲击着版权保护制度，但我国版权产业与人工智能技术的融合尚不充分，无法完全发挥人工智能技术对版权产业的促进作用。版权产业中的各企业往往从自身利益出发，无法形成良性版权产业发展格局，这就需要政府部门结合人工智能特性给出产业发展指导建议与支持，要从版权数据整合、技术部署、资金支持这三个方面推出有力的支持政策，加快促进版

权产业成为新时代高质量发展的典范产业。

（一）整合版权数据

第一，应明确数据共享的类别。试图将所有版权数据汇集在一起可能会适得其反，应按照新闻、声音标注、电影构图、用户体验等类别设置版权数据子集。

第二，单单汇集数据是不够的，必须根据数据质量对数据进行再处理，这一过程需要具有相关知识的中介团体将原始数据转换为标准格式数据，这些标准数据应能与人工智能技术对接，有利于促进大数据集应用于版权产业解决方案。同样，数据模型也要反映数据信息与数据结构，对版权相关企业来说，共享数据模型是比共享数据更能接受的。可以将共享数据模型作为版权产业利益相关者合作的第一步，这种数据模型应是透明、高质量且无偏见的，要能适应不同的创作环境。

第三，应该完善不同版权产业利益相关者的合作沟通机制，以进行数据治理。数据治理应以信任为基础，成员共享利益并相互协作可以增进价值。为实现这一目的，应加强同行间的交流，可以首先在个别私人团体内达成数据共享协议，之后再建立和开通第三方共享数据平台。

（二）部署人工智能技术

第一，要让版权产业参与者重视用户的作用。技术变革推高了消费者在版权产业中的地位，版权产业要不断应用人工智能技术来连接和服务用户群体，吸引消费者的注意力，让消费者参与内容互动。广大的用户数据也是训练无偏人工智能模型的基础，这将帮助版权企业思考如何适应目标群体的消费偏好。

第二，版权企业管理层要以身作则应用人工智能技术。将人工智能技术嵌入到版权作品创作流程中，要做出巨大改变且有可能会受到利益相关者的激烈抵制。版权企业管理层应全面评估人工智能技术的优劣，并进行相关变革，优化工作流程与组织结构。同时，管理层要提升自身数字素养，既要认识到自有版权数据价值，也要发现数据共享与应用人工智能技术的风险和机遇。加大投资力度培养熟悉人工智能技术的版权产业工作者，培训各层级的利益相关者。除了学习人工智能知识，还要学习人工智能应用于版权产业的实际能力、人工智能技术道德与算法透明等知识。相关高校与专业也应开设人工智能常识课程，为未来人工智能技术在版权产业的应用提供人才储备。同时，注重让版权产业工作者了解人工智能技术可以提供何种帮助，这将迅速且低成本地提升版权产业应用人工智能技术的能力。

第三，版权产业创意人士与人工智能技术开发者应紧密联系，增进彼此之间的了解。版权产业创意人士需要了解人工智能技术发展将如何克服版权产业的挑战，以及人工智能技术的局限是什么。人工智能开发者需要了解版权产业不断变化的技术需求，并设计基于人工智能技术的解决方案，这种双向交流非常重要。同时，各个版权子产业之间也可展开技术交流，如电子游戏产业的技术人员可以常驻电影产业，发挥自己了解人工智能与版权产业的优势，对相关电影项目提供技术指导与支持。这种产业内的交流可以确定各子产业的改进方向，发现和确定人工智能影响和提升版权产业的路径，实现两者的双赢。

（三）政府择机介入

当前只有大型网络平台才有资金投入人工智能技术领域，因为这些技术可以服务于整个平台的生态，传统版权企业更倾向于借用现成的人工智能解决方案。这就需要引入一定的公共干预，由政府部门出面帮助版权产业应用安全且成本可负担的人工智能技术。在具体措施上，政府部门应明晰不同版权子产业的差异，如电子游戏产业的人工智能技术缺口相对较小，而传统版权产业的人工智能技术缺口较大，部分传统版权产业甚至都不知道何为人工智能，何种技术最适合自己。这就需要政府有针对性地提供相应的人工智能技术方案。

在资助资金分配上，政策制定者可通过开放测试人工智能技术工具来帮助版权产业利益相关者了解人工智能技术，并在此过程中发现何种技术适合自己，发现人工智能技术提供的潜在商业机会。如果有版权企业希望自行投资人工智能技术，但缺少足够的资金，政府可以在评估项目可行性的基础上提供过渡性基金或贷款。

二、重视版权产业的社会价值

习近平总书记在庆祝中国共产党成立一百周年大会讲话中提出"人类文明新形态"这一概念，其内涵是坚持中国特色社会主义，推动物质文明、政治文明、精神文明、社会文明、生态文明协调发展，创造人类文明新形态。工业革命以后，资本主义文明与其生产方式已为人类世界文明发展与进步提供了版权作品、版权产业及文化市场体系。版权产业本质上是思想产业，文化市场则是思想市场。后工业文明时代，中国能否满足人类文明转型发展的历史性逻辑需要，就要看中国版权产业如何发展。

版权产业是社会精神生产系统，版权产业的力量来自版权产业的基本单元：版权内容、版权力量由作品内容实现。这种内容是能启发人、感动人、给人精神需求满足的内容。不能产生精神和文化内容的产业不是版权产业，版权产业文化生产力的核心就是精神创造力，缺少精神创造力就缺少创新。自从人类社会步入有意识的自觉的发展阶段后，物质世界的一切产品都具有观念性和精神性，人的品质消费与外观消费都是借助消费品的载体形式展现出来的，原本的物质秩序演变成精神秩序，版权产业秩序成为社会文化秩序的外在表现形态。

意识形态是最重要的精神文化，在所有文化生产体系内有特别重要的意义，极受当代国家的文化治理重视。我国版权产业的发展战略导向应由市场导向转变为价值导向，把价值导向作为国家版权产业发展的新导向。如不把价值导向定为新的市场导向，就无法向世界贡献思想，也就无法形成文化软实力。

由于当前国内经济处于深度战略调整转型期，供给侧结构性改革压力巨大，因此新型版权产业开始承担国内生产总值增速下降的压力，实现经济效益成为国内版权产业政策的主要目标。经济刚性指标压低文化政策的社会效益，如近年电影票房甚至成为国内主流电影评奖的影响因素之一。现有版权产业并未充分重视价值观，更多的是实行纯粹实用主义。这种原则造成的价值观真空，将阻碍我国承担全球文化责任。

当代版权产业紧密地与世界融合，具有经济重要性并引领产业升级，依赖于科技发展并不断地产生新业态，这表明版权产业是文化史上深刻而重大的转型。但是，版权产品的核心因素在于文化价值内涵。文化价值包括但不限于审美价值、精神价值、社会价值、历史价值、象征价值、真实价值等（思罗斯比，2011）。如不具备这些价值，所谓"文化"就仅是一般意义上的服务与商品。现代社会解放了人性，公众的文化需求极大地释放，任何力量都无法把人性束缚回实用的范围内。公众需要版权作品，正是因为版权作品有不同于其他服务与产品的特殊价值。只有把"文化价值"放在第一位，才能基于不同的目标追求文化的多重效益。当然，在具体的版权产品与服务方面，可以在坚守文化价值的前提下，重点发展某一种效益。

事实上，版权产业高质量发展的前提是守正创新，这关系到版权产业的根本目标。西方资本主义国家的版权产业表现出很强的私有性、商品性及工业性。我国的版权产业与文化事业有着千丝万缕的联系，目的是丰富满足人民群众的精神文化需求，有公共性与社会性。守正创新体现着版权产业的"中国特色"，实现这一发展目标的具体要求如下：

第一，守"人民"之正。"以人民为中心"是习近平新时代中国特色社会主义思想基本价值取向，在治国理政的方方面面均有体现，同时深刻影响着思想文化领域。"以人民为中心"意味着版权产业发展要坚持"二为"方向，让人民群众享受版权产业发展成果，以提高全社会的文化素养、思想水平等为目标，促进人的全面发展，实现文化繁荣。

第二，守"文化"之正。文化价值是版权产业经济价值的基础，发展版权产业不能背离文化，不可盲目追求政绩工程、形象工程、经济指标等与文化不相关的目标。文化古镇过度开发、文物修复急于求成等都是短视行为，一些作品的内容创作陷入"三俗"的怪圈，这都与发展版权产业的最终目标相悖。

第三，守"文明"之正。儒家文化熏陶下的中国文化有重和谐、重集体、内敛、自谦的东方文化特征，与西方讲求实用、强调竞争、突出个性等形成对比。推动我国文化"走出去"并非为打压西方文化搞文化霸权主义，而是要尊重世界文明多样性，以文明交流超越文明隔阂、文明互鉴超越文明冲突、文明共存超越文明优越，为构建人类命运共同体做出应有的贡献。

中国应向全人类贡献中国的思想文化，为人类文明提供思想体系与智慧，中国也有能力为世界发展贡献智慧和文化。

三、两类维权组织共存，共同提高版权保护水平

商业平台维权组织与著作权集体管理组织维权有效降低了交易成本，提高了维权效率与版权保护水平，这是另一种形式的版权交易，具有存在的合理性与合法性，但也存在前者占用司法资源、后者效率不高等问题。两类维权组织共存、相互促进，提高版权保护水平的前提是解决两类维权模式的缺陷。

（一）著作权集体管理组织的改进对策

第一，收费透明。著作权集体管理组织需将协商机制引入作品使用收费标准中，通过与各利益方沟通增加收费标准的公开透明性，在此过程中要保证各方的平等地位，为各方表达利益诉求提供机会，在各方博弈的基础上寻求契合点来制定收费标准。

第二，运用数字技术。在数字网络时代，作品的传播在很大程度上依靠数字与网络技术，建立统一合法的数字权利管理系统将从制度层面保障权利良性运行（梅术文，2012）。事实上，随着数字管理模式的兴起，集体管理组织在管理线上授权方面的效率优势已经淡化。比如，美国各大唱片公司正试图挣脱集体管理组织对网络环境中表演权的管理。因此，国内的集体管理组织有必要积极搭建数字权利管理系统，通过技术手段科学精准地捕捉授权使用信息，为版权人提供个性化服务，增加版权人对组织的信任，提升版权人收益。以此为契机，著作权集体管理组织在此基础上还能搭建版权综合交易平台。

同时，可以考虑引入区块链技术来解决信任困局。区块链解决的关键问题是信任问题，实现这一目标主要靠分布式记账与智能合约，前者保证在去中心化的情况下后台记录数据不被篡改，后者则保证在去中心化的情形下合约被执行。传统的版权交易活动是以交易平台为信息中枢建立信任机制，去中心化可以从源头降低交易成本，这是集体管理组织的核心职能之一。因此，著作权集体管理组织应用区块链技术将有利于制度创新，在构建版权数据库、订立执行合同、管理费收取与版税分配等领域都可应用区块链技术，以提高效率（舒晓庆，2020）。

（二）商业平台维权组织的改进对策

从维护自身的权利而言，商业平台诉讼者发起诉讼并没有违反著作权法，也没有违背诉讼规则，在获得商业利润的同时维护了著作权人的权利，这是政府公力保护不力的情况下，私力保护的必然结果，充分体现了市场私力保护的有效性。但是，商业平台维权者发起的大量著作权侵权诉讼案件也造成了诉讼拥堵与司法资源浪费等问题。另外，法院判决结果是版权的司法定价，会引导市场走向，进一步影响版权市场的发展。因此，为消除商业平台诉讼的弊端，形成良好的市场导向，促进版权交易市场优化及版权保护水平提高应做到如下几点：

第一，商业平台维权组织应取得合法的权利依据。根据民事诉讼法律规定，发起诉讼的原告当事人必须是与案件有直接利害关系的法人、公民和组织。在版权诉讼案件中，著作权集体管理组织是按法律规定依法进行授权的适格主体，商业平台诉讼者必须是版权原始权利人或者经过原始权利人授权获得版权实体权利。根据商业平台维权组织诉讼的特征可将其分为信托型、隐名型和担当型诉讼三种类型（董伟威、童海超，2014）。信托型诉讼是指商业平台维权者取得版权实体权利和诉讼实施权，以自己的名义发起诉讼。隐名型诉讼是指商业平台维权者受版权权利人的委托，调查侵权事实，委托律师以版权权利人的名义发起诉讼，版权权利人没有转让诉讼实施权，商业平台维权者以原版权权利人的名义发起诉讼，其实质是版权权利人发起诉讼，由商业平台维权者完成维权。担当型诉讼是指版权权利人没有转让实体权利，仅转让诉讼实施权，即商业平台维权者并不享有版权的实体权利。虽然德国、日本赞同担当型诉讼维权，但在我国缺乏法律支持依据。

第二，法院应确定合理的损害赔偿金额，限制法定赔偿的适用性。商业平台维权是为了维护版权权利人的合法权益，适当的商业利益是对商业平台维权者维护版权权利人的激励。法院应确定合理的损害赔偿金额，控制商业平台维权者的利润，抵制商业平台维权者以维权之名进行滥诉，遏止商业平台维权者过度追求商业利益。版权权利价值具有无形性，侵权损害价值难以确定，在实际损失和侵权获利难以证明的情况下，法定赔偿成为损害赔偿的主要方法。法定赔偿是商业平台维权者发起诉讼的重要原因，在司法实践中应严格遵守法定赔偿的适用顺位，在权利人的损失与侵权人的违法所得无法确定的情况下才可以适用法定赔偿。这会使商业平台维权者发起诉讼时面临较高的诉讼成本，减少其收益，使为获得高额赔偿利润的维权者失去发起诉讼的动机。同时，法官要综合考虑侵权行为及性质，对同类案件进行对比，合理使用自由裁量权，避免因处理批量维权而做出机械化判决，应综合各项因素确定赔偿金额。

第三，政府部门设立专门机构将商业平台维权组织纳入统一管理系统。中国著作权集体管理组织受到著作权管理部门的管理、指导和监督，受《著作权集体管理条例》等法规的约束。政府部门可参照著作权集体管理组织的模式，统一管理商业平台维权者，使其受政府部门的监督管理及行政法律法规的规制，同时受著作权法等相关法律的约束。

第四，规定不同类型著作权作品的授权管理制度和使用收费标准。可参考中国音像著作权集体管理协会音像制品有偿使用和法定许可的相关规定，由国家著作权主管部门出台图片、文字、视频等不同类型著作权作品的授权管理制度和许可使用收费标准，使著作权作品许可使用价格公开透明。一方面，保护著作权人的合法利益，促进著作权作品交易；另一方面，当著作权作品被侵权时，法院可参照许可使用费进行判决，使判赔标准更加统一。

四、改进版权行政保护

平等主体间的著作权纠纷可通过民事司法程序解决，但当著作权侵权行为损害国家与社会利益时，就须同时借助司法程序与行政程序进行规制。这并非中国独有，世界上有知识产权制度的国家与地区都会设有知识产权司法机关与行政管理机关。2013年7月，国务院办公厅发布的《国家新闻出版广电总局主要职责内设机构和人员编制规定》明确指出国家版权局在著作权管理上行使职权，工作重点是著作权保护与管理、国际应对、公共服务。但是，我国著作权行政保护仍存在不少问题。

第一，著作权行政管理不到位。根据著作权法规定，著作权行政管理部门负责法定许可管理、标准稿酬制定及监督著作权集体管理组织等职责。但是，目前集体管理组织自身问题较多，引起了公众与著作权人的不满。自著作权法实施至今，上述国家版权局仅出台文字作品稿酬规定，其他作品付酬标准还未制定（孙彦，2016）。这些问题都说明著作权行政管理存在缺陷。

第二，著作权行政执法工作边界模糊。启动行政程序管理著作权纠纷的前置要件是"公共利益"，但"公共利益"的定义难以统一（王骞，2020）。行政机关行政执法需要借助社会公共资源，执法如果是为了维护社会公众利益和社会公共秩序则无可厚非，但如果只是服务于个别权利人的利益就是失当的。如果错误扩张"公共利益"的范围，就是动用社会公共资源维护少数人利益，是对社会资源的浪费与滥用。在具体实践中，不同部门与不同执法人员对公共利益的理解不同，可能会产生选择性执法等不合理、不公平现象。

第三，著作权行政执法与刑法衔接程序不完善。我国著作权法（2020）规定，著作权侵权行为损害公共利益可由行政管理部门处罚，构成犯罪的则应追究刑事责任，由此形成了行政执法与司法保护相结合的模式。但这看似天衣无缝的执法衔接制度依然存在问题，最典型的问题莫过于"以罚代刑"（夏雨，2014）。用行政处罚替代刑事处罚的做法架空了刑事处罚在版权保护中的作用，无法发挥刑事处罚的威慑效果。

针对上述问题，可以从以下方面提升版权行政保护力度：

首先，将行政管理与行政执法区分开来，成立统一的行政执法队伍。这样便于行政管理部门集中精力行使管理职能，不必被直接执法行为分散精力，可以更好地承担服务社会的专业职能。新建立的行政执法队伍也能集中精力进行执法，提高执法效率与执法水平。

其次，完善行政执法和刑法衔接程序。当下，衔接环节的问题可分为两点：一是移送机制不完善，衔接机制未形成严密闭环；二是案件事实认定有误差，以罚代刑阻断案件移送。应对方案之一是制定移送标准与移送程序的裁量基准。应对方案之二是加强案件信息沟通，打破司法机关与行政执法机关的"信息孤岛"，在各地加强联动，建设信息共享渠道，建立优化联席会议制度。

最后，以技术应对"技术"，提升执法监管水平，加强国家版权监督平台建设。国家版权局要牵头做好版权监督平台建设，实现版权执法、版权登记等版权工作信息及时统计、报送、查询与公告，对网络侵权行为展开实时监控，加强对地方版权执法管理机构的联系与指导，提升版权保护工作的水平。各级版权行政部门要发挥线上线下监管作用，努力拓宽公众举报渠道，建立问题分流督办、结果反馈跟踪一体化流程，提高案件成案率。

五、设立版权保险制度

版权产业引入金融工具不仅能释放产业活力，也有助于版权保护。在诸多金融工具中，版权保险是针对版权侵权问题提出的，在我国推广版权保险可以为解决当前数字网络空间版权侵权频繁发生问题提供司法制度之外的解决途径。但是，我国保险行业自身也不成熟，构建版权保险制度仍有诸多挑战。

与版权产业最为相关的保险即为责任保险，责任保险可以在侵权行为发生时给予救济。当下，国内著作权保险仍处于试水阶段，而专利保险已开展多年，且与著作权同属于知识产权体系，可以参照专利保险建设的经验来建设著作权保险制度。

专利保险可分为专利执行保险与专利侵权保险。专利侵权保险是各国共有的基本专利保险形态，本质上是责任保险，为遭受诉讼或受到诉讼威胁的被保险人提供保障，分担诉讼成本、赔偿费用（樊启荣、刘玉林，2014）。例如，美国保险公司的专利侵权保险的保险范围包括诉讼费、专利无效宣告抗辩费用、专家证人费、律师费等。专利保险中的另一类是专利执行保险，在负担被保险人诉讼费用，增强其在谈判中的议价能力和诉讼中的地位等方面有与专利侵权保险类似的作用，但作为进攻型保险，它有自己的独特功能。专利执行保险可以减少被保险人因担心缺少足够维权资源而放弃申请专利转化创新成果的情形，增强申请人对专利制度的信心。专利执行保险能阻止"搭便车"行为，使专利权人的技术市场垄断效果得到最大程度的实现（Llobet and Suarez，2012）。

除保护专利权人利益外，知识产权保险的存在还可以促进分工合作，创造就业，促进经济发展。与有形财产为标的的保险不同，知识产权诉讼有举证难、赔偿计算难、周期长等特点，因此知识产权保险也需要更专业的服务人员。随着知识产权保险的发展，保险代理机构及第三方知识产权风险评测机构也会得到发展机遇。

即使知识产权保险益处良多，但仍存在一个难题：如果保险公司不降价，就没有更多的知识产权权利人购买保险；如果没有太多的人购买知识产权保险，保险公司也不会降价。影响知识产权保险定价的关键因素是信息不对称，而美国专利保险能够取得成功主要得益于周详的风险评估。保险公司在订立保险合同前会对相关专利进行全面细致的检索，通过审查的专利才能得到订立保险的机会。英国则采取会计师与律师双重审查模式，保证专利合规。日本则重点参考知识产权许可国及其信用等级，从国家角度规避风险。

保险费用会影响知识产权保险业务的发展，虽然美国最早推出了专利保险，但高昂的保费限制了其专利保险产业的发展，同样的问题也困扰着英国的专利保险业务。为解决保费居高不下的问题，英国推出了互助模式，鼓励企业缴纳会费加入相互保险小组，相互保险小组会在成员遭遇专利诉讼时提供诉讼帮助。相互保险小组不以营利为目的，是保单持有人基于互帮互助原则组成的共同抵御风险的团体，其优势主要有两点：一是销售成本低，由于团体内的成员有高度同质性，开展业务将更顺利，成本也会降低。二是减少信息不对称，团体内的成员有一致的利益，保险业务的营利性不是首要因素，团体追求的是永续经营，团队成员会抑制潜在的道德风险行为，同时团队内成员彼此较为熟悉，信息不对称问题较小。但是，相互保险并非完美，其缺点主要体现在以下两点：一是融资能力有限，其缺少相关资质进行投融资，不能充分利用资本市场，这也是20世纪末国际保险业大批相互保险公司转变为股份制保险公司的首要原因。二是保障能力有限，由于筹资能力弱，缺少外部融资渠道，其保障程度以基金池总额为限。目前，国内有不少相互保险牌照的申请者，该类公司或组织的主营方向带有公益属性，主要经营方向与健康产业相关。

相比于专利权，取得著作权没有审核程序，即使是通过审核的专利在估价时仍存有争议，著作权在估价时将面临更大挑战，这将增加版权领域保险的信息不对称问题。综上，现阶段，较为适合版权领域的保险模式应是互助保险小组模式，让著作权人及利益相关人加入互助保险小组，该小组可以由著作权集体管理组织指导或管理。但是，这个保险模式的启动与推广还需要政府部门提供补贴。

第七章 总结与展望

人工智能技术的发展对版权产业有关键作用，大众消费者可以充分参与到作品的创作与传播环节，这将为版权产业的发展带来动力与商机。与此同时，网络版权产业的蓬勃发展也催生了智能化、专业化、隐蔽化的盗版侵权行为，并引发了大量版权纠纷。一方面，人工智能技术可以实现版权价值。网络平台成为版权产业供给与消费的共同载体，消除了中间流通环节。凭借数据聚合与算法推荐等信息技术优势，网络平台解决了海量版权作品与用户个性化需求相匹配的难题，细分消费者群体并实现了"按需定制"，提升了作品传播效率，实现了版权价值。另一方面，当人工智能技术的盈利指标与治理责任发生冲突时，人工智能技术相关企业以盈利目标为首选项，忽视治理责任。

就版权领域而言，当事人自发合作是最优的版权价值实现方式，保护版权可以抑制侵权行为并促成自发合作。版权领域相关交易成本主要由信息不对称引起，人工智能技术可以发挥降低信息交易成本的作用，缓解版权资源合作的信息不对称问题，实现治理与盈利的共赢。

现有的政府监管思路和手段已与人工智能时代的版权盈利方式不相符，应尽可能促成版权领域自愿交易，以实现版权价值。人工智能时代的版权产业发展重点应以降低交易成本为目标，改革法律体系以督促人工智能技术向善发展，促进版权产业良性有序发展。

就现有研究内容而言，版权产业内容庞杂，类目繁多，数据公开度低且获取难度大，研究无法面面俱到。受限于数据可获取性，本部分仅选取个别角度研究人工智能、版权保护及版权产业发展三者的互动关系，这导致对问题的分析及针对问题提出的建议会有偏颇和疏漏。当前，本书研究重点关注与人工智能技术更相关的个人盗版、网络版权保护、网络版权产业发展等问题，人工智能技术对实体书、唱片、工艺美术等传统版权产业的影响，以及人工智能技术对商业盗版的影响仍有待深入研究。待版权产业数据充分公布后，可从不同版权子产业检验本书研究结论的适用性。

参考文献

［1］ Abrams H. B. Copyright's first compulsory license ［J］. Santa Clara High Technology Law Journal, 2010, 26: 215−253.

［2］ Anand B. The content trap: A strategist's guide to digital change ［M］. New York: Random House Group, 2016.

［3］ Arellano M. , Bond S. Some tests of specification for panel data: Monte Carlo evidence and an application to employment equations ［J］. The Review of Economic Studies, 1991, 58（2）: 277−297.

［4］ Arellano M. , Bover O. Another look at the instrumental variable estimation of error−components models ［J］. Journal of Econometrics, 1995, 68（1）: 29−51.

［5］ Arrow K. J. Economic welfare and the allocation of resources for invention the rate and direction of inventive activity: Economic and social factors ［M］. Princeton: Princeton University Press, 1962.

［6］ Balganesh S. The uneasy case against copyright trolls ［J］. Southern California Law Review, 2013, 86（4）: 723−781.

［7］ Barlow J. P. Selling wine without bottles: The economy of mind on the global net ［J］. Duke Law and Technology Review, 2019, 18（1）: 8−31.

［8］ Barzel Y. Measurement cost and the organization of markets ［J］. The Journal of Law and Economics, 1982, 25（1）: 27−48.

［9］ Beebe B. An empirical study of US copyright fair use opinions, 1978−2005 ［J］. University of Pennsylvania Law Review, 2007, 156: 549−624.

［10］ Benkler Y. Sharing nicely: On shareable goods and the emergence of sharing as a modality of economic production ［J］. Yale Law Journal, 2004, 114: 273−358.

［11］ Benkler Y. The wealth of networks: How social production transforms markets and freedom ［M］. New Haven and London: Yale University Press, 2006.

［12］ Besen S. M. , Kirby S. N. Private copying, appropriability, and optimal copying royalties [J]. The Journal of Law and Economics, 1989, 32: 255-280.

[13] Besen S. New technologies and intellectual property: An economic analysis [R]. Santa Monica, CA: The rand Corp, 1987.

[14] Bhattacharjee S., Gopal R. D., Lertwachara K., et al. Impact of legal threats on online music sharing activity: An analysis of music industry legal actions [J]. The Journal of Law and Economics, 2006, 49 (1): 91-114.

[15] Bilton C. Management and creativity: From creative industries to creative management [M]. Malden, MA: Blackwell Publishing, 2007.

[16] Blundell R., Bond S. Initial conditions and moment restrictions in dynamic panel data models [J]. Journal of Econometrics, 1998, 87 (1): 115-143.

[17] Boutsikaris C. The rise of copyright trolls in a digital information economy: New litigation business strategies and their impact on innovation [J]. Commlaw Conspectus, 2012, 20: 391-413.

[18] Burk D. L. Algorithmic fair use [J]. University of Chicago Law Review, 2019, 86: 283-307.

[19] Calabresi G., Melamed A. D. Property rules, liability rules, and inalienability: One view of the cathedral [J]. Harvard Law Review, 1972, 85 (6): 1089-1128.

[20] Calabresi G. Some thoughts on risk distribution and the law of torts [J]. Yale Law Journal, 1960, 70: 499-553.

[21] Carroll N. The ontology of mass art [J]. The Journal of Aesthetics and Art Criticism, 1997, 55 (2): 187-199.

[22] Chused R. H. The legal culture of appropriation art: The future of copyright in the remix age [J]. Tulane Journal of Technology and Intellectual Property, 2014, 17: 163-215.

[23] Coase R. The problem of social cost [J]. Journal of Law and Economics, 1960, 3: 1-44.

[24] Crandall R. W. The remedy for the bottleneck monopoly in telecom: Isolate it, share it, or ignore it [J]. University of Chicago Law Review, 2005, 72: 3-25.

[25] Curran L. S. Copyright trolls, defining the line between legal ransom letters and defending digital rights: Turning piracy into a business model or protecting creative from internet lawlessness? [J]. John Marshall Review Intellectual Property Law, 2013,

13（1）：170-202.

［26］ Demsetz H. Toward a theory of property rights ［M］//Classic papers in natural resource economics. London：Palgrave Macmillan，1974：163-177.

［27］ Depoorter B. Technology and uncertainty：The shaping effect on copyright law ［J］. University of Pennsylvania Law Review，2008，157：1831-1868.

［28］ Drexl J. Collective management of copyrights and the EU principle of free movement of services after the OSA judgment—In favour of a more balance approach ［M］//Varieties of european economic law and regulation：Liber amicorum for hans micklitz，Wageningen and Rotterdam，The Netherlands：Springer International Publishing，2014：459-487.

［29］ Fagundes D.，Masur J. S. Costly intellectual property ［J］. Vanderbilt Law Review，2012，65：677-734.

［30］ Galanter M. Why the "Haves" come out ahead：Speculations on the limits of legal change ［J］. Law and Society Review，1974，9（1）：95-160.

［31］ Gervais D. Collective management of copyright and related rights ［M］. Alohen aan den Rijn，the Netherlands：Kluwer Law International BV，2015.

［32］ Goldstein P. Derivative rights and derivative works in copyright ［J］. Journal of the Copyright Society of the U. S. A.，1982，30：209-252.

［33］ Gordon S. C.，Huber G. The effect of electoral competitiveness on incumbent behavior ［J］. Quarterly Journal of Political Science，2007，2（2）：107-138.

［34］ Gordon W J. Fair use as market failure：A structural and economic analysis of the "Betamax" case and its predecessors ［J］. Columbia Law Review，1982，82（8）：1600-1657.

［35］ Greenberg B. A. Copyright trolls and presumptively fair uses ［J］. University of Colorado Law Review，2014，85：53-128.

［36］ Hall B. H.，Jaffe A.，Trajtenberg M. Market value and patent citations ［J］. RAND Journal of Economics，2005，36（1）：16-38.

［37］ Haraway D. J. A cyborg manifesto：Science，technology，and socialist-feminism in the late twentieth century ［M］//Posthumanism. London：Palgrave. 2000：69-84.

［38］ Hartley J.，Wen W.，Li H. S.. Creative economy and culture：Challenges，changes and futures for the creative industries ［M］. London：Thousand Oaks，

California: Sage, 2015.

[39] Hayes C. J. Changing the rules of the game: How video game publishers are embracing user-generated derivative works [J]. Harvard Journal of Law and Technology, 2007, 21: 567-587.

[40] He T. Fansubs and market access of foreign audiovisual products in China: The copyright predicament and the use of No Action Policy [J]. Oregon Review of International Law, 2014, 16: 307-346.

[41] He X., Su Y. Do the "Haves" come out ahead in shanghai courts? [J]. Journal of Empirical Legal Studies, 2013, 10 (1): 120-145.

[42] Hennig-Thurau T., Gwinner K. P., Walsh G., et al. Electronic word-of-mouth via consumer-opinion platforms: What motivates consumers to articulate themselves on the internet? [J]. Journal of Interactive Marketing, 2004, 18 (1): 38-52.

[43] Hristov K. Artificial intelligence and the copyright dilemma [J]. Idea, 2016, 57: 431-454.

[44] Jenkins H. Confronting the challenges of participatory culture: Media education for the 21st century [M]. Cambridge, MA: The MIT Press, 2009.

[45] Johnson E. E. Rethinking sharing license for the entertainment media [J]. Cardozo Arts and Entertainment Law Journal, 2008 (29): 391-440.

[46] Johnson J., Waldman M. The limits of indirect appropriability in markets for copiable goods [J]. Review of Economic Research on Copyright Issues, 2005, 2 (1): 19-37.

[47] Kahneman D., Tversky A. Prospect theory: An analysis of decision under risk [J]. Econometrica, 1979, 47 (2): 263-292.

[48] Kristeller P. O. The modern system of the arts: A study in the history of aesthetics (II) [J]. Journal of The History of Ideas, 1952, 13 (1): 17-46.

[49] Landes W. M., Posner R. A. An economic analysis of copyright law [J]. The Journal of Legal Studies, 1989, 18 (2): 325-363.

[50] Landes W. M., Posner R. A. The economic structure of intellectual property law [M]. Cambridge, Mas: Harvard University Press, 2003.

[51] Lanjouw J. O., Schankerman M. Patent quality and research productivity: Measuring innovation with multiple indicators [J]. The Economic Journal, 2004, 114 (495): 441-465.

[52] Lantagne S. M. Sherlock Holmes and the case of the lucrative fandom: Recognizing the economic power of fanworks and reimagining fair use in copyright [J]. Social Science Electronic Publishing, 2015, 21 (2): 263-315.

[53] Leaffer M. The uncertain future of fair use in a global information marketplace [J]. Ohio State Law Journal, 2001, 62: 849-867.

[54] Lerner J. Patent protection and innovation over 150 years [R]. Cambridge, MA: NBER, 2002.

[55] Leval P. N. Toward a fair use standard [J]. Harvard Law Review, 1990, 103 (5): 1105-1136.

[56] Lewin K. Frontiers in group dynamics: II. Channels of group life; social planning and action research [J]. Human Relations, 1947, 1 (2): 143-153.

[57] Li B., Hou B., Yu W., et al. Applications of artificial intelligence in intelligent manufacturing: A review [J]. Frontiers of Information Technology and Electronic Engineering, 2017, 18: 86-96.

[58] Lim C. S. H., Snyder J. M. Jr, Strmberg D. The judge, the politician, and the press: Newspaper coverage and criminal sentencing across electoral systems [J]. American Economic Journal: Applied Economics, 2015, 7 (4): 103-135.

[59] Llobet G., Suarez J. Patent litigation and the role of enforcement insurance [J]. Review of Law and Economics, 2012, 8 (3): 789-821.

[60] Martimort D., Laffont J. J. The theory of incentives: The principal-agent model [M]. Princeton, N. J.: Princeton University Press, 2009.

[61] Nelson R. R. The simple economics of basic scientific research [J]. Journal of Political Economy, 1959, 67 (3): 297-306.

[62] Peitz M., Waelbroeck P. Why the music industry may gain from free downloading—the role of sampling [J]. International Journal of Industrial Organization, 2006, 24 (5): 907-913.

[63] Picker R. C. The razors-and-blades myth (s) [J]. University of Chicago Law Review, 2011, 78: 225-255.

[64] Plant A. The economic aspects of copyright in books [J]. Economica, 1934, 1 (2): 167-195.

[65] Polonsky I. You can't go home again: The righthaven cases and copyright trolling on the internet [J]. The Columbia Journal of Law and the Arts, 2013, 36

(1): 71-100.

[66] Reavis C. K. , Rumelt R. P. Software piracy: An analysis of protection strategies [J]. Management Science, 1991, 37 (2): 125-139.

[67] Rochet J. C. , Tirole J. Platform competition in two-sided markets [J]. Journal of the European Economic Association, 2003, 1 (4): 990-1029.

[68] Russell S. J. Artificial intelligence a modern approach [M]. San Antonio: Pearson Education, Inc. , 2010.

[69] Sag M. , Haskell J. Defense against the dark arts of copyright trolling [J]. Iowa Law Review, 2018, 103 (2): 571-661.

[70] Sag M. Copyright trolling, an empirical study [J]. Iowa Law Review, 2015, 100 (3): 1105-1145.

[71] Sag M. The new legal landscape for text mining and machine learning [J]. Journal of The Copyright Society of The U. S. A. , 2018, 66: 291-367.

[72] Searle J. R. Minds, brains, and programs [J]. Behavioral and Brain Sciences, 1980, 3 (3): 417-424.

[73] Sobel B. L. W. Artificial intelligence's fair use crisis [J]. Columbia Journal of Law and The Arts, 2017, 41: 45-97.

[74] Sun Y. , Dong X. , McIntyre S. Motivation of user-generated content: Social connectedness moderates the effects of monetary rewards [J]. Marketing Science, 2017, 36 (3): 329-337.

[75] Takeyama L. N. The welfare implications of unauthorized reproduction of intellectual property in the presence of demand network externalities [J]. The Journal of Industrial Economics, 1994, 42: 155-166.

[76] Troupson T. M. Yes, it's illegal to cheat a paywall: Access rights and the DMCA's anticircumvention provision [J]. New York University Law Review, 2015, 90: 325-360.

[77] Van Dijk J. A. G. M. , De Vos L. Searching for the holy grail: Images of interactive television [J]. New Media and Society, 2001, 3 (4): 443-465.

[78] Varian H. R. Buying, sharing and renting information goods [J]. The Journal of Industrial Economics, 2000, 48 (4): 473-488.

[79] Watt R. The past and the future of the economics of copyright [J]. Review of Economic Research on Copyright Issues, 2004, 1 (1): 151-171.

［80］Weitz M. The role of theory in aesthetics ［J］. The Journal of Aesthetics and Art Criticism，1956，15（1）：27-35.

［81］Yanisky-Ravid S. Generating rembrandt：Artificial intelligence，copyright，and accountability in the 3A era：The human-like authors are already Here：A New Model ［J］. Michigan State Law Review，2017：659-726.

［82］Yu P. K. Anticircumvention and anti-anticircumvention ［J］. Denver University Law Review，2006，84：13-77.

［83］Yu P. K. Can algorithms promote fair use? ［J］. Florida International University Law Review，2020，14：329-363.

［84］阿多诺. 文化工业再思考 ［M］//陶东风，金元浦，编. 文化研究. 高丙中，译. 天津：天津社会科学出版社，2000：199.

［85］阿多诺. 美学理论 ［M］. 王柯平，译. 成都：四川人民出版社，1998.

［86］阿格妮丝·赫勒. 日常生活 ［M］. 衣俊卿，译. 哈尔滨：黑龙江大学出版社，2010：254-258.

［87］阿里夫·德里克. 后革命氛围 ［M］. 王宁等，译. 北京：中国社会科学出版社，1999.

［88］安德鲁·肖特. 社会制度的经济理论 ［M］. 陆铭，陈钊，译. 上海：上海财经大学出版社，2003.

［89］保罗·戈斯汀. 著作权之道从谷登堡到数字点播机 ［M］. 金海军，译. 北京：北京大学出版社，2008.

［90］约拉姆·钱勇，曾咏梅，译. 巴泽尔国家理论：经济权利、法律权利与国家范围 ［M］. 上海：上海财经大学出版社，2006.

［91］约拉姆·巴泽尔产权的经济分析（第二版）［M］. 费方城，段毅才，钱敏，译. 上海：上海人民出版社，2017.

［92］蔡恒进. "我"之形上学：人工智能时代的哲学问题 ［J］. 江西财经大学学报，2020（2）：107-114.

［93］蔡曙山，薛小迪. 人工智能与人类智能——从认知科学五个层级的理论看人机大战 ［J］. 北京大学学报（哲学社会科学版），2016（4）：145-154.

［94］曾雄，梁正，张辉. 欧美算法治理实践的新发展与我国算法综合治理框架的构建 ［J］. 电子政务，2022（7）：67-75.

［95］陈柏福，杨辉. "互联网+"背景下文化产业商业模式研究 ［J］. 湖南

商学院学报，2017，24（3）：23-32.

［96］陈传夫．高新科学技术与知识产权法［M］．武汉：武汉大学出版社，2000.

［97］陈刚，宋玉玉．数字创意产业发展研究［J］．贵州社会科学，2019（2）：82-88.

［98］陈军，张韵君，王健．基于专利分析的中美人工智能产业发展比较研究［J］．情报杂志，2019（1）：41-47.

［99］陈庆德．文化产品的价值判定与形式表达［J］．思想战线，2007（5）：21-34.

［100］陈庆德．文化产品的性质初探［J］．云南大学学报（社会科学版），2006（1）：60-70，95-96.

［101］陈艳莹，李鹏升．认证机制对"柠檬市场"的治理效果——基于淘宝网金牌卖家认证的经验研究［J］．中国工业经济，2017，354（9）：137-155.

［102］陈永伟．知识产权损害赔偿计算：方法、工具和考量因素［J］．电子知识产权，2019（8）：77-96.

［103］褚红丽，孙圣民，魏建．职务级别、法律制度设计与腐败惩罚扭曲［J］．经济学（季刊），2018，17（3）：873-896.

［104］崔岩．舆情大数据在电影行业的应用与思考［J］．当代电影，2019（5）：70-74.

［105］戴艳萍，胡冰．基于协同创新理论的文化产业科技创新能力构建［J］．经济体制改革，2018（2）：194-199.

［106］戴哲．论著作权、作者权与版权的关联与区分［J］．电子知识产权，2021（12）：4-29.

［107］邓昭君．嬗变的市场：知识产权商业化维权的司法透视［J］．法律适用，2015（1）：23-28.

［108］丁文杰．论著作权法的范式转换：从"权利"到"行为规制"［J］．中外法学，2022，34（1）：242-260.

［109］董海宁．"陌生化"社会中信任机制的"理想型"与现状［J］．社会，2003（8）：17-20.

［110］董伟威，童海超．知识产权商业维权诉讼的界定与规制［J］．人民司法，2014（1）：12-18.

［111］董雪兵，史晋川．累积创新框架下的知识产权保护研究［J］．经济研

究，2006（5）：97-105.

　　[112] 董雪兵，朱慧，康继军，宋顺锋. 转型期知识产权保护制度的增长效应研究 [J]. 经济研究，2012（8）：4-17.

　　[113] 樊启荣，刘玉林. 责任保险目的及功能之百年变迁——兼论我国责任保险法制之未来发展 [J]. 湖南社会科学，2014（6）：79-83.

　　[114] 范如国. 平台技术赋能、公共博弈与复杂适应性治理 [J]. 中国社会科学，2021（12）：131-152，202.

　　[115] 范玉刚. 新时代数字文化产业的发展趋势、问题与未来瞩望 [J]. 中原文化研究，2019（1）：69-76.

　　[116] 方捷新，张雪，刘达. 现代电影产业的信息化与智能化技术应用 [J]. 现代电影技术，2019（1）：17-20.

　　[117] 丰子义. 当代文化发展的新特征 [J]. 北京大学学报（哲学社会科学版），2018（2）：47-56.

　　[118] 冯晓青，许耀乘. 破解短视频版权治理困境：社会治理模式的引入与构建 [J]. 新闻与传播研究，2020（10）：56-76，127.

　　[119] 冯晓青. 论我国知识产权制度的变革与发展 [J]. 人民论坛·学术前沿，2019（24）：72-76.

　　[120] 冯晓青. 知识产权法的价值构造：知识产权法利益平衡机制研究 [J]. 中国法学，2007（1）：67-77.

　　[121] 高阳，胡丹阳. 机器学习对著作权合理使用制度的挑战与应对 [J]. 电子知识产权，2020（10）：13-25.

　　[122] 龚群. 罗尔斯政治哲学 [M]. 北京：商务印书馆，2006.

　　[123] 古德曼. 艺术语言 [M]. 褚朔维，译. 北京：光明日报出版社，1990.

　　[124] 顾亚奇. 社交媒体时代短视频的多重文化图景 [J]. 中国人民大学学报，2020（3）：142-150.

　　[125] 郭力源. 新时代休闲文化发展的新挑战及其应对 [J]. 江西财经大学学报，2018（2）：3-10.

　　[126] 郭壬癸，乔永忠. 版权保护强度影响文化产业发展绩效实证研究 [J]. 科学学研究，2019（7）：1174-1182.

　　[127] 海德格尔. 海德格尔选集（下）[M]. 孙周兴，译. 上海：上海三联书店，1996.

　　[128] 韩宝华. 文化创意产业的创意实践系统演化本质 [J]. 上海财经大学

学报，2016（1）：25-34.

[129] 韩顺法，郭梦停．"IP 热"背后的版权价值扩张效应及全媒体开发模式研究［J］．电子知识产权，2016（11）：45-50.

[130] 韩万渠，韩一，柴琳琳．算法权力及其适应性协同规制：基于信息支配权的分析［J］．中国行政管理，2022（1）：33-39.

[131] 贺鸣．著作权法定许可制度研究［M］．北京/西安：世界图书出版公司，2017.

[132] 尤瓦尔·赫拉利．人类简史从动物到上帝［M］．林俊宏，译．北京：中信出版社，2014.

[133] 黑格尔．美学（第一卷）［M］．朱光潜，译．北京：商务印书馆，1979.

[134] 侯利阳．论互联网平台的法律主体地位［J］．中外法学，2022（2）：346-365.

[135] 侯猛．不确定状况下的法官决策——从"3Q"案切入［J］．法学，2015（12）：15-22.

[136] 胡波．信息自由与版权法的变革［J］．现代法学，2016（6）：78-86.

[137] 胡惠林．关于文化产业发展若干问题的思考［J］．华中师范大学学报（人文社会科学版），2016（6）：63-75.

[138] 胡惠林．论文化产业的本质——重建文化产业的认知维度［J］．山东大学学报（哲学社会科学版），2017（3）：1-15.

[139] 胡凌．"非法兴起"：理解中国互联网演进的一个视角［J］．文化纵横，2016（5）：120-125.

[140] 胡泳．后真相与政治的未来［J］．新闻与传播研究，2017（4）：5-13，126.

[141] 华劼．版权转换性使用规则研究——以挪用艺术的合理使用判定为视角［J］．科技与法律，2019（4）：26-33.

[142] 黄炜杰．"屏蔽或变现"：一种著作权的再配置机制［J］．知识产权，2019（1）：35-44.

[143] 江飞涛．技术革命浪潮下创新组织演变的历史脉络与未来展望——数字经济时代下的新思考［J］．学术月刊，2022（4）：50-62.

[144] 江小涓．数字时代的技术与文化［J］．中国社会科学，2021（8）：4-34，204.

［145］姜扬，宋雅琪．价值链视角下人工智能对电影产业的影响分析［J］．传媒，2019（24）：37-40．

［146］康德．判断力批判［M］．邓晓芒，译．北京：人民出版社，2002．

［147］康建辉，郭雅明，宋柏慧．新兴版权产业发展中的版权保护问题研究［J］．中国软科学，2012（7）：43-48．

［148］康建辉，郭雅明．我国版权产业发展中的版权保护问题研究［J］．科技管理研究，2012（4）：123-126．

［149］克里斯·安德森．长尾理论：为什么商业的未来是小众市场［M］．乔江涛，石晓燕，译．北京：中信出版社，2015．

［150］孔祥俊．以创新的思路保护创新——当前知识产权审判新思考［J］．人民司法，2013（9）：31-39．

［151］劳伦斯·莱斯格．免费文化［M］．王师，译．北京：中信出版社，2009．

［152］劳伦斯·莱斯格著．代码2.0网络空间中的法律［M］．李旭，沈伟伟，译．北京：清华大学出版社，2018．

［153］雷炳德．著作权法［M］．张恩民，译．北京：法律出版社，2005．

［154］雷逸舟．不安全的“避风港”：重新思考中国网络视频平台的著作权侵权责任［J］．电子知识产权，2020（3）：23-39．

［155］李·爱泼斯坦，威廉·M.兰德斯，理查德·A.波斯纳．法官如何行为：理性选择的理论和经验研究［M］．黄韬，译．北京：法律出版社，2017．

［156］李琛．论人工智能的法学分析方法——以著作权为例［J］．知识产权，2019（7）：14-22．

［157］李丰．人工智能与艺术创作——人工智能能够取代艺术家吗？［J］．现代哲学，2018（6）：95-100．

［158］李凤亮，潘道远．文化创意与经济增长：数字经济时代的新关系构建［J］．山东大学学报（哲学社会科学版），2018（1）：77-83．

［159］李凤亮，宗祖盼．文化与科技融合创新：模式与类型［J］．山东大学学报（哲学社会科学版），2016（1）：34-42．

［160］李瑾．知识产权保护影响文化创意产业发展的路径及对策［J］．统计与决策，2016（2）：179-182．

［161］李明德，许超．著作权法（第二版）［M］．北京：法律出版社，2009．

［162］李铭轩．美国网络版权法改革的新动向及启示——以网络服务商的义

务为中心［J］．电子知识产权，2021（12）：30-40．

［163］李秋零．康德著作全集第 8 卷：1781 年之后的论文［M］．北京：中国人民大学出版社，2013．

［164］李思屈．技术与梦想：文化产业发展的新趋势［J］．河南社会科学，2015（8）：6-10．

［165］李陶．非会员作品著作权集体管理模式的选择与重构——以德国法为借鉴［J］．法商研究，2015（3）：184-192．

［166］李陶．垄断性著作权集体管理组织的价值基础与监督完善［J］．知识产权，2016（6）：39-46．

［167］李陶．我国网络音乐独家许可的运行逻辑与完善策略［J］．法学，2021（6）：92-105．

［168］李雯轩，李晓华．全球数字化转型的历程、趋势及中国的推进路径［J］．经济学家，2022（5）：36-47．

［169］李欣洋，张宇庆．策略性诉讼者现象之法律规制——以法定赔偿制度为视角［J］．河南财经政法大学学报，2018（2）：133-141．

［170］李旭．媒介技术视野下的微文化审美品格与审美悖论［J］．江西财经大学学报，2021（2）：107-115．

［171］李杨．著作权合理使用制度的体系构造与司法互动［J］．法学评论，2020（4）：88-97．

［172］李杨．著作权法个人使用问题研究——以数字环境为中心［M］．北京：社会科学文献出版社，2014．

［173］李雨峰．著作权的宪法之维［M］．北京：法律出版社，2012．

［174］李稚，彭冉．用户会员选择与网络视频平台 IP 竞争多阶段进化博弈分析［J］．管理学报，2021（7）：1049-1057．

［175］梁志文．论版权法改革的方向与原则［J］．法学，2017（12）：133-144．

［176］林洹民．个性化推荐算法的多维治理［J］．法制与社会发展，2022（4）：162-179．

［177］林洹民．信托关系下的著作权集体管理组织［J］．东南大学学报（哲学社会科学版），2013（S1）：81-86．

［178］刘畅．以法经济学遏制摄影作品策略性诉讼者现象［N］．上海法治报，2020-02-19（B02）．

［179］刘琛．IP 热背景下版权价值全媒体开发策略［J］．中国出版，2015（18）：55-58．

［180］刘德群．大数据驱动下的影视文本创作和生产模式变革［J］．南京邮电大学学报（社会科学版），2019（2）：38-45．

［181］刘汉文，陆佳佳．2019 年中国电影产业发展分析报告［J］．当代电影，2020（2）：15-26．

［182］刘家瑞．论我国网络服务商的避风港规则——兼评"十一大唱片公司诉雅虎案"［J］．知识产权，2009（2）：13-22．

［183］刘平．创意性文化消费路径研究［J］．社会科学，2014（8）：51-58．

［184］刘平．著作权集体管理组织与权利人个体维权诉讼的区别及其解决途径［J］．知识产权，2016（9）：88-91．

［185］刘廷华．版权合理使用制度的法经济学分析［J］．商业研究，2014（3）：30-34．

［186］刘文杰．"通知—移除"抑或"通知—拦截"：算法时代的选择［J］．新闻与传播研究，2020（12）：21-39，126-127．

［187］刘星．数字化背景下电影产业链重构的内在逻辑与外在表征［J］．电影评介，2019（3）：63-67．

［188］刘旭光．论"审美理念"在康德美学中的作用——重构康德美学的一种可能［J］．学术月刊，2017（8）：141-151．

［189］刘艳红．Web3.0 时代网络犯罪的代际特征及刑法应对［J］．环球法律评论，2020（5）：100-116．

［190］刘银良．制度演进视角下我国广播权的范畴［J］．法学，2018（12）：3-20．

［191］刘银良．著作权法中的公众使用权［J］．中国社会科学，2020（10）：183-203，208．

［192］刘颖，何天翔．著作权法修订中的"用户创造内容"问题——以中国内地与香港的比较为视角［J］．法学评论，2019，37（1）：123-135．

［193］龙小宁，李娜．涉外知识产权诉讼存在司法歧视吗？——基于知识产权一审案例的实证研究［J］．经济科学，2021（3）：150-160．

［194］龙小宁，王俊．中国司法地方保护主义：基于知识产权案例的研究［J］．中国经济问题，2014（3）：3-18．

［195］约翰·罗尔斯．正义论［M］．何怀宏，何包钢，廖申白，译．北

京：中国社会科学出版社，1988.

［196］吕炳斌．版权登记制度革新的第三条道路——基于交易的版权登记［J］．比较法研究，2017（5）：170-181.

［197］马草．人工智能艺术的美学挑战［J］．民族艺术研究，2018（6）：90-97.

［198］马克斯·霍克海默，西奥多·阿多诺．启蒙辩证法［M］．渠敬东，曹卫东，译．上海：上海人民出版社，2020.

［199］上海社会科学院哲学研究所外国哲学研究室．法兰克福学派论著选辑（上卷）［M］．北京：商务印书馆，1998.

［200］马克斯·韦伯．论经济与社会中的法律［M］．张乃根，译．北京：中国大百科全书出版社，1998.

［201］马新彦，姜昕．网络服务提供者共同侵权连带责任之反思——兼论未来民法典的理性定位［J］．吉林大学社会科学学报，2016（1）：71-81，189.

［202］马忠法，谢迪扬．新近国际知识产权规则发展的法理基础——偏离功利主义的非理性与破解［J］．电子知识产权，2022（4）：37-52.

［203］毛昊，尹志锋，张锦．策略性专利诉讼模式：基于非专利实施体多次诉讼的研究［J］．中国工业经济，2017（2）：136-153.

［204］毛泽东．毛泽东选集（第三卷）［M］．北京：人民出版社，1991.

［205］梅术文．著作权法上的传播权研究［M］．北京：法律出版社，2012.

［206］孟东方．现代文化产业体系的政策效应、问题及发展对策［J］．中国行政管理，2018（12）：151-153.

［207］米哈里·契克森米哈赖．心流最优体验心理学［M］．张定绮，译．北京：中信出版社，2017.

［208］尼葛洛庞帝．数字化生存［M］．胡泳，范海燕，译．海口：海南出版社，1996.

［209］尼克·史蒂文森．认识媒介文化社会理论与大众传播［M］．王文斌，译．北京：商务印书馆，2013.

［210］倪朱亮．"用户生成内容"之版权保护考［J］．知识产权，2019（1）：14-23.

［211］倪朱亮．自媒体短视频的著作权法治理路径研究——以公众参与文化为视角［J］．知识产权，2020（6）：70-80.

［212］宁立志．论知识产权法学研究范式的转换［J］．上海交通大学学报

（哲学社会科学版），2021（3）：30-39.

　　［213］彭锋. 艺术边界的失与得［J］. 北京大学学报（哲学社会科学版），2016（6）：41-46.

　　［214］彭辉，姚颉靖. 版权保护与文化产业：理论与实证研究——基于价值链分析为视角［J］. 科学学研究，2012（3）：359-365.

　　［215］戚聿东，蔡呈伟，张兴刚. 数字平台智能算法的反竞争效应研究［J］. 山东大学学报（哲学社会科学版），2021（2）：76-86.

　　［216］秦芬，李扬. 用户生成内容激励机制研究综述及展望［J］. 外国经济与管理，2018（8）：141-152.

　　［217］秦枫，周荣庭. 网络文学 IP 运营与影视产业发展［J］. 科技与出版，2017（3）：90-94.

　　［218］邵秀燕，薛巍立. 数字盗版泛滥的复杂影响及其治理路径研究［J］. 经济问题，2022（12）：9-16.

　　［219］石丹. 文化产业创新发展中的版权制度和政府资助研究［J］. 科技管理研究，2019（3）：187-193.

　　［220］世界知识产权组织. 版权产业的经济贡献调研指南［M］. 北京：法律出版社，2006.

　　［221］舒晓庆. 区块链技术在著作权集体管理制度中的应用［J］. 知识产权，2020（8）：68-76.

　　［222］戴维·思罗斯比. 经济学与文化［M］. 王志标，张峥嵘，译. 北京：中国人民大学出版社，2011.

　　［223］苏国勋，张旅平，夏光. 全球化：文化冲突与共生［M］. 北京：社会科学文献出版社，2006.

　　［224］苏江丽. 我国版权产业发展的路径探析［J］. 宜春学院学报，2010（5）：184-187.

　　［225］孙昊亮. 网络著作权边界问题探析［J］. 知识产权，2017（3）：9-17.

　　［226］孙萍，邱林川，于海青. 平台作为方法：劳动、技术与传播［J］. 新闻与传播研究，2021（S1）：8-24，126.

　　［227］孙彦. 著作权行政管理体制改革研究［J］. 科技与法律，2016（3）：510-532.

　　［228］孙芸. 从华盖图片维权看中国图像版权保护现状［J］. 中国版权，

2013（1）：45-48.

［229］孙正樑.人工智能生成内容的著作权问题探析［J］.清华法学，2019（6）：190-204.

［230］谈国新，郝挺雷.科技创新视角下我国文化产业向全球价值链高端跃升的路径［J］.华中师范大学学报（人文社会科学版），2015（2）：54-61.

［231］唐艳.数字时代二次创作的著作权保护困境与制度变革——以演绎权为中心［J］.电子知识产权，2022（2）：52-70.

［232］唐忠敏.作为一种新叙事方式的人工智能［J］.现代传播（中国传媒大学学报），2021（2）：78-81.

［233］田燕梅，魏建，白彩全.原告诉求金额影响法院判决金额吗——基于著作权一审判决书的实证分析［J］.广东财经大学学报，2018（5）：96-108.

［234］田燕梅，徐恺岳，魏建.法院判决的影响因素——当事人资源与诉讼能力的中介效应［J］.清华法学，2021（5）：163-176.

［235］万勇.著作权法强制性过滤机制的中国选择［J］.法商研究，2021（6）：184-196.

［236］王传领.论互联网时代文艺作品的"后真相"症候［J］.学习与探索，2019（4）：153-158.

［237］王好，曹柯.MV作品商业维权与非法集体管理［J］.知识产权研究，2020（2）：171-188，264.

［238］王华.更严厉的知识产权保护制度有利于技术创新吗？［J］.经济研究，2011（S2）：124-135.

［239］王杰，何艳珊.走向现代治理的文艺政策——改革开放40年的文艺政策演变及其历史经验解析［J］.浙江大学学报（人文社会科学版），2019（2）：5-13.

［240］王军，刘鑫颖.知识产权保护与中国经济增长相关性的实证研究［J］.经济与管理研究，2017（9）：15-25.

［241］王俊，龙小宁.版权保护能够提升企业绩效吗——来自德化陶瓷企业的证据［J］.经济学动态，2016（6）：26-36.

［242］王利明.论网络侵权中的通知规则［J］.北方法学，2014（2）：34-44.

［243］王迁，闻天吉.中国网络版权保护20年［J］.中国出版，2020（23）：52-57.

［244］王迁．对技术措施立法保护的比较研究［J］．知识产权，2003（2）：3-10.

［245］王迁．技术措施保护与合理使用的冲突及法律对策［J］．法学，2017（11）：9-25.

［246］王骞．多元维度下版权适当保护之思考——基于我国版权行政执法的考察［J］．电子知识产权，2020（3）：41-50.

［247］王秋月．作者与读者的潜在对话——试析冯塔纳的小说《施泰希林》［J］．德国研究，2019（2）：127-139，160.

［248］王世强．平台化、平台反垄断与我国数字经济［J］．经济学家，2022（3）：88-98.

［249］王伟凝，蚁静缄，贺前华．可计算图像美学研究进展［J］．中国图象图形学报，2012（8）：893-901.

［250］王先林．从微软垄断案看知识产权滥用的反垄断控制［J］．法学家，2001（3）：93-99.

［251］王先林．垄断行业监管与反垄断执法之协调［J］．法学，2014（2）：111-117.

［252］王岩．数字音乐版权独家授权的反垄断法规制——以纵向非价格垄断协议为分析进路［J］．出版发行研究，2020（7）：84-91.

［253］威廉·M. 兰德斯，理查德·A. 波斯纳．知识产权法的经济结构［M］．金海军，译．北京：北京大学出版社，2016.

［254］卫志民．文化创意产业发展的现状、制约与突破——一项基于北京文化创意产业发展的研究［J］．河南大学学报（社会科学版），2017（2）：15-21.

［255］魏建，彭康，田燕梅．版权弱司法保护的经济分析——理论解释和实证证据［J］．中国经济问题，2019（1）：124-136.

［256］魏建．法经济学：分析基础与分析范式［M］．北京：人民出版社，2007.

［257］魏小雨．政府主体在互联网平台经济治理中的功能转型［J］．电子政务，2019（3）：46-56.

［258］温忠麟，叶宝娟．中介效应分析：方法和模型发展［J］．心理科学进展，2014（5）：731-745.

［259］吴汉东．人工智能生成作品的著作权法之问［J］．中外法学，2020（3）：653-673.

［260］吴伟光．数字技术环境下的版权法危机与对策［M］．北京：知识产权出版社，2008.

［261］习近平．习近平谈治国理政（第二卷）［M］．北京：外文出版社，2017.

［262］夏雨．论版权保护中行政处罚与刑罚衔接［J］．中国出版，2014（10）：58-60.

［263］向波．著作权集体管理组织：市场功能、角色安排与定价问题［J］．知识产权，2018（7）：68-76.

［264］向光富，卫绪华．著作权法秩序下文化产业逻辑预设的发现与启示——从商业电影中的市场价值与艺术价值矛盾切入［J］．知识产权，2019（4）：71-78.

［265］向勇，白晓晴．新常态下文化产业 IP 开发的受众定位和价值演进［J］．北京大学学报（哲学社会科学版），2017（1）：123-132.

［266］肖峰．人工智能与认识论的哲学互释：从认知分型到演进逻辑［J］．中国社会科学，2020（6）：49-71，205-206.

［267］谢晓尧．著作权的行政救济之道——反思与批判［J］．知识产权，2015（11）：3-16.

［268］熊琦．"视频搬运"现象的著作权法应对［J］．知识产权，2021（7）：39-49.

［269］熊琦．互联网产业驱动下的著作权规则变革［J］．中国法学，2013（6）：79-90.

［270］熊琦．中国著作权立法中的制度创新［J］．中国社会科学，2018（7）：118-138，207.

［271］熊琦．著作权集体管理制度本土价值重塑［J］．法制与社会发展，2016（3）：96-108.

［272］熊琦．著作权转换性使用的本土法释义［J］．法学家，2019（2）：124-134，195.

［273］徐爱国．侵权法的经济学理论：一个思想史的札记［J］．法制与社会发展，2007（6）：103-117.

［274］徐聪颖．论比例原则在知识产权损害赔偿中的适用［J］．现代法学，2022（3）：179-193.

［275］徐恺岳，魏建．专利法第三次修订、技术扩散与企业价值——来自中

国制造业上市公司的经验证据 [J]. 山西财经大学学报，2020 (9)：1-14.

[276] 徐伟. 网络侵权治理的中国经验及完善建议 [J]. 社会科学战线，2016 (6)：206-216.

[277] 许荻迪. 平台势力的生成、异化与事前事后二元融合治理 [J]. 改革，2022 (3)：24-38.

[278] 宣晓晏. 人工智能时代文化生产与管理机制革新 [J]. 艺术百家，2019 (1)：70-75，124.

[279] 亚伦·赞普诺斯基，杰森·舒尔茨. 所有权的终结：数字时代的财产保护 [M]. 赵精武，译. 北京：北京大学出版社，2022.

[280] 阳东辉. 搜索引擎操纵搜索结果行为的反垄断法规制 [J]. 法商研究，2021 (6)：61-72.

[281] 杨东，黄尹旭. 元平台：数字经济反垄断法新论 [J]. 中国人民大学学报，2022 (2)：117-127.

[282] 杨明. 《侵权责任法》第 36 条释义及其展开 [J]. 华东政法大学学报，2010 (3)：123-132.

[283] 杨明. 平台经济反垄断的二元分析框架 [J]. 中外法学，2022 (2)：366-384.

[284] 杨毅，向辉，张琳. 人工智能赋能文化产业融合创新：技术实践与优化进路 [J]. 福建论坛（人文社会科学版），2018 (12)：66-73.

[285] 杨垠红. 侵权法上不作为因果关系之判定 [J]. 法学，2014 (1)：142-148.

[286] 姚林青，李跻嵘. 版权保护与音乐产业关系的实证研究 [J]. 现代传播（中国传媒大学学报），2015 (2)：110-116.

[287] 姚志伟. 技术性审查：网络服务提供者公法审查义务困境之破解 [J]. 法商研究，2019 (1)：31-42.

[288] 伊尼斯. 传播的偏向 [M]. 何道宽，译. 北京：中国人民大学出版社，2003.

[289] 易继明，蔡元臻. 策略性诉讼者现象的法律治理——网络版权市场中的利益平衡机制 [J]. 法学论坛，2018 (2)：5-18.

[290] 易继明. 技术理性、社会发展与自由科技法学导论 [M]. 北京：北京大学出版社，2005.

[291] 易健雄. 从算法技术看网络服务提供者的"应当知道"——也谈

《民法典》第 1197 条的适用 [J]. 知识产权，2021（12）：28-39.

[292] 易军. 私人自治与私法品性 [J]. 法学研究，2012（3）：68-86.

[293] 易磊.《德国著作权法》自由使用制度研究 [J]. 苏州大学学报（法学版），2019（3）：84-93.

[294] 易余胤，李贝贝. 考虑交叉网络外部性的视频平台商业模式研究 [J]. 管理科学学报，2020（11）：1-22.

[295] 尹振涛，陈媛先，徐建军. 平台经济的典型特征、垄断分析与反垄断监管 [J]. 南开管理评论，2022（3）：213-226.

[296] 余吉安，秦敏，罗健，等. 电影精准营销的大数据基础：以《头号玩家》为例 [J]. 文化艺术研究，2019（1）：8-16.

[297] 余俊，张潇. 区块链技术与知识产权确权登记制度的现代化 [J]. 知识产权，2020（8）：59-67.

[298] 喻国明，韩婷. 算法型信息分发：技术原理、机制创新与未来发展 [J]. 新闻爱好者，2018（4）：8-13.

[299] 袁锋. 论新技术环境下"转换性使用"理论的发展 [J]. 知识产权，2017（8）：42-57.

[300] 袁建刚. 法经济学视野中的侵权法——风险预防的视角 [J]. 现代法学，2021（5）：67-83.

[301] 约翰·费斯克. 理解大众文化 [M]. 王晓珏，宋伟杰，译. 北京：中央编译出版社，2001.

[302] 约翰·霍金斯. 创意生态思考在这里是真正的职业 [M]. 林海，译. 北京：京华出版社，2011.

[303] 詹映. 我国知识产权侵权损害赔偿司法现状再调查与再思考——基于我国 11984 件知识产权侵权司法判例的深度分析 [J]. 法律科学（西北政法大学学报），2020（1）：191-200.

[304] 张弓. 艺术构思新解——以深层审美心理学为视角 [J]. 学习与探索，2016（7）：152-159.

[305] 张海宁. 互联网上的人工智能：数字版权保护新助力 [J]. 人民论坛·学术前沿，2020（14）：104-107.

[306] 张凌寒. 平台"穿透式监管"的理据及限度 [J]. 法律科学（西北政法大学学报），2022（1）：2-10.

[307] 张凌寒. 网络平台监管的算法问责制构建 [J]. 东方法学，2021

（3）：22-40.

[308] 张诗纯，陈靖．基于双边市场的网络视频平台定价研究［J］.管理学报，2021（9）：1392-1400.

[309] 张伟芳．我国音乐文化产业的现状、问题与发展路径［J］.河南大学学报（社会科学版），2019（5）：134-138.

[310] 张晓荣．试论人类学习的本质与机器学习［J］.学术论坛，2009（1）：53-55.

[311] 张翼．当前中国社会各阶层的消费倾向——从生存性消费到发展性消费［J］.社会学研究，2016（4）：74-97，243-244.

[312] 张颖，毛昊．中国版权产业数字化转型：机遇、挑战与对策［J］.中国软科学，2022（1）：20-30.

[313] 张铮，熊澄宇．文化产业发展的五种创新能力［J］.改革，2009（6）：147-149.

[314] 章凯业．版权保护与创作、文化发展的关系［J］.法学研究，2022（1）：205-224.

[315] 赵海怡．当代法和经济学发展的第三条进路——法学与经济学的双向校验互动［J］.政法论坛，2022（4）：167-178.

[316] 赵鹏．私人审查的界限——论网络交易平台对用户内容的行政责任［J］.清华法学，2016（6）：115-132.

[317] 赵鹏．搜索引擎对信息传播的影响及其法律规制［J］.比较法研究，2018（4）：188-200.

[318] 赵瑜．人工智能时代的新闻伦理：行动与治理［J］.人民论坛·学术前沿，2018（24）：6-15.

[319] 郑成思．版权法［M］.北京：中国人民大学出版社，1997.

[320] 郑戈．功能分化社会的法学与经济学——圭多·卡拉布雷西与《法和经济学的未来》［J］.中国法律评论，2019（2）：162-174.

[321] 郑涵，沈荟．在私有与共享之间对版权与表达权之争的哲学反思［M］.上海：上海交通大学出版社，2014.

[322] 郑淑凤，沈小白．版权保护后时代互联网音乐平台营利问题的分析与对策——数字版权许可模式改进与新商业模式之探索［J］.科技与法律，2017（6）：12-22.

[323] 郑永宽．论侵权过失判定标准的构造与适用［J］.法律科学（西北政

法大学学报），2013（2）：132-141.

［324］郑重. 日本著作权法柔性合理使用条款及其启示［J］. 知识产权，2022（1）：112-130.

［325］郑自立. 文化科技融合助推文化产业高质量发展的机理与策略［J］. 当代经济管理，2019（2）：53-59.

［326］中共中央马克思恩格斯列宁斯大林著作编译局. 马克思恩格斯全集第四十六卷（下册）［M］. 北京：人民出版社，1980.

［327］钟义信. 人工智能：概念·方法·机遇［J］. 科学通报，2017（22）：2473-2479.

［328］周辉. 变革与选择私权力视角下的网络治理［M］. 北京：北京大学出版社，2016.

［329］周林彬，李胜兰. 我国民营企业产权法律保护思路刍议——一种法律经济学的观点［J］. 制度经济学研究，2003（2）：34-50.

［330］周婷. 人工智能与人类审美的比较与审视［J］. 江海学刊，2018（6）：49-54.

［331］周宪. 走向创造的境界［M］. 南京：南京大学出版社，2009.

［332］周艳敏. "版权产业"：版权名义下的产业集合？［J］. 中国出版，2010（5）：45-47.

［333］周翼. 兰德斯-波斯纳版权模型的关键性修正及经济学解释［J］. 财经问题研究，2013（S1）：26-30.

［334］朱理. 著作权的边界信息社会著作权的限制与例外研究［M］. 北京：北京大学出版社，2011.

［335］朱莉·E. 科恩，莉蒂亚·P. 劳伦，罗斯·L. 欧科迪奇，等. 全球信息经济下的美国版权法（上）［M］. 王迁，侍孝祥，贺炯，译. 北京：商务印书馆，2016.

［336］朱巧玲，杨剑刚. 算法陷阱与规制跨越［J］. 经济学家，2022（1）：104-114.

［337］邹威华. 斯图亚特·霍尔的文化理论研究［M］. 北京：中国社会科学出版社，2014.

［338］邹银娣. "转授权"，音乐版权之争的解药［N］. 中国文化报，2017-09-23（004）.

后　记

当完成这部关于人工智能、版权保护与版权产业发展的著作时，我深感这是一次跨越多个学科领域的探索，这部书不仅是对当前科技与法律交织的复杂现实的一次审视，更是对未来变革的一次前瞻性思考。

在撰写过程中，我们研究团队发现人工智能技术的飞速发展给版权保护带来的挑战是前所未有的。在人工智能为版权产业发展带来前所未有机遇的同时，著作权侵权行为也进入了智能时代，这些利益纠纷反映出了各群体在人工智能时代的不同利益诉求，因而对版权保护提出了更高的要求。版权制度必须做出符合人工智能时代版权产业发展要求的回应。为此，研究团队从人工智能、版权保护与版权产业发展三者关系的入手，分析了机遇与挑战，采用数理模型与实证分析等方法展开了研究。

回顾这部书的撰写过程，我们遇到了许多困难和挑战。版权领域研究众多，法学家主要从著作权法的角度进行分析，经济学家侧重于版权保护对社会福利效应的影响，少有研究将人工智能与版权保护作为两种推动版权产业发展的力量来进行研究。为此，研究团队结合法经济学相关理论，以人工智能、版权保护对版权产业发展的双重推动作用为研究对象，分析三者之间的交互作用，力争确定版权保护的最优水平和途径，推动人工智能、版权保护良性互动，进而为制定版权产业发展战略、促进版权产业高质量发展提供政策建议。

在本书写作过程中，研究团队各成员均发挥了不可或缺的作用，共同完成了这部作品的撰写。除本人外，参与本书初稿写作的有田燕梅、徐恺岳、路文成等研究者。田燕梅完成了人工智能、版权保护与版权产业发展的数理分析及两类著作权批量维权组织的比较分析的写作。徐恺岳搜集整理了人工智能、版权保护与版权产业发展的相关文献资料，完成了电影市场、避风港规则、短视频算法部分的写作。路文成完成了音乐版权反垄断规制部分的写作。作为研究总负责人，本人负责全书整体规划、研究方向确定、核心内容构思写作、全书内容审核修改，以及研究进度把控。

　　在本书写作过程中，团队成员的知识和能力得到了极大的提升和拓展，同时，我们也认识到在这个充满挑战和机遇的时代，需要以更加谦虚、开放和包容的态度去学习和探索。我希望这部书能够为读者提供一个全面、深入和前瞻性的视角去审视人工智能、版权保护与版权产业发展的问题，并激发更多的人去关注、研究和参与这个领域的探索和发展。

　　这部作品的诞生不仅是我们团队共同努力的结果，而且它也离不开国家社会科学基金项目"人工智能、版权保护与版权产业发展研究"（项目编号：19BJY013）的支持和资助。这是对我们研究工作的肯定和鼓励，让我们更加坚定了研究方向和信心，我们在此表示衷心感谢。

　　同时，我还要感谢所有为这部书的撰写提供支持和帮助的人。感谢我的家人、朋友和同事们的鼓励和支持，感谢各位专家和学者的指导与建议，感谢本书编辑老师的辛勤付出和精心打磨，感谢所有读者的关注和反馈。我相信在大家的共同努力下，我们一定能够推动人工智能、版权保护与版权产业的健康、可持续发展。

魏建

2024 年夏